# 学校课程：
# 让学生走向未来

王振华　著

中国海洋大学出版社
· 青岛 ·

**图书在版编目（CIP）数据**

学校课程：让学生走向未来 / 王振华著． -- 青岛：
中国海洋大学出版社，2024. 10. -- ISBN 978-7-5670
-4013-7

Ⅰ. G622. 3

中国国家版本馆 CIP 数据核字第 202403TM16 号

| | |
|---|---|
| 书　　　名 | 学校课程：让学生走向未来 |
| | XUEXIAO KECHENG: RANG XUESHENG ZOUXIANG WEILAI |

| | | | |
|---|---|---|---|
| 出版发行 | 中国海洋大学出版社 | | |
| 社　　址 | 青岛市香港东路 23 号 | 邮政编码 | 266071 |
| 出 版 人 | 刘文菁 | | |
| 网　　址 | http://pub.ouc.edu.cn | | |
| 电子邮箱 | 2627654282@qq.com | | |
| 订购电话 | 0532-82032573（传真） | | |
| 责任编辑 | 赵孟欣 | 电　话 | 0532-85901092 |
| 印　　制 | 蓬莱利华印刷有限公司 | | |
| 版　　次 | 2024 年 10 月第 1 版 | | |
| 印　　次 | 2024 年 10 月第 1 次印刷 | | |
| 成品尺寸 | 170 mm × 240 mm | | |
| 印　　张 | 17. 75 | | |
| 字　　数 | 329 千 | | |
| 定　　价 | 69. 00 元 | | |

发现印装质量问题，请致电 0535-5651533，由印刷厂负责调换。

# 让学生走向未来

王振华校长是一位有思想、有情怀、有追求、有魄力的好校长。认识王校长已有好多年了。给我印象颇深的，是2018年12月她在烟台市中小学学科课程结构研究研讨会议上详细汇报了全国中小学品质课程研讨会议的基本情况及与会感悟，2019年9月她在烟台市中小学语文单元拓展整合阅读工程推进会议上深度解读了烟台教科院印发的"阅读工程方案"，2020年4月她在烟台市区域推进"德融数理 知行合一"德育新模式深化研究现场会上具体介绍了学校项目化学习的先进做法和成功经验。在相识、相交期间，我们曾就教师小课题研究、基于课程标准的课堂教学等专题进行过探讨。她的研究热情、深刻见解、执着精神，无不令我感动、感慨和感叹。

2024年4月14日傍晚，王校长电话联系我，让我为她的新书写序。我十分惊喜，惊的是她没有请区域内的领导、名家作序，竟然找我这样一位普普通通的基层教育科研工作者来撰写；喜的是王校长给我向她学习的机会，让我能够深入细致地了解她躬耕学校教育实践的所思、所做、所悟。4月30日下午，会议返程中收到王校长的书稿。五一假期，我认认真真地拜读，深深地被书稿内容吸引着。

**高站位：先进的办学理念和明确的育人目标，让学校课程建设有灵魂、有方向。**

当今世界，正经历百年未有之大变局，未来社会变得越来越不确定。如何让现在的学生适应变化、赢得未来，成为一项摆在世界各国教育者面前的重大课题。王校长站位很高，她带领团队充分研究未来社会的人才要求和学生的生命成长需求，明确提出"做面向未来的教育"，并结合学校实际和地域文化，基于校名"宁海"两字，确定了"海纳百川 宁静致远"的办学理念。她认为，"海纳百川"意在培养学生宽广的胸怀、包容的心态，旨在给学生提供丰富的成长环境，奠定其坚实的人生基础，为他们的未来成长提供各种可能；"宁静致远"意在引导学生拥有平稳的心态、远大的目标，形成优良的品行、坚强的意志，在不断超越自我的过程中实现最大限度的发展。对于一个人的成长来说，"海纳百川"是过程、是路径、是核心，而"宁静致远"是结果、是期待、是理想。这种理解是独特的，难能可贵的是她能找到两者之间的内在关联。当然，更为可贵的是王振华校长带领团队赋予学校教育以灵魂。他们在 2018 年就提出"有德、有能、有志、有恒"的"四有"育人目标，其实质与《义务教育课程方案》（2022 年版）中"有理想、有本领、有担当"的"三有"培养目标高度一致。他们对中国学生发展核心素养进行了校本化表达，将其创造性概括为健康的体魄、儒雅的气度、广博的学识、果敢的担当、创新的思维。我想，宁海街道中心小学之所以能短短数年间在学校课程建设中取得显著的实践成效，其首要因素是王振华校长和她的团队有着先进的办学理念、明确的育人目标。

**宽视野：独特的课程内容和有效的实施方式，让学校课程建设有骨架、有路径。**

学校课程建设实质上是学校自主决策课程、行使课程自主权的过程，其核心任务在于依据学校教育哲学，按照学习领域和课程功能对学校所有开设的课程进行要素调整、结构改造乃至体系重构。王振华校长及其团队成员拓宽视野、放眼未来，努力给学生提供完整而有意义的学校生活，构建起涵盖"厚德、蕴能、励志、弘毅"四大学习领域的致远课程体系。"厚德"课程是指向学生品行修养的，具体包括主题班会课程、班级文化课程和"懂自律、懂礼仪、懂感恩"的"三懂得"课程，实施方式有学科渗透、活动跟进、表彰促进等；"蕴能"课程指向学生自我学习、劳动实践、自主阅读、积极探究等能力的全面提升，主要包括基础学科、"三维度"综合实践、全域劳动教育等课程，实施方式有"学力"课堂构建、全域劳动教育实施、全域阅读体系构建、项目化学习实施等；"励志"课程指向学生远大志向的树立，具体包括"传承红色经典 做新时代奋发少年"校本课程、"海娃访家乡"研学旅行课程、"爱我家乡 贡献力量"志愿服务课程等，实施方式有组织研学旅行、参与社会实践、开展军事拓展活动等；"弘毅"课程指向学生恒心与毅力的锤炼，具体包括"我是家庭小成员""阅读明星闪闪亮""争当体育小达人"等课程，实施方式有完成家庭劳动清单、阅读明星等级评价、学生体能测试等。在此基础上，她们积极探索学校课程综合化实施的有效方式，构建起包括"孝、诚、爱、律、礼、志、毅"七大主题的项目化学习课程，开辟出在学科教学中、在班级活动中、在综合实践中进行项目化学习的三大路径，引导学生探究真实世界，形成核心素养。就这样，王振华校长带领教师按照自己的理解建构起"致远"课程的内容框架和实施体系，找到了落实办学理念和育人目标的载体和路径，把"想得到的美丽"变成了"看得到的风景"和"走得到的景点"。当然更为重要的是，宁海街道中心小学给学生提供了丰富多样的精品课程，"厚德"课程重在丰实其内在涵养，"蕴能"课程重在外显其核心素养，"励志"课程重在明晰其前进方向，"弘毅"课程重在增强其发展动力，项目化学习课程重在引导学生热情而富有创意地生活，由此每一个学生都能够在适合自己的跑道上毅勇前行，快乐地走向远方。

**新思维：完善的评价体系和优良的教育生态，让学校课程建设有标准、有保障。**

学校课程建设是复杂的系统工程，其难点在于评价改革，其前提在于生态营建。无论是评价改革还是生态营建，要取得实质性突破，都不能拘泥于常规思维，都必须守正创新。王振华校长及其团队创造性构建起"五彩海娃"评价体系，用绿、红、蓝、金、紫五种颜色分别代表健康的体魄、儒雅的气度、广博的学识、果敢的担当、创新的思维，以积分、奖状、奖章等"看得见，摸得着"的"有形"载体对学生进行适时评价和奖励，切实增强了学生自我发展的内驱力；通过美德行为展播、优秀事迹宣讲、致远教育"个人秀"等"无形"的评价方式，不断激励学生超越自我、勇往直前。她们通过"有形"奖励＋"无形"激励的新思维，变革了学校课程评价方式，唤醒了学生的主体意识，释放了学生内在的巨大潜能。同时，王振华校长具有共生思维，主动打造共生共长的学校教育生态，组织阅读与写作培训，开展小课题研究，促进教师专业成长；开发"三同"亲子课程，开展同学习、同玩乐、同成长等系列亲子活动，架起学校与家庭有效沟通、协同育人的桥梁，实现了教师与学生共成长、家长与学生同发展，进而为学校课程建设奠定了坚实的师资基础、创造出优良的生态环境，为宁小学子的可持续发展提供了强有力的保障。

虽然与大学教授、知名专家的学校课程建设专著相比，该书还不够完善、不够严谨，但瑕不掩瑜，该书的的确确值得教育同行好好阅读。该书具有"泥土味"，是直面问题、扎根本土的智慧结晶，从中可以看到宁海街道中心小学对当地文化等课程资源的发掘和整合，可以看到作者对学校课程建设现存问题的梳理和破解，可以看到王振华校长及其团队成员躬耕实践的身影和收获成功的喜悦。该书具有"生活味"，是回归生活、变革现实的经验概括，从中可以看到"小犟龟"班级建设的典型案例，可以看到讲述"一茧两蚕"的《"养"出了名堂》的课程故事，可以看到学生走进台儿庄、参观雷神庙战斗纪念馆的内心感悟。该书具有"专业味"，是面向未来、重构课程的行动方案，从中可以看到致远课程的系统设计与整体构建，可以看到"厚德、蕴能、励志、弘毅"等各学习领域课程的内容架构与实施路径，可以看到"三懂得"课程实施、"学力课堂"构建、"海娃访家乡"研学等微观层面的得力举措与操作要求。细细读来，我还看到了学生蓬勃向上的面貌、欢呼奔跑的身姿，看到了家长欣然微笑的脸庞、无以言表的感谢，看到了教师潜心研究的行动、锐意进取的风采，看到了作者辛勤耕耘的汗水、执着探索的精神，看到了学校内涵发展的样态、日新月异的变化……我的内心被深深地触动着，不由想起这样一句话："一位好校长就是一所好学校。"是的，在我看来，校长是以今日的课程改变明天的世界，是以改变学生的行动塑造美好的未来。

现在，中小学校长出版专著的越来越多。我常在思考，校长出书的意义和价值何在？一是理性反思，让自己在系统梳理前期教育实践中蜕变，在专业发展进程中实现二次成长；二是共享智慧，更大范围地推广和转化自己的教学成果，给同行以实践路径的借鉴和成功经验的参考；三是激励他人，召唤更多的同行走专业发展之路，朝着专家型校长、教育家型校长的理想目标奋勇前进。当然，最终受益的是学生，因为让学生快乐地走向远方，走向未来，是每一位校长义不容辞的责任与无比神圣的使命。

世界在巨变，社会在转型，教育在深度变革。置身百年未有的大变局中，我们更应牢记为党育人、为国育才的初心使命，树立躬耕教坛、强国有我的抱负志向，用实实在在的行动来造就栋梁之材、时代新人。期待更多的校长、更多的同人守正创新、踔厉奋发，引领着一批又一批学生积极地拥抱变化，快乐地走向未来。

车言勇
2024 年 5 月 4 日

# 目录
CONTENTS

# 第一章
## 教育诉求与课程架构

　　理想的学校教育,是从不同学校走出来的孩子,身上都带有各自学校的印迹。这种印迹,可以通过构建具有学校特色的课程体系给予孩子。因此,当下各所学校都在积极构建自己的课程体系。那么,到底构建怎样的课程体系才具有生命力,才能有效促使学校形成相对稳定的"印迹"呢?笔者认为应该从以下三个方面着手。

　　鲜明的办学理念是根本。学校要想拥有独具特色的"印迹",就必须具有特色鲜明的办学理念。这个办学理念,必须是在遵循教育教学规律的基础上,基于学校所处的地理位置和周边资源,基于学校已有的文化和历史,基于学生的生命成长需求和未来社会的人才需求方向,全体教师共同参与研讨而形成的学校教育的价值追求。只有这样,才能据此确定学校的教育哲学和课程哲学,也才能据此构建学校自己的课程体系。因此,独具特色的学校课程一定是在学校教育哲学统摄下、从学校发展愿景出发,进行课程创新与特色建构,实现课程命脉、历史根脉和文化血脉之间的无缝对接。

　　以人为本的教育思想是灵魂。这里的"以人为本"包含两个层面的内容:一是凸显了儿童在教育中的主体地位。即真正将儿童置于课程的中央,所有的课程都从儿童的立场出发,所有的课程都指向儿童的当下和未来,课程的评价方式能最大限度地激发孩子的学习积极性……只有真正凸显了儿童在教育中的主体地位,才会尽量照顾到每个学生的需要,体现出课程的选择性,才会尽量设置探究性与开放性的课程内容,给学生留出自主建构课程的空间。二是将儿童作为一个完整的生命个体来看待。从实践操作层面看,有的学校的课程体系中也设置了丰富多彩的课程内容,但若深入研究会发现,这些课程内容往往是碎片化、散乱状的,找不到内在的体系化的课程设置依据。其根本原因就在于没有依据一个完整的生命个体的成长需求来设置课程,盲目添加的课程是没有生命力的,自然很难培养出具有学校特质的儿童。

精益求精的研究意识是保障。任何学校的课程体系都不可能一蹴而就,必须经历由"不完善"到"逐步完善"再到"更加完善"的过程,在这个不断升级的过程中,最需要的就是精益求精的研究意识与迎难而上的研究精神。因此,组建一个学校课程研究团队就显得尤其重要。要采取"走出去"与"请进来"相结合的方式,开展学校课程建设方面的理论培训与现场研讨,引导团队教师在实践参与的过程中真正认识到走向学科深处的学校课程建设对学生未来发展的重要意义,让他们在接地气的课程结构研究和课程群建设的过程中,努力践行学校的课程哲学,在不断的"实践—反思—改进"的循环往复过程中实现课程的迭代、升级与优化,在自身成长为善思考、勇实践、敢创新的课程建设探路者的同时,努力培养出一批又一批具有本校特质的未来建设者。

# 第一节　当前学校课程体系构建与实施存在的问题

学校课程是学校在确保国家课程和地方课程有效实施的前提下,根据学生的兴趣与需求,结合学校的已有资源和办学理念,在充分考虑学校和社区课程资源的基础上,由学校领导班子成员和教师共同参与开发的课程,是基础教育课程体系中不可或缺的一部分。理想的学校课程,能够为学生个性特长的发展提供各种可能,能够让不同学校走出来的孩子,都带有各自学校的印记。目前,我国有不少学校已经构建起了相对比较完善的学校课程体系,但通过调研发现,大多数中小学学校课程体系的构建与实施还存在着不少问题。

## 一、中小学学校课程体系构建中存在的问题

### (一)对学校实情关注不够,课程缺乏针对性

学校的课程体系要想真正有特色,就必须基于特定的学校历史、文化与场景来构建。因此,摸清当前学生已有素养的发展状况、教师课程建设能力和现有课程的建设状况等,是有针对性地构建学校课程体系,发挥整体育人价值的必要前提。但实践中,许多学校在构建课程体系时并没有仔细分析甚至根本没有关注本

校的学生、教师与家长实际,只是按照学校领导者的意图去构建理想中的课程。表面上看,课程体系很有逻辑性、很丰满,但往往与本校实际相去甚远,成了一种好看不可行的"观赏性"课程。这样的课程,由于缺乏鲜明的校本特色,往往放之四海而皆准,极易出现"千校一面"的现象。

**(二)学校教育哲学不明晰,课程建设无灵魂**

学校教育哲学是学校在发展过程中通过学习、实践而逐渐形成的核心教育理念,是学校持续发展的理想支撑和精神动力。独特的学校教育哲学,必须基于学校已有的文化和历史,基于学生的生命成长需求和未来社会的人才需求方向,基于全体学生、教师甚至家长的价值追求,而不断梳理、厘定和提炼。因此,学校课程体系应该是在学校教育哲学统摄下,从学校发展愿景出发创新课程结构,有效实现课程命脉、历史根脉和文化血脉之间的无缝对接。目前,一些学校还没有形成自己学校的教育哲学,就盲目构建课程图谱;还有一些学校,办学理念和培养目标没有能够成为课程体系构建的核心主线,无法对学校课程体系构建发挥核心聚焦和引领作用。开发者对课程建设的系统性思考不够,导致课程体系的结构零散,诸多校本课程相互之间及其与国家课程间的逻辑关系也缺乏整体性思考和系统性整合,课程体系成了没有灵魂的"展示品",很难有效发挥课程体系的整体育人功能。

**(三)学生主体地位被忽略,课程价值取向有偏差**

学校课程体系构建的基本价值取向在于发挥课程整体育人功能,更好地促进学生素养全面发展、教师专业成长和学校特色发展,其中促进学生素养的全面发展是最基本、最核心的价值追求。只有真正将学生置于课程的中央,才能尽量照顾到每个学生的需要,给学生留出足够的发展空间,体现出课程的选择性、探究性与开放性。然而,目前不少学校在课程体系构建上更多关注的是学校的特色发展和教师课程成果的形成,对于学生发展需求的关注度却明显弱化,没有将"以生为本"这一核心价值追求放到课程体系构建的中心地位,没有根据一个完整生命个体的成长需求来设置丰富多彩的课程内容。这样的课程体系呈现出"为特色而特色"的趋向,学生发展的价值被遮盖在"学校特色"的价值之下,偏离了促进学生全面发展的课程价值取向。

**(四)课程体系构建要素偏失,课程育人功能受影响**

学校课程体系的构建应该包含目标、内容、结构、实施和评价、管理等一系列组成要素。目前,很多学校的课程体系构建都不同程度地存在着要素偏失现象,在一定程度上制约了课程体系建设的进阶式发展。其中最为普遍的现象是忽视评价机制的建设。评价机制是促使学校的课程体系持续优化、不断迈向卓越的关键性因素，这里的评价不仅仅指对教师的评价、对学生的评价，更重要的是对课程（体系）本身的评价。有效的评价机制，不仅可以及时总结学校课程体系建设的成功经验和存在的问题，更能持续激发教师和学生参与课程建设与学习的热情，从而不断提升课程体系建设的品质。然而，很多学校都忽视课程体系评价机制，把更多的精力用在课程种类的丰富、课程门类的增加上，抓不住评价的"牛鼻子"，就很难对课程体系的具体实施状况进行准确评价，无法精准分析出课程目标的达成度，更无法采取系统的方式持续激发学生的课程学习积极性，使课程体系无法达到理想的整体育人效果。

## 二、中小学课程体系实施中存在的问题

### （一）课程纲要缺乏完整性与准确性

课程纲要应该包括课程目标、课程内容、课程实施和课程评价四大要素，要素要全，不能缺项，内容要实，具有可操作性。很多中小学校的课程纲要主要存在以下问题。一是课程目标不明确或定位不准确。如"土豆种植"，目标不应该仅仅是让学生们学会种土豆，更重要的是应该让他们体验种植的辛苦与快乐，体会田间管理的乐趣，学会观察与探究、规划与统筹等。二是课程内容过于抽象笼统。如茶道文化，不能只出现课程内容的名称，还需要根据课程目标，确定出所选择的具体的教学内容及教学资源以及相关活动形式。三是课程实施方案不具体。没有课程内容和课时的具体安排，没有学习方式、教学策略、学习场所等安排的具体表述。四是课程评价方案缺失或方案过于笼统。没有课程评价方案就无法实现课程的持续优化与迭代，流于形式的评价方案就无法有效调动学生和教师参与课程学习和建设的兴趣。

### （二）校长的课程领导力缺失或不够强

校长的课程领导力是学校课程体系构建实施成功的关键要素。在课程改革背景下，校长要担负起课程领导者角色，就必须在认真研究学校发展历史和广泛征求意见的基础上明确学校的办学方向，形成自己独特的办学理念，从"教学管理"走向"课程管理"，努力成为课程构建、课程实施、课程评价的引领者、组织者和服务者。但目前，还有相当一部分学校的校长认为自己的主要任务就是管理好学校的人、财、物、事，认识不到学校课程体系构建对学生、教师以及学校发展的重要意义，在这种"看摊子""守位子"思想状态的影响下，根本不去花心思、动脑

筋确定学校的办学方向,或者"随大流",象征性地确定个办学宗旨和理念应付了事。这样的工作状态必然会影响中层领导的课程执行力和教师的课程实施力,更会直接影响学校的办学质量。

**(三)教师的课程实施主体意识淡薄**

教师是课程实施成功与否的决定性因素之一,在很大程度上决定着课程实施的质量。但目前,我国有些中小学教师仍把自己定位为课程知识的传递者,认为自己最重要的任务是传递既定课程、负责照本宣科,而不是根据课程目标的要求,根据本班学生实际和学校相关实践情境的情况,在课程内容、方法组织模式等方面灵活地做出调整、改变与适应,这是教师缺乏课程实施主体意识的表现。导致这种现状的一个重要原因就是教师对学校课程的意义与作用认识不到位。教师一般普遍认为开发校本课程会增加负担,如果他们在教育理念和实践操作上再缺乏专业支撑,他们就更会有畏难甚至抵触情绪,就更不能认识到学校课程建设对提升教育教学质量、促进学生全面发展、形成学校办学特色的重要意义,自然也就很难以课程实施主体的身份参与课程开发、建设与实施。

**(四)课程实施管理措施不得力**

课程实施管理措施是学校课程得以顺利、有效实施乃至持续、良性发展的基本保障。得力的课程实施管理措施主要包括以下几个方面:一是课程实施管理制度的制定,如课程教学时间与场地安排、课程学习人员管理、课堂教学秩序及过程管理、课程教学效果督查等;二是教师课程实施水平的提升,如通过专家引领、校领导培训、课例打磨、团队研讨方式,转变教师的课程建设与实施理念,促使教师积极参与课程建设与实施;三是多维度沟通与对话机制的建立,如校长与教师、教师与教师、教师与学生、教师与家长多维度的相互沟通与交流,逐步达成各主体对课程实施的共识,促使课程实施有效落地;四是评价制度的坚定执行,再完美的评价制度如果在实施过程中流于形式,就无法有效调动学生和教师参与课程学习与课程建设的积极性,自然也就会直接影响课程的可持续优化发展。

# 第二节 育人方向与办学理念的确定

21世纪是高新科技迅猛发展的时代,是科学知识综合化的时代。世界经济和科学技术的飞速发展,正日益深刻地改变着人们的生产方式和生活方式,使数字化、信息化、网络化等方面成为 21 世纪呈现出的重要社会特征。在这样一个知识决定经济发展速度的时代,知识已经越来越显示出其生命力,其对生产力的提高起着比以往任何时候都要重要的作用。发展经济越来越离不开知识,全人类都特别重视知识且注重知识的积极应用,由此引发的人才竞争也日趋激烈。

"21 世纪最缺的是什么? 人才!""21 世纪最贵的是什么? 还是人才!" 21 世纪,科学技术的迅猛发展使各学科融合、知识交叉、技术集成,综合化的趋势日益增强,所有高科学技术成果无一不是多学科交叉、融合的结晶。因此,21 世纪需要的不是只会"死读书""读死书"的高分低能者,不是只在某一个领域有优势的专门人才,而是在各方面都有一定能力、在某一个具体方面出类拔萃的复合型人才。如何培养出高质量的复合型、创新型人才以满足时代发展的需求,已是摆在基础教育乃至高等教育面前的一个十分突出的问题。

美国前副总统戈尔及白宫行政部门演讲稿撰写人丹尼尔·平克曾经写了一本轰动北美地区的《全新思维》,其中对世界发展趋势提出了这样的预测:"随着社会的信息化水平不断提高,许多逻辑分析的工作正被电脑迅速取代,许多工种正在迅速消失,世界正由信息时代进入概念时代。未来的人才需要拥有全然不同的思维——创造型思维、共情型思维、模式识别型思维和追寻意义型思维。其中共情型思维就是所谓的'情商',即善于管理自己的情绪和善于人际交往。模式识别型思维即善于从纷繁复杂的表象背后发现统一的模式或变化趋势,这样就不会被社会表面所迷惑,善于把握社会发展的大方向,并根据这个方向来确定自己的人生发展战略。追寻意义型思维就是喜欢思考人生的意义,人生的价值,终极关怀等比较形而上的抽象内容,因为这些思考往往影响到人的行为模式,人其实是受思维和观念指引着行动的。""才能与众不同、感情丰富并富有创造力的人们将成为概念时代的骄子,明智的人应当朝着概念时代的方向努力。概念时代需要六种基本能力,即六大感知:设计感、故事感、交响能力、共情能力、娱乐感、探寻意义。其中交响能力是指能够把表面上互不相关的事物结合起来创造新的事物。"①

美国著名教育心理学家戴维·珀金斯在第 13 届国际思维大会上的演讲以及在其他场合的多次演讲中,向不同的听众提出了同样的问题:"你认为,面对复杂的未来,什么样的知识和技能才是最重要的,是学生必须学习和掌握的?"在按照听众的答案重复出现的真实频率(从高到低)进行排序后,排在最前面的六项是"思维能力、自我理解、同情、伦理道德、交流、学会学习"。而体现学科教学的内容,

---

① (美)丹尼尔·平克《全新思维》,高芳译,中国财政经济出版社 2023 年版,第 89-90 页。

如"科学""数学""技术"等被远远地甩在了排序项目的末尾,只有"艺术"勉强排在了中间位置。戴维•珀金斯的听众的共同认知与丹尼尔•平克提到的六种基本能力基本属于同一范畴,都属于右脑的能力。人的左脑擅长表达顺序、逻辑和分析能力,右脑则擅长非线性的、直觉的和整体的思维。完成任何任务都需要左右脑的协同配合。但越来越多的研究结果表明,右脑能力将越来越决定未来世界谁主沉浮。我们的教育过去太注重左脑型思维的培养,而未来却最需要偏重右脑型思维的人,这就需要我们的教育必须适应时代发展需求,进行积极的改革探索,否则,我们今天培养的人将在未来社会无所适从。

2001年6月由中华人民共和国教育部印发的《基础教育课程改革发展纲要（试行）》(以下简称《纲要》)指出:"（要）大力推进基础教育课程改革,调整和改革基础教育的课程体系、结构、内容,构建符合素质教育要求的新的基础教育课程体系。"在《纲要》中,以"六个改变"明确阐述了基础教育课程改革的基本目标,即"改变课程过于注重知识传授的倾向""改变课程结构过于强调学科本位、科目过多和缺乏整合的现状""改变课程内容'难、繁、偏、旧'和过于注重书本知识的现状""改变课程实施过于强调接受学习、死记硬背、机械训练的现状""改变课程评价过于强调甄别与选拔的功能""改变课程管理过于集中的现状"。2017年9月,教育部又发布了指向学生全面发展的《中国学生发展核心素养》,倡导各学段各学校要通过培养学生的六大核心素养——"人文底蕴、科学精神、责任担当、实践创新、学会学习、健康生活",促使学生形成"能够适应终身发展和社会发展需要的必备品格和关键能力"。

应该说,《基础教育课程改革发展纲要（试行）》和《中国学生发展核心素养》的及时发布,对基础教育的研究与实践起到了积极的引领与促进作用。但不可否认的是,由于区域引领、校本实施、评价机制等各环节的实施力度与效果等各种因素的制约,基础教育课程改革仍然举步维艰,收效不大。有的教育管理者、教师、家长注重的仍然是学生的学习成绩,课堂教学的主要教学方式仍然是"讲授式"甚至是"满堂灌",有的学生仍然在刷题、应试,学生的动手实践能力、创新创造能力、发现问题与解决问题的能力、与人交往的能力、社会责任与担当意识等综合素质仍然找不到稳定的、持续的培养渠道与路径。

在充分研究了未来社会的人才需求方向和学生的生命成长需求之后,我们认为,教育应该面向未来,教育者最大的责任就是为儿童的未来发展提供各种可能。因此,我们确立学校的办学方向为"做面向未来的教育"。基于此,通过对教师、学生和家长的问卷调查,结合学校的实际情况和地域文化,我们从校名中的"宁海"

两字出发,确定了"海纳百川　宁静致远"的办学理念,这两个词语是由学校名称中的"宁""海"两字延展而成。"海纳百川"出自晋朝袁宏的《三国名臣序赞》:"形器不存,方寸海纳。"后来唐朝的李周翰对这句话做了注解:"方寸之心,如海之纳百川也,言其包含广也",意思是大海可以容得下成百上千条江河之水,比喻包容的东西非常广泛,而且数量很大。"宁静致远"最早出自西汉初年刘安的《淮南子·主术训》:"人主之居也,如日月之明也。天下之所同侧目而视,侧耳而听,延颈举踵而望也,是故非澹泊无以明德,非宁静无以致远,非宽大无以兼覆,非慈厚无以怀众,非平正无以制断。"意思是平稳静谧的心态,不为杂念所左右,静思反省,才能树立远大的目标。在这里,"海纳百川"既指要培养学生宽广的胸怀、包容的心态,又指要给学生提供丰富的成长环境,奠定坚实的人生基础,为他们的未来成长提供各种可能。"宁静致远"既指要指导学生拥有平稳的心态、远大的目标,又指要培养学生优良的品行,坚强的意志力,促使他们在不断超越自我的过程中实现最大限度的最优发展。之所以把"海纳百川"放在"宁静致远"前面,是因为对于一个人的成长,"海纳百川"是过程,是路径,是核心,"宁静致远"是结果,是期待,是理想。

基于办学理念,我们确定了打造"致远教育"学校教育品牌的工作思路。我们将培养"四有"少年确定为学校的终极育人目标,将"有德、有能、有志、有恒"确定为终极目标下的具体培养目标。根据这四个具体培养目标,确定了"习惯与德行、学力与创新、理想与担当、恒心与毅力"四个关键的价值取向。其中,"习惯与德行"主要指学生养成良好的行为习惯,能正确处理与他人(家庭)、集体、社会、自然的关系等;"学力与创新"主要指学生在自主学习意识形成、学习方式选择、创新意识萌发等方面的综合表现;"理想与担当"主要指学生的远大信念与志向、国家与社会责任意识、敢于承担的勇气与精神;"恒心与毅力"主要指在各项学习活动与实践活动中表现出的意志力、价值取向和行为方式等。为进一步促进"致远教育"的扎实实施,我们又将四大关键价值取向细化成"健康的体魄、儒雅的气度、广博的学识、果敢的担当、创新的思维"五个维度的学校学生核心素养的行为表现。顶层架构,层层细化,促使"致远教育"品牌有条不紊地在学校的各项工作中落地生根、开花结果(图1-1)。

"致远教育",着眼学生和社会的未来发展,始终坚持学生本位的立场,尽可能创造条件为学生夯实各种发展的根基,不断发掘其自身潜能,努力促进其在不断超越自我的过程中实现最大限度的最优发展,从而最终实现个人理想与民族梦想的和谐统一。

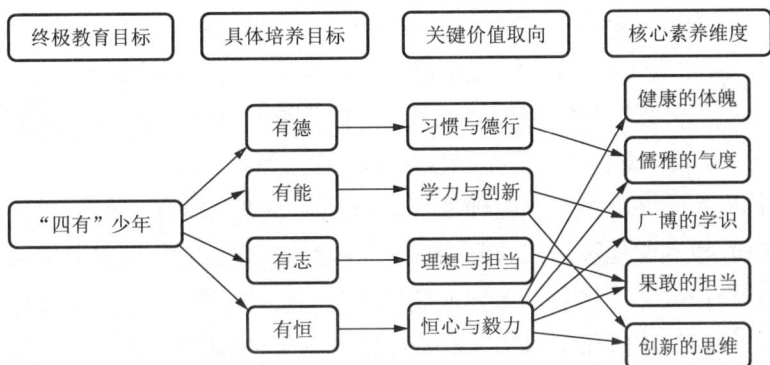

图 1-1　"致远教育"基本框架图

# 第三节　面向未来的"致远"学校课程体系

立德树人是教育的根本任务。近年来,宁海街道中心小学立足学生的生命成长需求,着眼未来社会的人才需求发展方向,遵循学生的身心发展规律和教育教学发展的规律,构建"致远"学校课程体系,通过"厚德、蕴能、励志、弘毅"等课程的实施,促进了学生综合素养的整体提升。

## 一、问题与背景

信息时代的飞速发展和史无前例的知识更新速度表明,学生如果只会被动接受课本中的知识,就会被这个时代淘汰。未来社会需要的是有强烈学习兴趣、自主学习能力、广泛兴趣爱好、善于发现并解决问题的新时代探索者,这就需要我们的教学必须从"一本书"的框架中走出来,打破学校围墙,引领学生走向更加广阔的学习领域。《中国学生发展核心素养》的颁布,更彰显了国家立德树人的总体要求,那就是不仅仅要关注人的全面发展,更要关注人的和谐发展和持续发展。在现实情况中,尽管宁海街道中心小学这几年在学生综合能力培养上做出了许多有益探索,但由于各方面条件的制约,仍然存在"重智育,轻德育;重分科,轻综合;重课堂,轻实践"的现象,导致我们培养的人才将来很难适应社会和时代发展的需求。基于对这些问题的反思,基于学生个体的生命成长需求和未来社会的人才需求,我们决定构建面向未来的"致远"学校课程体系。

## 二、框架与内容

根据办学理念,我们确立了"致远"学校课程体系的总目标:构建丰富多元的课程体系,促进每一个学生实现最大限度的最优发展。我们以促进儿童的全面发展为引领,围绕"德、能、志、恒"四个维度进行国家、地方、校本课程整体融合和架构,让学生在"厚德"课程中修品行,在"蕴能"课程中长技能,在"励志"课程中立志向,在"弘毅"课程中炼恒心,全力建设"致远教育"德育课程体系。

"厚德"课程依托"懂自律、懂礼仪、懂感恩"的"三懂得"课程、学科课程、班级文化课程、师本课程等系列课程,通过学科渗透、活动跟进、表彰促进的形式,提升学生的品行修养。"蕴能"课程采取"学力"课堂构建、全域劳动教育实施、全域阅读体系构建、项目化学习实施四轨并进的方式,促进学生的自我学习能力、劳动实践能力、自主阅读能力和积极探究能力的全面提升。"励志"课程通过"传承红色经典　做新时代奋发少年"校本课程、"海娃访家乡"研学旅行课程、"爱我家乡　贡献力量"志愿服务课程等方式,引领学生传承红色基因,树立远大理想。"弘毅"课程依托"体育天天练""图书天天读""家务天天做"等课程,锤炼学生的恒心与毅力(图1-2)。

为充分发挥教师和家长对学生成长的促进作用,我们在四类主体课程中分别同时设置了教师系列和家长系列课程,以致远教育课程体系为载体,努力促进学生、教师与家长的同步成长。

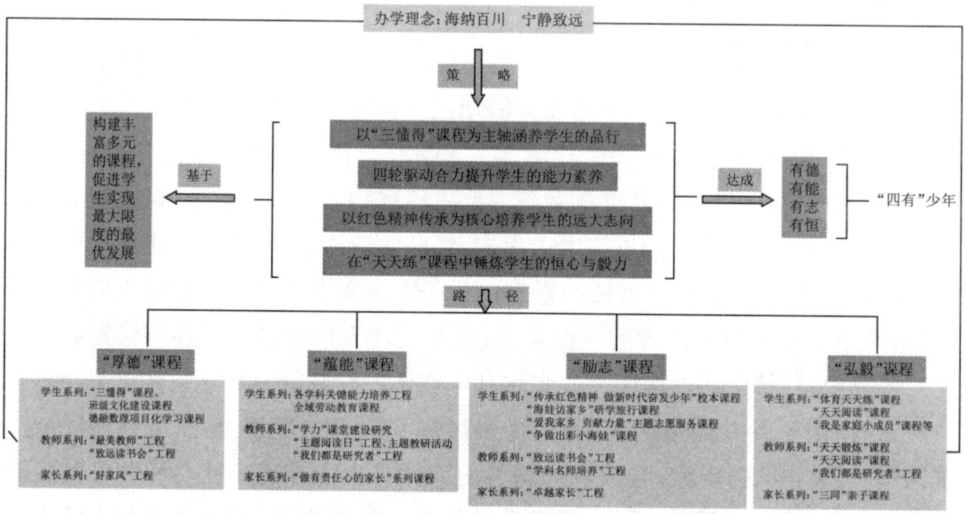

图1-2　"致远教育"德育课程框架及实施系统图

### 三、路径与方法

**路径一:"厚德"课程——以班级文化建设为主轴涵养学生的品行**

班级文化是一个班级的整体风貌,是一个班级的灵魂所在,它对班级发展和管理成功起着重要作用,对学生也起着潜移默化的教育影响作用。

### 1.开展主题班会,养成良好习惯

主题班会是对学生进行思想教育的主要阵地,我们引导学生在参与项目化学习的过程中受到深层次的体验与教育。如为了让学生有效管理自己的时间,自觉做到时间自律,将项目的驱动性问题设定为:"如何才能做到坚持每天阅读30分钟?"引导学生从管理时间的角度入手,进行"在自律中成长"的项目化学习活动。这样,学生就可以参与信息搜集、数据计算、计划制订、行为践行,增强体验,寻找动力,深化认识,改变行为,从而逐步养成良好的自律习惯。

### 2.进行班级共读活动,构建班级特色文化

结合学校的"读以致远"阅读工程和"致远"校园文化,我们将班级文化建设与阅读相结合,全班师生共读一本经典读物,围绕读物的故事情节和核心人物交流研讨,从中提炼出核心词作为班级的精神文化内核,并以此作为班级同学共同奋斗的目标,共建班级文化。如有的班级以绘本故事《犟龟》为导引,将班级命名为"小犟龟班",把"坚持不懈的犟龟精神"作为班级文化的精神内核。在平日的班级活动中,结合具体的事件和情境,引导学生时时处处学习小犟龟认定目标不放弃的精神,努力培植并不断发现具有坚持不懈品质的学生,让他们宣讲自己坚持不懈的事迹,在班级刊物展示他们的优秀作业和学习成果,耳濡目染,潜移默化,以此营造积极向上的班级氛围,形成强劲的班级凝聚力。

### 3.打造班级公众号,实现文化育人成果化

为进一步发挥班级特色文化的育人功能,同时让各班级的育人成果显性化,促进学生们在班级特色文化的浸润下自然成长,我们还引导各班级积极创立了班级微信公众号。如"小犟龟班"创立了"小犟龟 大梦想"班级微信公众号,由家委会成员负责,家校协同,定期在公众号发布具有坚持不懈犟龟精神的学生事迹,定期引领学生开展《听见颜色的女孩》《吹小号的天鹅》等励志书籍的系列读书研讨活动,有效促进了学生正确人生观与价值观的形成,促进了学生恒心与毅力的锤炼,达到了润物无声的文化育人目标。

### 路径二:"蕴能"课程——以项目化学习为核心提升学生的能力素养

基于"德、能、志、恒"的育人维度,根据烟台市"德融数理 知行合一"德育新模式的基本理念,我们构建起了"孝、诚、爱、律、礼、志、毅"七个主题目标的德育课程框架,以项目化学习的方式引导学生开展学习实践,提升课程的育人质量(图1-3)。

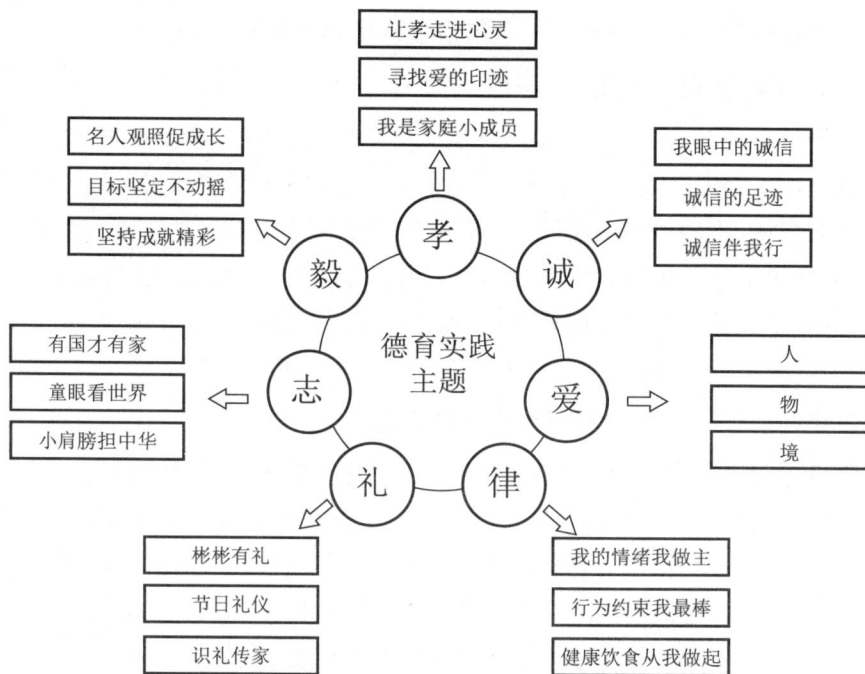

图 1-3 "致远教育"项目化学习课程框架图

### 1. 依据单元教学目标开展项目化学习

例如部编版五年级上册第四单元"心系家国"的语文要素之一是"结合资料，体会课文表达的思想情感"。为了更好地落实教学目标，我们引导学生开展了"爱国情 强国志"项目化学习。在研究"圆明园的前世今生"这一子项目时，我们引导学生搜集散落在国内外的文物数量，重点研究珍藏在国外博物馆的馆藏，制作 PPT 展示圆明园盛与殇时期的文物图片，走进烟台博物馆了解当年圆明园里的文物——乾隆白玉瓶，知道这件文物价值 2 亿元，能建将近 200 所小学……学生们在利用各种方式对搜集的资料中的数据进行整理的过程中，深刻体会到蕴含在课文中的作者对祖国灿烂文化的热爱和对侵略者强盗行径的仇恨，内心的爱国情怀被成功激发。这样的项目化学习，将学科核心素养的培养与道德教育有机融合，达到了润物无声的教学效果。

### 2. 依据教学过程中的生成性资源开展项目化学习

例如在教学五年级下册数学《圆的认识》一课时，有学生提出"生活中哪些地方可以用到圆形？为什么要把它们设计成圆形？"由此，开启了"原（圆）来如此"项目化学习。在"探究物品设计成圆形的缘由"这一子项目时，学生将同样长的铁丝做成长方形、正方形、三角形和圆形,在相同时间内滚动这些图形,利用列表记录的方式,记录下它们转动的圈数,并计算出它们行驶的路程。在反复对比中他们发现,相同的时间内圆形车轮转动的圈数最多,跑得最远,最终得出"车轮设计成圆形可以使车的速度更快,行的路程更远"这一结论。不仅如此,有的学生还继续利用计算对比的方式去探究有的植物的根、茎横切面为什么是圆形的,最终得出"周长相同的情况下,圆形的面积最大"这一数学结论,知道了有的植物的根茎之所以横切面是圆形,是为了更多地吸收水分和养料来供给自身生长。这样的项目化学习实践,与生活联系紧密,有效激发了学生学习的内驱力,促使其在发展数学思维的过程中养成严谨求实的科学精神与品质。

### 3. 依据学科性质开展项目化学习

例如,学校一位道德与法治教师课间听到学生们在谈论"新疆棉"事件,于是就放弃了原来的教学计划,引领学生开始了"新疆棉事件面面观"项目化学习。学生们通过新疆棉在全国棉花产量占比由 1949 年的 1% 飙升到 2020 年的 87%,感受到了新疆棉在全国棉花产业中的重要位置;通过采棉机的日工作量之大,认识到机采棉在很大程度上解决了劳动强度大和劳动力短缺的问题,不会存在强迫劳动的问题;再通过新疆约 700 万人的生活因为新疆棉产业而得到优化,再次明确从事新疆棉工作是新疆人民的幸福向往,根本不存在强迫劳动的问题;通过"全球有 20% 到 30% 的原棉来自中国"了解到中国目前已成为世界纺织行业的中心,也成为某些西方国家打击的目标;通过若干抵制新疆棉的外国服装品牌的销售额大幅下降、支持新疆棉的中国企业股票迅速上涨和很多影视明星放弃为抵制新疆棉的外国品牌代言等数据和事实,深刻体会中国企业和国民的铮铮铁骨与赤血丹心。这样的项目化学习,没有教师的空洞说教和强制灌输,只有学生深入时事事件的自主探究和理性分析,使学生在理性认清事实的过程中,增强了自身的思辨与判断能力,更激发了学生好好学习本领,将来报效祖国的决心。

### 路径三:"励志"课程——以公益服务劳动课程为重点培养学生的远大志向

#### 1. "爱我家乡,贡献力量"主题志愿服务活动

为了让学生进一步体会到劳动的价值,体会到劳动带给人的愉悦体验,我们在全校开展了"爱我家乡,贡献力量"主题志愿服务活动,要求各班级由家委会牵头,根据学校的总体要求,开展各种形式的志愿服务活动。一年多以来,全校各班先后开展了"环保小卫士在行动""我是丰金小义工""垃圾分类我宣传""敬老爱老我能行"等 20 多次主题志愿服务活动,学生们在清扫公共场所卫生、清除公共

设施野广告、帮敬老院的老人打扫房间、到爱心餐厅清洗蔬菜、宣传垃圾分类知识的过程中体验到奉献的快乐,感受到担当的荣耀,增强了他们建设家乡、奉献家乡的责任感和服务意识。

### 2. 基地体验活动

科学研究表明,体验式教育是触动学生心灵,促使学生形成正确人生观、世界观和价值观的最为有效的方式。因此,我们整合牟平当地的资源,构建起了"创意体验基地、家乡名企基地、生态农场基地、美丽乡村基地"四个类别的劳动体验基地,定期引领学生走进基地,开展丰富多彩的劳动实践活动。学生走进牟平区综合实践学校的创意体验基地开展航模、机器人、无人机等创新学习项目;走进海德专用汽车厂、安德利果汁厂等家乡名企业参观各种专业劳动并根据情况体验部分劳动项目;走进武宁"田园大樱桃合作社",学习怎样给樱桃授粉、怎样摘樱桃、怎样制作樱桃酒;走进"龙泉蘑菇基地"、姜格庄丁家庄等有特色劳动项目的村镇,学习蘑菇种植、大饽饽制作等特色劳动技术,在劳动中体验家乡的魅力。

### 3. 红色精神传承活动

学校编写了《传承红色精神　做新时代奋发少年》校本教材,教育引导学生传承红色基因,立下报国志向。在扎实实施课程的过程中,促使学生理解并传承"热爱祖国、敢于担当、勇敢顽强、团结协作、自强不息、艰苦朴素、谦虚谨慎、开拓创新"的八大红色精神。与此同时,开展"红领巾礼赞祖国"系列化学习活动,引导学生分别从文化、科技和经济三个方面探究祖国的变化。

**路径四:"弘毅"课程——以"天天练"系列课程为依托锤炼学生的恒心与毅力**

我们一直教导学生,"能把简单的事情做好就是不简单,能把平凡的事情做好就是不平凡"。我们构建了"天天练"系列课程,包括"体育天天练""图书天天读""家务天天做""特长天天练"等课程内容,运用记录练习情况和举行各种形式的检测活动相结合的方式,促使学生不断克服各种主观和客观条件限制,坚持执行计划,不断锤炼恒心与毅力。

### 1. 家务天天做——"我是家庭小成员"课程

结合低、中、高年级学生的不同年龄特点,学校设计了《"我是家庭小成员"培养计划》(简称《培养计划》)和《"我是家庭小成员"家校评价卡》。《培养计划》分"自理自立"和"责任担当"两栏,以学期为单位对不同年龄段的学生应自理自立完成的项目和应长期承担的家庭劳动项目进行了相对固定化的设计,体现了培养的阶梯性和全程性。为避免部分家长进行虚假评价,学校每学期都要进行生活技能大赛,以此敦促学生要"真"劳动。不仅如此,还充分利用校本教材《生活课》,教学生学会整理书包、洗袜子、包饺子等自我服务性劳动和家庭劳动,让学生在懂方法,会劳动的过程中锤炼恒心与毅力。

### 2. 图书天天读——"阅读明星闪闪亮"课程

学校探索实施"读以致远"阅读工程,制定了七级阅读晋级书目,为每位学生准备了"读以致远"阅读银行卡,发挥家委会力量家校合力推进"立体化"大阅读,为各科学习夯实根基。学校精心组织了形式多样的亲子共读活动:一是开展"亲子共读金话筒"比赛,家长和孩子天天练习朗读,并精心录制共读音频并发送到指定位置,学校组评委逐级评选,评出全校的"亲子共读金话筒"奖;二是召开亲子阅读读书交流会,运用抽签朗读、问题抢答、情景剧表演等多种形式,引导家长和孩子们在根据晋级书目天天阅读的基础上共同交流读书收获,点燃读书热情,实现共同成长。

### 3. 体育天天练——"争当体育小达人"课程

学校给学生布置体育家庭作业,引导家长和孩子共同锻炼。我们主要采取两种方式引导亲子共锻炼:一是举行亲子运动会,运动会以需要家长和孩子紧密配合的"夹球走""蚂蚁过河""你投我接"等比赛项目为主要内容,促使他们共同商量对策,合力夺取成功;二是倡导进行常态的亲子居家锻炼。疫情期间,我们发起的"居家齐抗疫　健体同致远"活动,在全校掀起了亲子共锻炼的热潮,爷爷、奶奶、爸爸、妈妈、哥哥、妹妹等齐上阵,在强身健体的同时活跃了家庭气氛,促进了家庭的和谐。

### 四、效果与影响

致远教育经过四年多的努力实践取得了较为显著的成效,主要体现在以下三个方面。

一是实现了宁小学子的人格完整和全面发展。"致远"学校课程体系的科学实施,为宁小学子们综合素养的提升提供了广阔的空间和舞台,他们自我激励、相互学习、协同进步,在丰富多彩的课程学习过程中逐步成长为有德、有能、有志、有恒的"四有"少年,一批批具有宁小特质的孩子正在脱颖而出。

二是形成了共生共长的学校教育样态。学生、教师和家长三个系列成长共同体的构建,增强了教师立德树人的责任感和自我提升的紧迫感,唤醒了家长陪伴孩子成长的责任感和参与孩子成长历程的积极性,根据学校系列课程内容的安排,他们都积极主动地参与培训学习、静心阅读、互动研讨等形式多样的学习活动,在促进自身成长的同时更促进了学生的优质成长,校园里呈现出向上生长的蓬勃力量。

三是提升了学校的办学实力与影响力。四年来,学校先后三次承办全市现场会议,先后获评"烟台市综合实践教育先进学校""烟台市首届小学德育品牌评选十佳学校""烟台市艺术特色学校""全国青少年足球特色学校""烟台市教育教学先进单位""山东省优秀家长学校"等荣誉称号。学校"致远"德育课程实施方面的经验做法先后多次在市级以上会议交流或在市级以上报刊发表,先后十多次在烟台电视台播出,先后三十多次在牟平电视台播出。学校"三维度"综合实践活动课程方面的经验做法在全国会议交流。学校的《"海纳 致远"学校课程的整体构建与实施》2018年获山东省基础教育教学成果奖评选二等奖;《小学"三维度"综合实践活动课程的构建与实施研究》2020年获烟台市第三届教学成果奖评选一等奖,同时被确定为山东省基础教育改革项目,获3万元项目经费。学校综合实践活动和全域劳动教育的经验做法先后在《山东教育》《教育家》《中国教育报》等报刊发表。2019年暑假举行的牟平区首所学校专场演出,全面展现了致远教育的成果,受到了社会各界的广泛赞誉。

致远教育,正在引领宁小的学生、教师和家长们以稳健的步伐走向他们人生的远方!

# 第二章
## "厚德"课程——涵养必备品格

2018年8月21日,习近平总书记在全国宣传思想工作会议上的讲话指出:要抓住青少年价值观形成和确定的关键时期,引导青少年扣好人生第一粒扣子。穿衣服扣扣子,第一粒扣子扣好是前提,每一粒扣子都要对齐扣好是基本要求,"人生的扣子"亦如此,而且不仅要"扣好",还要"扣紧""扣正"。"扣好"就是要树立正确的价值观,树立共产主义远大理想,坚定中国特色社会主义共同理想;"扣紧"就是要坚定听党话、跟党走的政治信念;"扣正"就是要在强国建设、民族复兴的历史潮流中确立正确的人生目标,为一生的奋斗奠定基石。在基础教育阶段,要想为学生"扣好人生第一粒扣子",就需要基于学校的育人理念,依托形式多样的德育课程,采取恰当有效的德育策略,涵养学生必备的品格,促进学生形成正确的人生观和价值观,努力成长为"有理想、有本领、有担当"的社会主义未来建设者。

## 第一节　主题班会课程

立德树人是教育的根本任务,培养"有德、有能、有志、有恒"的"四有少年"是宁海街道中心小学"致远教育"品牌的终极育人目标。这一培养目标的实现需要具体的课程内容为依托,主题班会课程就是实现这些育人目标的有效载体。为充分发挥主题班会课程在学生自我教育中的重要作用,让学生在集体生活中受教育、受熏陶,宁海街道中心小学以"厚德""蕴能""励志""弘毅"四大课程方向为指引,确定了学校主题班会课程的总体框架,并研发了具体的课程内容,有计划、有步骤、有重点地对学生进行相关思想教育,有效促进了学生综合素养的整体提升。

**一、课程的理念与目标**

主题班会是学校开展德育工作的重要形式,也是班主任对学生进行思想教育的重要途径。在主题班会课上,班主任围绕特定的主题对学生进行思想、品德、心理等方面的教育,能有效促进正确的班级舆论的形成,推进学生的自我教育、自我管理。作为构成学校集体的基本单位,班集体也是学校的教育理念与育人目标落地的主要阵地。

注重激发学生自我教育的内驱力,创造条件引发学生自我管理,一直是宁海街道中心小学学生德育工作的基本原则,也是学校主题班会课程的基本理念。为充分发挥主题班会对学生的集体教育作用,学校秉承"致远教育"理念,把培养"有德、有能、有志、有恒"的"四有少年"的培养目标分解成系列子目标,并根据学生的年段特点和身心需求分年段设成具体的系列课程,将主题班会"课程化""系列化",让原来"散点式"的主题班会课程有目标、有体系、有步骤,循序渐进地推进实施,引领学生厚德、励志、蕴能、弘毅,逐步成长为具有新时代特质的"四有少年"。

**二、课程的具体实施**

**(一)确定课程框架**

根据"致远教育"的德育总目标,结合学生的成长需求,我们创建起了"德、能、志、恒"四大主题的主题班会课程框架,并在此基础上研发出了12个项目小主题。围绕这些小主题,根据不同年龄段学生的思想、生活的实际情况确定不同年级段的具体课程内容,引导学生在丰富多彩的主题教育活动中,受到实实在在的教育和影响,促进自身德行的良性成长(图2-1)。

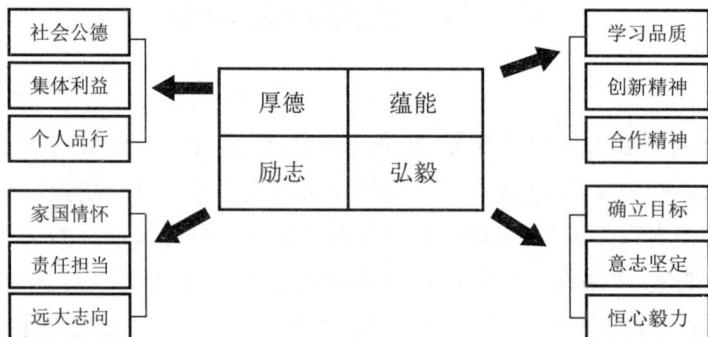

图 2-1 牟平区宁海街道中心小学主题班会课程框架图

表 2-1 二年级 2021—2022 学年度第二学期主题班会内容列表

| 时间安排 | 主题内容设计 |
|---|---|
| 第 1 周 | 我是文明小市民(社会公德) |
| 第 2 周 | 集中注意力(学习品质) |
| 第 3 周 | 我为班级争光彩(集体利益) |
| 第 4 周 | 我的国,我的家(家国情怀) |
| 第 5 周 | 我有一个美丽的梦(远大志向) |
| 第 6 周 | 诚信在我心中(个人品行) |
| 第 7 周 | 我离梦想有多远(确立目标) |
| 第 8 周 | 值日生 责任大(责任担当) |
| 第 9 周 | 劳动最光荣(个人品行) |
| 第 10 周 | 遇到困难我不怕(意志坚定) |
| 第 11 周 | 比比谁的办法多(创新精神) |
| 第 12 周 | 珍爱生命 预防溺水(安全教育) |
| 第 13 周 | 书籍是我的好朋友(学习品质) |
| 第 14 周 | 坚持到底才能胜利(恒心毅力) |
| 第 15 周 | 我骄傲 我是中国人(家国情怀) |
| 第 16 周 | 请让我来帮助你(个人品行) |

学期初确定的这些主题班会计划大体不变,但是也会根据学情、重大时事等实际情况进行适当调整。比如,天宫课堂第一课开课时间是 2021 年 12 月 9 日。这属于重大时事性活动,我们就灵活改变了关于 12 月 4 日宪法日"遵纪守法"主题班会的设置,更改为以"同心筑梦 遨游太空"等内容为主题的班会活动,紧贴时政要点,激发学生对祖国的热爱之情、对航天员勇于挑战自我的崇拜之情。

**(二)集体备课教研**

在年级主题班会计划下发之后,级部内各班主任老师会进行主题班会的集体备课活动。每次的主题班会活动确定一个中心备课人,由其根据不同学段学生的年龄特点、心理特点和认知能力,设计出便于学生接受和理解的初始框架,再通过集体研讨汲取集体智慧,确定本年级的活动框架。之后,各个班级根据自己班级的实际情况生成适合班情的个性化主题班会教学设计。

针对不同学段的学生,主题班会课程研发组还确定了"螺旋上升,循序渐进"的设计原则。比如"继承发扬爱国主义光荣传统的教育"主题,属于"励志"板块中"家国情怀"的教育内容。低年级的学生,落脚于激发其对爱国英雄的崇拜之情,中、高年级的学生则落脚于体验伟大的爱国精神,思考辨析个人价值与国家利益的关系。同一主题呈现出不同的内容梯度,遵循着学生的认知规律,力求尽量贴近学生的思想实际,引领学生健康成长。

### (三)活动具体实施

在主题班会的实施过程中,我们本着"把个体精神发展主动权还给学生"的原则,创新研发了"自主性"主题班会的活动形式。沿着培育"四有少年"的思想主线,中高年级充分发挥学生的主动性与积极性,组建主题班会活动团队,按照"组织-实施-评议-调查-反馈"的程序,引导学生自行组织主题班会。"自主性"主题班会,有效激发了学生自主管理的意识和参与欲望,使每个学生既是管理的对象,又成为管理的主体,把班级还给学生,让班级充满生长气息,创造出一种"自由、和谐"的班级教育环境。

教师在主题班会组织实施的过程中,坚持做好"扶持者"的角色,适时把控节奏,绝不把自己的观点强行灌输给学生,而是引导他们在讨论的过程中自己得出结论,自己感受体验。教师更多关注的是主题班会的反馈,在班级的日常学习生活中,积极谋求把主题班会的教育成果落到实处。

### 主题班会案例

### 《今天,我们这样追星》主题班会实录
#### 烟台市牟平区宁海街道中心小学　王　蕾

【课前热身】(播放背景音乐:《爱我中华》)

【案例导入】

孩子们,刚刚的歌曲好听吗?你从歌曲里都了解了哪些信息?其实,在我们国家啊,还有一族,什么族呢?"追星族"!

追星族可不是第56个少数民族,"追星"一词来源于当年红极一时的小虎队。1989年小虎队开始在中国台湾演出,当时疯狂的粉丝们成群结队地骑着自行车一路追踪,大呼其名,这种跟在明星后面追明星的现象被当时的报纸称为"追星"。而现在,追星族又有了另外一种称呼,叫粉丝,"粉丝"是一个英语单词"fans"的谐音。也是指崇拜某些明星的一些人或群体。今天,咱们就一起来谈谈小学生追星的话题。

讲到小学生追星,在座的很多父母可能会有抵触:"这么小的孩子追星好吗?"有些同学可能会想:"父母在旁边呢,就是追星我也不能说!"咱们不妨换个角度想,"追星一定不好吗?"其实,追星是一种偶像崇拜,而偶像崇拜又是榜样学习的一种重要方式。而且,这个榜样的力量可是非常大的。追的是你们自己发现的、确立的星,就会因为崇拜、敬佩,心甘情愿去学习、去仿效榜样。这种自发性学习,可比老师、父母的说教管用多了!另外,我们的生活中也有很多因为自己崇拜的偶像,发掘自身的潜能,调整自己的不足,最终成功、成才的实例。在深圳高中有一位女孩叫陈淑盈,从小学五年级就开始喜欢易烊千玺。2014 年,TFBOYS 做客《天天向上》,当主持人问他们想考什么大学时,易烊千玺说了一句:"北京大学比较好。"没想到简单的一句话,一直激励着陈淑盈努力学习。后来,易烊千玺考入了中央戏剧学院,陈淑盈却一直记得当时易烊千玺"北京大学比较好"那句话。于是她下决心说:"你的梦想我来帮你实现!"你看,这个女孩追星,就是一个很好的例子。她的追星非常理智,偶像带给了她学习的动力。学生的首要任务就是要好好学习。只有好好学习,才能有机会和偶像见面,让偶像看见自己更好的样子。

所以,咱们大可不必"谈追星色变"!咱们今天的班会主要分为三大环节:一是追什么样的星,二是用什么方式追星,三是今天,我们这样追星。

【三议追星】

(一)追什么样的星

说到明星,你脑海里会首先冒出哪些人的名字呢?是她?还是他?也可能都不是!没关系,老师这里还有一张偶像明星榜,哪位同学想跟大家交流一下,让你心目中的明星上榜呢?可以举手示意老师!哪位同学要第一个来跟我们分享一下?

(这里要注意的是,对于学生说的我们比较陌生的明星,要让他们做一下解释。)

师:我们来分分类。影视明星、歌星、球星(还可能有科学家)。

上课之前,老师做了一个小调查,被调查者是学校随机抽取的 56 名同学。调查内容:说说你心中的星是谁?

确实像刚刚同学们所展现的那样,有半数以上的同学选择了影星、歌星、运动员。6 名同学选择了科学家。12 名同学表示不追星。还有 4 名同学,分别选择的是主持人、作家、人民公仆和奥特曼。

看来,说到明星,同学们首先想到的还是娱乐明星。因为他们长得好看,唱歌好听,或者演技很好等,再加上媒体多方面的报道,很容易获得同学们的喜爱和好感。

但是,孩子们,老师想告诉你们,其实明星这个词的内涵是很丰富的,既可以是指歌星、影星、体育明星,也可以是指经过时代沉淀的各行各业的杰出代表,民族和国家的骄傲! 比如,科技之星、文艺之星、道德之星、爱国英雄。

现在,我们就一起来唤醒我们的记忆吧,你能说出其中的几位呢?

1.请说出 3 位政坛伟人。

2.请说出 3 位科学先锋。

3.请说出 3 位文坛巨匠。

4.请说出 3 位商界奇才。

5.请说出 3 位英雄人物。

刚刚几位学生说的人物,他们来自古今中外,各行各业!

这些人哪一个撑不起一个"星"字呢? 可是因为我们对他们的了解不够深入,也因为他们的事迹没有得到媒体更多的关注与宣传,让人们经常忘记了他们的存在!

老师想提醒大家,在选择自己的偶像之前,一定要尽可能地多去开阔自己的视野,多方面了解他(她)的相关信息,这样,你能更加全面地了解这个人,也才有机会去发现真正值得自己崇拜的偶像是谁,而不是被媒体的商业包装和宣传所引导谁红去追谁,更不要有从众心理,觉得别人都追,我不追好像落伍了。

(二)用什么方式追星

在老师进行追星情况调查的时候,有一位同学发来一段长长的文字,跟我交流自己崇拜的明星,让老师印象非常深刻。下面,老师也邀请这位同学跟我们分享她的明星(学生说)。

孔淇对她的偶像有非常深入的了解,她喜欢"迈克尔•杰克逊"的原因是"伟大的艺术家""慈善家""诺贝尔和平奖提名",这种因为偶像成功的事迹、优秀的品质、人格的魅力而崇拜他的行为,在心理学上叫"实质性欣赏",这种欣赏会让我们把偶像转变成榜样,激励自己更好地成长和成才! 让追星变得非常有意义和价值。

但是,现实生活中,也有一部分同学,他们是这样追星的。

举例追星事件:

案例 1.图片:学生课本写满"偶像名字"。

介绍:这是一位妈妈晒的自家孩子的课本,因为崇拜某位明星,孩子把明星的名字和说过的话,以及表白这个明星的句子写满课本,学习受到影响。这位妈妈的表情,在你妈妈的脸上出现过吗?

案例2.视频:EXO与TFboys粉丝掐架 掀起"小学生世纪骂战"!

介绍:是不是有点听不下去了呢? 对于这段视频中的对话,同学们有什么想说的吗?

案例3.新闻:小学生迷上易烊千玺,盲目追星被骗8万余元。4名"00后"伪装成明星易烊千玺,建立粉丝QQ群发布虚假信息进行诈骗。由于年龄小缺乏判别能力,还在读小学的小磊拿着爸爸的手机加入此群,先后被骗取了8万余元。

孩子们,看了刚刚案例中的追星行为,对你自己的追星方式,会有什么样的启示? 哪位同学想来分享一下?

确实像同学们所说的,过度追星、不恰当的追星,一方面会占据同学们的时间、分散同学们的精力,如果痴迷其中,还荒废学业;另一方面,由于我们现阶段的辨别能力和社会经验不足,容易让坏人浑水摸鱼,增加社会不安定因素。

在这里,老师提醒大家两点:① 如果你正在追星,一定要在学习时间之外,理智追星,去选择优质的偶像。② 要寻找偶像身上能激励自己不断进步的正能量。

(三)今天,我们这样追星

1. 先来看这张数据图,这是去年在网络上针对"95后"年轻人进行的一份向往职业的调查。从数据统计中,你发现了什么信息?

2. 再来看一段视频(湖南电视台的青年科学家谈自己的科学新成就)。

同学们,看了这段视频,对照前面的调查数据图,你有什么想说的? (这里应该启发学生充分发言,最好是学生自己能说出来,不应该把网红、主播、娱乐明星作为自己的人生追求,应该像青年科学家一样,树立远大理想,将来为国家作贡献;要启发学生把问题聚焦在:对于国家的发展,科技和娱乐哪个更重要……)(学生发言)

同学们,前一段时间,学校发出了号召,让我们围绕本次的新冠肺炎疫情防控工作进行项目式学习,分别是"疫情防控之中国精神""疫情防控之抗疫英雄""疫情防控之爱心故事",结合我们进行项目式学习的情况和大家了解到的信息,你能用实例说话,谈谈对于国家的发展,科技和娱乐哪个更重要吗? (学生结合自己的项目化研究成果,积极发表自己的看法)

孩子们,中国需要太多像钟南山、李兰娟这样的科学家,希望你们也能努力学习,勇做科研追星人! 当有一天你们学有所成的时候,也可以像四位青年科学家一样,为自己所做的事情感到骄傲! 因为,唯有知识,才能捍卫我们的国家! 唯有科技,才能强大我们的国家!

其实,疫情防控期间,为国家作出突出贡献的,不仅仅是科学家,还有很多平凡英雄。(汪勇的杂志封面图片)他是"凡人"汪勇,他像我们一样害怕感染,送完医护人员吓得腿发软。但是他还是坚持做,去为医护人员排忧解难、做后勤保障。所以,他成了医护人员们的"哆啦A梦",被称为"超人"汪勇。其实,在疫情防控期间,还有无数的志愿者、社区干部、警察甚至是我们同学自己的父母家人,都冲在了一线,他们没有豪言壮语,也没有惊天动地的事迹,但他们用默默的付出,给我们上了一堂精彩的人生课。这种无私奉献的精神,难道不是我们的榜样吗?偶像其实并不遥远,可能就在我们的身边,用言传身教在给我们指引。

最后,老师还想跟大家一起看一段视频,看看在疫情防控中,一群同样年轻的大哥哥、大姐姐,他们在做什么。

刚刚的视频中,我们从这群"90后""00后"的大哥哥、大姐姐们身上,看到的是"责任"是"担当"! 昨天的少年,已经成为我们国家的骄傲和希望!

【活动总结】

孩子们,刚刚,老师跟大家一起分享、交流了追什么样的星,怎样追星的话题。这节课之后,对于"今天我们应该怎样追星",你又有了什么新认识和看法呢?谁来说一说?

追星,在心理学上是非常正常的现象。但是,追什么样的星,会在很大程度上影响你的人格与自我的塑造,也就是我们经常说的"三观"! 你的人生观、世界观、价值观都会在崇拜的过程中逐渐形成并内化。假如我们一味地追求娱乐明星、网红,最终可能会导致我们对人生观、价值观认知的偏差,只会崇尚甚至追求"金钱至上""付出少,收获多"的生活,自然就会能影响我们以后的人生道路和选择。

孩子们,今天这节课之后,希望你们对自己的追星之路有所思考。如果追星,希望大家选对榜样,更多地去关注能对我们的人生观、价值观有指引作用的人物,比如科学家、文学家、思想家、艺术家、民族英雄,跟随榜样,努力修正自己。更希望你们能争做明日之星,以"人品好、学习好、努力勤奋"为目标,挑战自我,将来尽己所能为国家作贡献,让自己的人生因奋斗而精彩,因奋斗而幸福!

**三、课程的实施成效**

**(一)促进了学生"四有"特质的形成**

"致远"教育理念下的主题班会课程的科学实施,使宁小学子们在持续连贯、循序渐进的主题班会课程中,培养了家国情怀,涵养了个人品行,拥有了责任担当意识、团结协作能力、敢于创新精神等真正面向自己未来发展的相关思想和能力，逐渐成长为有德、有能、有志、有恒的"四有少年"，一批批具有宁小特质的孩子正在脱颖而出。

**（二）促进了教师专业化可持续成长**

教师在组织实施主题班会的过程中，既要结合主题选材，又要契合"致远教育"精神，因此，教师备课过程中需要查找大量的资料，无形之中促进了教师专业阅读的发展。在反复组织实施、调查反馈、跟踪落实的过程中，教师又积累了大量的管理班级的经验、提升班级凝聚力的法宝、疏导学生心理问题的窍门。主题班会课程实施以来，学校的班主任队伍获得了较快成长，越来越多的老师已经走上了班主任专业化的道路。

**（三）形成了积极向上的学校新风貌**

以"致远教育"为内核，以培育"四有少年"为目标，以不同主题为线索的系列主题班会课程的研发、实践、落实，促进了宁海街道中心小学整体班风、学风建设，班风、学风持续显著向好。在主题班会课程实施的过程中，各个班级结合各自特点寻找班集体生长点，促使班级健康成长并逐步积淀自己的特色，形成了向上、向新的校园文化样态。

# 第二节　班级文化课程

广义的文化是一只看不见的巨手，能够在人们认识世界、改造世界的过程中创造生产力、提高竞争力、增强吸引力、形成凝聚力，转化为强大的影响力与助推力。聚焦学校，落脚校园，校园文化同样能够产生不可抗拒的巨大力量。宁海街道中心小学始终认为，校园文化绝对不只是指学校投入大量资金打造的物质环境，更是指全校师生镌刻在头脑中、落实到行动中、延展到生活中的无形的思想观念。为了更好地发挥好班级的育人主阵地作用，将"致远教育"的文化理念扎实落实到平日的教育工作中，浸润到师生的思想观念中，我们决定以"读以致远"阅读工程为载体，创建特色班级文化课程，以文化人，以文育人，积极为儿童的未来发展积蓄力量。

## 一、课程的理念与目标

一个人的阅读史就是他的精神发展史。每一个生命都是一粒神奇的种子,蕴藏着不为人知的无限可能,而阅读则能够给种子以美好滋养,并唤醒其所蕴藏的未知潜能。从这个意义上说,阅读是最有效的教育手段之一,能够陶冶情操、启迪心灵、修身养性。基于此,我们着眼于发挥阅读对学生精神的积极影响与引领作用,引导学生在精读、品析、交流的过程中,将经典文学读物中的经典人物形象及品格内化到自己的思想与行为中,并在班级学习与生活实践中不断践行,共同形成独特的班级文化氛围。在这种独特的班级文化的浸润和影响下,促使学生传承具有共同文化符号的生命密码,形成同质的修养品格,实现自我人生观、价值观与新时代青少年思想道德建设要求的高度契合,为自己的未来成长积蓄力量。

## 二、课程的具体实施

### (一)共读文学经典

根据学校提供的经典阅读参考书目,每个班级根据学生的年龄和思想实际确定共读书目,在日常教学活动中,班主任通过相关专题班会课、阅读课与学生一起共读经典,并在充分共读的基础上开展读书交流。在读书交流会上,用"交流汇报—人物再现—思绪飞扬"等逐层深入的环节,引领学生一起把读物读懂、读透,共同体会读物中核心人物的优秀品质,感悟读物中蕴含的美好情感,研讨读物中承载的积极能量。在这样多维度、多层面的研讨与交流过程中,努力使每个学生都能深刻领会到经典读物的精神内核,让读物真正对学生的思想与行动起到积极的影响作用。

### (二)提炼班级文化核心词

为了让学生在阅读中寻找共同的生命密码,促使学生在品读经典、积极实践的过程中,形成正确的人生观、价值观,老师们在确定了班级共读书目之后,就着手大力构建班级文化的整体架构。首先是以共读书目为班级命名。如以绘本故事《犟龟》为核心读物,就将班级命名为"小犟龟班",另外还有"大脚丫班""小天鹅班""肚肚狼班""宝葫芦班"等。其次,根据经典书目所蕴含的精神内核提炼班级文化核心词。把核心词作为班级的精神文化内核,并以此作为班级同学共同奋斗的目标,共建班级文化。如四年级一班,即"小犟龟班",提炼的文化核心词是"坚持不懈　永不放弃";二年级二班,即"小鲤鱼班"提炼的核心词是"百折不挠";一年级四班,即"卡梅拉班"提炼的核心词是"挑战不可能",等等(见表2-2)。

表2-2 牟平区宁海街道中心小学经典读物共读目录及班级文化核心词

| 班级 | 共读书目 | 班级文化核心词 | 班级 | 共读书目 | 班级文化核心词 | 班级 | 共读书目 | 班级文化核心词 |
|---|---|---|---|---|---|---|---|---|
| 1.1 | 《青铜葵花》 | 关爱互助 | 2.5 | 《爱心树》 | 懂得感恩 | 4.3 | 《吹小号的天鹅》 | 自强不息勇于挑战 |
| 1.2 | 《绿野仙踪》 | 团结友爱 | 2.6 | 《那列狐的故事》 | 机智聪慧 | 4.4 | 《根鸟》 | 持之以恒 |
| 1.3 | 《大脚丫学芭蕾》 | 意志坚定 | 3.1 | 《窗边的小豆豆》 | 温馨快乐 | 4.5 | 《绿野仙踪》 | 善良勇敢 |
| 1.4 | 《不一样的卡梅拉》 | 挑战不可能 | 3.2 | 《天天向上小茉莉》 | 积极向上 | 4.6 | 《十五岁的小船长》 | 坚韧不拔 |
| 1.5 | 《小猪唏哩呼噜》 | 乐观坚强 | 3.3 | 《夏洛的网》 | 奉献自己温暖他人 | 5.1 | 《长袜子皮皮》 | 勇往直前 |
| 1.6 | 《木偶奇遇记》 | 诚实守信 | 3.4 | 《秘密花园》 | 积极乐观 | 5.2 | 《向日葵》 | 阳光奋进 |
| 2.1 | 《外公是棵樱桃树》 | 勇于探索 | 3.5 | 《想飞的鸵鸟》 | 坚持梦想 | 5.3 | 《蓝色海豚岛》 | 勇敢坚毅 |
| 2.2 | 《小鲤鱼跃龙门》 | 百折不挠 | 3.6 | 《宝葫芦的秘密》 | 努力进取 | 5.4 | 《树魁班》 | 坚持不懈 |
| 2.3 | 《月光下的肚肚狼》 | 助人为乐 | 4.1 | 《犟龟》 | 坚持不懈永不放弃 | 5.5 | 《淘气包埃米尔》 | 聪明睿智 |
| 2.4 | 《柳林风声》 | 团结互助 | 4.2 | 《听见颜色的女孩》 | 意志坚强 | 5.6 | 《尼克·胡哲》 | 坚韧顽强 |

提炼班级文化核心词的过程,就是反复品读经典读物的过程。比如"绿野仙踪班"的班级文化核心词是"团结友爱"。在提炼这个核心词的过程中,教师充分发挥了家校合力的作用,请家长密切配合老师,每晚带着孩子共读经典。在第二天晨读和阅读课上,班主任老师组织学生展示自己"又读到了哪些有趣的故事"以及"我知道的故事你知道吗?"这样的比拼类环节,促使学生们阅读的兴趣激增,保证用最快的速度初读完整本书。初读完整本书之后,教师会请家长协助学生整理"我最喜欢的人物形象"读书感悟,用图文并茂的形式展示出来。之后,教师利用班会课开展读书交流会,请学生畅所欲言自己最喜欢的人物形象并说明理由,至此就完成了对这本书中的主要人物和故事情节的二次梳理。这个梳理的过程也是对《绿野仙踪》再次感悟、理解的过程。最后,教师请学生三读经典,并且在读中思考"你想成为谁?"然后择期召开读书交流会,根据学生的交流情况,由师生共同总结提炼人物品质,并且达成共识:我们也要做"善良勇敢"的人。至此,班级文化核心词提炼完成。

### （三）建设特色班级文化

苏霍姆林斯基说："只有创造一个教育人的环境,教育才能收到预期的效果。"这里的"环境"至少包含两个维度——物质环境和精神环境。在班级文化核心词提炼出来以后,为加速班级特色文化的形成,学校引导班主任从物质环境和精神环境两个方面着手,努力建设班级文化。

在物质环境方面,为让学生们能有形感受到自己班级的独特文化,各班级都特别注重班级静态文化的呈现。如潘霞老师的"青铜葵花班"的文化核心词是"关爱互助",于是在班级环境的布置上,处处都显现着"爱"的主题。结合班级文化的创建理念,潘老师先是让孩子们商量确定将"团结友爱,互帮互助"作为班训,张贴在班级墙醒目的位置,起到"润物细无声"的作用,同时班级内部设置"爱心墙""点赞墙"等栏目,使墙壁会说话,处处彰显着班级文化的核心主题,营造起了同学们之间团结互助、友爱共进的温馨成长氛围。

在精神环境方面,为让独特的班级文化理念渗透学生的思想,内化学生的灵魂,各班级更加注重抓住点滴小事、采取多种方式,发掘学生成长的内驱力。如曲立燕老师负责的"小犟龟班"把"坚持不懈　永不放弃"作为班级文化的精神内核,在班级树立起"遇到任何困难都要坚持不懈,绝不轻言放弃"的信念。在平日的班级活动中,结合具体的事件和情境,引导学生时时处处学习小犟龟认定目标不放弃的精神,努力发现并不断培植具有坚持不懈品质的学生。为进一步发挥班级特色文化对学生成长的积极促进作用,他们还以家委会为主体创立了班级微信公众号"小犟龟　大梦想",由家委会成员负责,家校协同,定期在公众号发布具有坚持不懈犟龟精神的学生事迹、学生们坚持进行经典阅读和项目化劳动的收获。在"小犟龟"坚持不懈的精神的感召下,班级里绝大多数家长也积极行动起来,开展了系列家长共读活动,并在微信公众号定期发布家长们的共读收获。"小犟龟"精神不仅成就了一批坚持不懈的"小犟龟",也成就了一批永不放弃的"大犟龟"。

在家校共同组织下,"小犟龟"和"大犟龟"们发起并参与了"餐桌上的奥秘"项目化劳动实践活动。活动分"麦粒公主的旅行""花生王子的旅行"和"美丽的遇见"三个子项目,引导孩子全程参与小麦和花生播种—管理—收获—变形(麦粒磨面粉、花生制成花生油)—相遇(用花生油和面粉制作美食)的整个劳动实践过程。长达一年的项目化劳动期间,那些曾经嫌苦嫌累、想动摇放弃的孩子们,最终都在小犟龟"坚持不懈　永不放弃"的精神的感召下,坚持扎根在自己动手参与开辟管理的种植基地,最终也收获了属于自己的果实,磨炼了自己坚忍不拔、坚持不懈的意志,达到了润物无声的文化育人目标。

图 2-2 牟平区宁海街道中心小学"小犟龟班"班级公众号

## 三、课程实施成效

### (一)促进学生精神成长

中国教育学会原副会长朱永新说,精神发育最重要的通道就是阅读。班级文化课程,以"共读一本书——提炼文化核心词"为切入点,以班级各项活动实践中的点滴小事与关键实践为载体,以文化核心词所蕴含的品质内化到每一个学生的思想与行动中为落实手段,极大地促进了学生的精神成长。学生在阅读中感受体验、熏陶感染,在实践中受到影响、尝试改变,慢慢走出迷路和封闭,走向开阔和明智。越来越多的学生精神面貌焕然一新,每个学生的身上都镌刻着属于自己班级的独特文化痕迹,变得更加勇敢、坚韧、乐观了,变得更加睿智、积极、进取了。

## （二）提升班级凝聚力

特色班级文化的感染、熏陶,给学生提供了携手并进、共同成长的空间。在班级文化核心词的积极引领下,学生们在课堂学习、班级活动、课余生活等各方面都自然而然地朝着特色班级文化的方向发展,学生们如同拥有了共同的生命成长密码,有效促进了自身良好习惯和品质德行的养成。班级文化以生动活泼的形式,积极健康的内容,把对学生的思想教育寓于可感知的情境中,发挥着"润物无声"的渗透作用。每个班级的同学都积极向上,团结奋进,一切以班级利益为最终准则,形成了具有较大向心力的班集体。

## （三）形成班级特色文化

班级文化课程实施以来,每个班级都结合自己班级的经典读本以及提炼出来的核心词,进行了班级特色文化的创建,经过持续的摸索与实践,每个班级都拥有了独具特色的班级文化。班牌、班训、班级特色文化墙、班级榜样人物等班级静态文化的设置处处都彰显着班级的文化内核。不仅如此,班级的独特文化更指引着学生的思想和行为,启迪着学生思想,陶冶着学生情操,弘扬着学生道德,给学生的现在及未来成长产生了深远影响。各个班级的文化特色鲜明,成为学校办学理念的最佳落脚点,共同促进了学校"四有"少年育人目标的有效达成。

## （四）带动教师幸福成长

班级文化课程的开发与实施也带动了教师的成长。在与学生们共读一本书的过程中,班主任开始学会用更科学合理的办法与学生进行平等沟通。在留心学生日常行为,发掘学生闪光事迹与行为的过程中,班主任更加明白了"教育无小事,处处皆教育"的道理,纷纷成为教育的有心人,更在"发现学生"的行动中深刻体悟到每一个生命个体都是亟待发掘的宝藏的内涵,进而转变了教育理念,在平日的工作中更关注班级里每一个孩子的成长与发展,班级教育走进了"目中有'人'"的良性循环发展轨道。

**案例一**

坚持不懈　总会遇到隆重的庆典

烟台市牟平区宁海街道中心小学　曲立燕

"人性如素丝,染于苍则苍,染于黄则黄。"班级文化对儿童的品行养成和精神成长具有耳濡目染、潜移默化的长效影响。因此,班级文化建设是形成班集体凝聚力和良好班风的必备条件。上学期我和学生一起读了德国作家米切尔·恩德的童话作品《犟龟》。故事里的这只小犟龟意志坚定,战胜各种艰难险阻,一步一步到达了他理想的终点。我们被这只"犟"得可爱的小龟深深地感动了。我和孩子们决定把"小犟龟班"作为我们的班名,我们班级文化提炼的核心关键词就是"坚持不懈,永不放弃"。

一、"小犟龟精神"凝聚班级向上的力量

记得开学初学校组织的经典诵读,我们班的诵读本应该是强项,刚开始孩子们信心十足,可练了一会儿后,由于45个孩子站立在一起,天气闷热,还要配合相应的手势,孩子们渐渐地失去耐心,感到疲累。有的同学蹲了下来,有的同学心不在焉,有的小声说话,有的前后同学你推我搡,混乱不堪。这时我及时地叫停,走到教室门口指向门牌对孩子们说:"孩子们请看我们的门牌——小犟龟班,我们是小犟龟班,我们是一群勇敢的小犟龟。我们参加这次诵读比赛的目标是什么? 对,第一名! 这么点困难能把我们打倒吗? 现在我们要坚持,要战胜自己,要发挥我们的'犟'劲,和困难较劲。"同学们瞬间安静下来,脸上多了一些严肃的表情,接下来的训练很顺利,最终我们在学校的诵读比赛中获得级部第一名的好成绩。

学校每个月都要对常规问题进行总结,优胜班级会发流动红旗和奖状。第一个月我们颗粒无收。升完旗后,同学都蔫头耷脑地回到教室,一个个无精打采地坐在座位上。我看到这种情况,先是表扬了孩子们的集体荣誉感很强,又和孩子们一起分析我们失利的原因,包括卫生方面的问题、路队问题、课间操问题、课间纪律问题,告诉孩子们:出现问题并不可怕,我们可是打不倒的"小犟龟"呢,发现问题,我们要改正,然后迎头赶上。在12月份的学校常规总结会上,我们大大小小得到4个班级荣誉,真是拿奖拿到手软。回到教室后,同学们的眼神亮晶晶的,盯着我们鲜红的流动红旗,这是对"小犟龟"们最好的奖励了!

二、"小犟龟精神"引领班干部成长

班集体是培养学生的沃土,而一个良好的班集体,必须有一个良好的班级领导核心。这个核心就是在班主任领导下的班委会。而班长是整个班委会的领头雁,一个班级有一个优秀的班长,其他班干部才会尽好自己应尽的责任。

我们班的班长是王至川,这孩子是老师心目中的优秀孩子,说起优点一大堆,聪明、懂事、听话、积极向上、遵守纪律等等,但就是缺一点果断,管不住同学,压不住阵脚。有时候至川气得跑到我跟前委屈地说:"老师,我管不了他们。"针对这一情况,我首先在班级树立至川的威信,告诉孩子们,至川是一班之长,当我不在的时候他就是我的代言人，代我行使一切班级管理权力。其次，教给至川管理的方法，告诉他如何才能让学生老老实实听他的，跟违反纪律的同学说话要有底气，说话要严肃，不能轻言慢语并把小组纪律加减分的权力交给他。再次，放权。班级的午读时间，必须有良好的纪律才能保证午读的顺利进行，我把午读的纪律管理全部交给至川。一番安排之下，我慢慢发现至川敢管了，会管了。中午，每当我走到教室，看到教室里同学们安安静静地读书，都会由衷地感到欣慰，然后会走到至川身边给他一个无声的大拇指点赞。至川也会扬起小脑袋跟我会心一笑。我想这一路的坚持给这个小男子汉带来极大的成就感和满足感。期末开家长会的时候，至川的妈妈说："曲老师，感觉至川每天都高高兴兴地去上学，开朗了很多，说话也有底气了。"听了家长这样的话，我的心里感到甜滋滋的。

在班长至川的带领下，其他班干部各负其责，团结合作，积极向上，既锻炼了自己的能力又配合了老师的工作。每个周的小组评价表汇总，每个月的评价手册，至川都带领班干部们进行得井井有条，大大地减轻了我的负担，班干部们真正成为我得力的小助手。

三、"小乌龟精神"改变"淘气包"

刚接手这个班时，心中是窃喜的，因为和二年级的班主任做了交流，王老师对这个班级做了极大的肯定。接手以后，才发现，他们终究只是从二年级刚升入三年级的小孩子，自制能力还很差。我们班确实没有十分淘气的学生，但有些学生是大错没有，小错不断，也很令人头痛。

我们班的王梁宇聪明伶俐，是学校有名的小主持人。但这个学生自控力很差，纪律差，玩心重，管不住自己。刚开始安排了一个活泼的小女孩跟他同桌，他们上课说，下课说，搞得"四邻不安"。我给他换了一个温柔娴静的小女孩跟他同桌，这下好了一些。我刚松了口气，晚上放学后的课后服务班又出现问题，接连几天都有同学跟我告状，王梁宇课后服务班不遵守纪律，影响其他同学写作业。我就这件事，找他认真地谈了谈，认错态度也非常好，表示以后一定改。还没好两天，一件事把我彻底激怒了。有一天晚学后，王梁宇拿出一个鸡毛毽在教室里踢，踢得满教室鸡毛，然后我们班吴俊辰也加入他的游戏，两个人为了争毽子还打起来了，吴俊辰倒在地上哭了起来。第二天学生七嘴八舌地把事情告诉我，我简直气得七窍生烟，在班上发了火，毫不留情地批评了他。可能他也被我的怒火吓到了，晚上他的妈妈给我留言，说孩子认识到了错误，怕我以后不再喜欢他了。

看了他妈妈的留言，我心里有些震动。班主任工作是什么？有时候就是先平静了自己的内心，再平和地教育学生。平静平和，才能跳出愤怒与焦虑，才能看到教育的有趣和诗意。像王梁宇这样的孩子聪明伶俐,精力充沛,为什么学习成绩一直处于我们班中下游水平?我想我找到了答案。第二天,我以"小犟龟精神"为切入点心平气和地跟王梁宇像朋友似的推心置腹地谈了谈。小犟龟旅途中遇到乌鸦。乌鸦以智者自称,认为自己是很有智慧的人,告诉小犟龟狮王二十八世在决斗中牺牲,劝他不要犯傻赶路了。但是并没有说服小犟龟,小犟龟继续向前走。他又遇到沙漠中的沙鼠,沙鼠以玩的诱惑,邀请小犟龟留下来和他们一起玩。小犟龟拒绝,继续赶路。玩对任何人都是诱惑,谁不想好好玩一会儿呀,但在诱惑出现时,别忘了我们心底里最重要的事情。梁宇你很聪明,但比聪明更重要的是行动、努力和坚持。

于是,我和王梁宇约法三章,定下了"君子之约"。第一,确定了学习目标,学期末学习成绩要达到班级前三分之一;第二,要达到这个目标就要下定决心端正学习态度,改正自己的缺点,养成良好的学习习惯;第三,坚守目标,持之以恒地向前迈进。看着他认真的眼神和不断轻点的头,我知道他听进去了,心里暗暗地松了口气。这场风波就这样悄无声息地过去了。王梁宇慢慢地在改变,上课能坐得住了,回答问题积极了,课间不再打闹了。学期末的时候,他妈妈高兴地在 QQ 上告诉我:曲老师,谢谢您,谢谢您对梁宇的管教,这是三年来他考得最好的一次。看到这里我由衷地笑了,期末表彰的时候,梁宇上来领奖,他昂着头,开心地笑着,我知道,他小小的内心肯定被这成功的喜悦填得满满的。

还有王善弘这个"淘气包",这个孩子也属于自律性差的。上课老师给同学们小组讨论的时间或者背诵的时间,他借机大声地说话扰乱其他同学,甚至踢前面同学的椅子。他周围的孩子不胜其烦,向我告状。可想而知他的人缘也不好。大家不大愿意跟他说话,借个文具,大家都不借给他,他也觉察到大家有点孤立他。我跟他分析这些情况,问他喜不喜欢现在的状况?他摇摇头,我问他想不想改变,他郑重地点了点头。既然他做出了决定,我马上因势利导和他一起回顾了小犟龟的故事,在小犟龟追寻理想的过程中,有讥讽,有不屑一顾的眼神,但小犟龟始终凭借坚忍的意志,经受重重考验,最终实现自己的理想。在这个过程中小犟龟说得最多的一句话是"我的决定是不可改变的"。我告诉王善弘从现在开始他也要接受考验,当不能控制自己的时候也要一遍一遍告诉自己一句话"我能管住自己"。有一天课间,我发现王善弘跟他的同桌还有坐在他前面的两位同学聊得神采飞扬,眼睛里都是笑意。这是他的改变重新赢得了同学的友谊,这应该是对他最大的奖赏了吧!

小犟龟步履不停的人生信条:上了路,就天天走,总会遇到隆重的庆典!相信三年级一班的学生会在"小犟龟精神"的指引下，一步一步，一步一步,脚步不停,去遇见属于自己的"隆重庆典"！

## 从"我不会"到"我想想"

### 烟台市牟平区宁海街道中心小学　四年级五班　张浦源

二年级的时候,老师开始领着我们读《绿野仙踪》这本书,神奇的故事情节立刻就把我吸引了,一两天的时间,我就把这本书读完了。

后来,老师在班级里召开了《绿野仙踪》阅读交流会。会上,同学们热烈地交流着。我记得老师提出了这样一个问题:这本书中,你觉得你和哪一个角色有相似之处? 我正在思考,突然,老师点了我的名字。我慢吞吞地站起来,结结巴巴地说:"我,我还没想好……"老师让我坐下来好好思考一下。我还没坐稳,我旁边的小宇一边举手一边就说:"老师,我是稻草人!"

"为什么你觉得自己是稻草人呢,能给大家解释一下吗?"老师说。

小宇说:"因为在家里,只要遇到问题我就会不停地叫:妈妈、妈妈、妈妈……妈妈说我像一个夺命呼叫器,叫得她头疼。每当妈妈让我自己思考,自己解决的时候,我就会使出我的三板斧:我不会呀,我不懂呀,你帮我做吧。妈妈经常火冒三丈地训斥我说:'你就不能自己动动脑吗!'所以我就觉得我是稻草人,没有大脑!"

听了他的解释,同学们都笑了,我也笑了,但是笑完之后,我却陷入了沉思:我也是经常把"我不会"挂在嘴边的孩子啊!

老师这个时候拿起《绿野仙踪》让小宇大声朗读了一段话——老乌鸦安慰稻草人说:"如果在你的头壳里有了脑子,你就会像农民一般好,甚至比他们更好。在这个世界上,不论是一只乌鸦或者是一个人,脑子是唯一有价值的东西。"

小宇读完之后,老师问大家:"以后遇到问题,我们应该怎么办呢?"

这次我毫不犹豫站起来抢答:"自己思考,努力想办法!"

老师向我投来赞许的目光并且夸奖了我。那天的读书交流会老师领着我们谈了很多,我却对自己自告奋勇站起来说的"自己思考,努力想办法!"这一句话念念不忘。

后来,当我遇到问题又不爱思考的时候,我就会提醒自己想想老乌鸦的话,努力尝试自己动脑解决。虽然总有解决不了的时候,但是总算是愿意主动去思考了。过了挺长一段时间,妈妈下班回家之后喜滋滋地对我说:"老师今天给我打电话表扬你啦!说你变得爱思考,爱动脑了!"我听了真是欣喜若狂。

后来有一次晚上写作业的时候,有一道数学题我思考了很久也没有做出来,妈妈看着我咬着铅笔眉头紧皱的样子,主动说:"要不我给你讲讲吧。"我差一点就同意了,可是书中老乌鸦的话,老师表扬我的话突然在我耳边响起来,我想了想说:"我再自己想想吧。"妈妈欣慰地笑了。

在班级里,老师常对我们说:"稻草人真的没有大脑吗?他每次遇到问题都是积极思考的。"……

反复阅读《绿野仙踪》,我发现稻草人、铁皮人、狮子的愿望最终都是通过自己努力而实现的。所以我要努力改变自己不爱动脑的毛病,不能把"我不会"当作挡箭牌。

后来,在班级,老师总是不厌其烦地提起绿野仙踪里的每一个人。当我们班因为合唱比赛而紧张时,老师让我们想想狮子,鼓励我们克服恐惧,战胜自己。当同学之间有矛盾的时候,叫我们读一读关于铁皮人的段落,告诉我们要多为他人着想,要善良。当同学之间有了分歧,老师会告诉我们,只有一起面对困难,才能到达心中的翡翠城,所以我们学会了团结。

现在,《绿野仙踪》这本书,我已经不再翻看了,但是,书中的每一个角色都深深地刻在了我的脑海里,体现在了我的行动上,我已经从一个凡事"我不会"的懒惰小孩,变成了一个遇事"我想想"的进取少年!

《绿野仙踪》是陪伴我们全体同学成长的一本书!

# 第三节　"三懂得"课程

一个人如果没有良好的品行,纵使有再高的才华,人生也不会完满。众多研究表明,"体验"是学生养成良好品行的重要载体。因此,宁海街道中心小学一直把"在体验中成长"作为学校特色性德育课程的实施准则,积极探索促进学生德行成长的有效路径。2015 年,学校确立了"人人争做有修养的小学生"的德育培养目标。为让此目标在宁小真正落地,2017 年学校将德育目标具体化,从"懂规矩、懂礼仪、懂感恩"三方面切入,着力培养"三懂"少年,促使学生不断规范自己的行为,提升自己的道德品质,让"有修养的小学生"在宁小真正落地、生根。

## 一、课程理念与目标

青少年阶段是人生的"拔节孕穗期"，这一阶段的价值取向好比人生的第一粒扣子。如果第一粒扣子扣错了，其余的扣子都会扣错位置；如果青少年时期没有树立正确的价值观，未来的人生难免走弯路甚至迷失方向、误入歧途。作为基础教育的起始学段，培养学生各方面的良好习惯是小学阶段的重要教育任务，更是为青少年"扣好人生第一粒扣子"的重要基础。基于此，宁海街道中心小学决定以"懂规矩、懂礼仪、懂感恩"为突破口，将习惯培养的重点放在生活习惯和行为习惯的养成上，根据小学生的特点，讨论制定了《宁海街道中心小学"三懂"少年行为细则》，其中列出了诸如"列队快静齐，见到老师同学礼貌问候"等"接地气"的日常行为习惯具体要求，使学生眼中的德育行为目标翔实可行，伸手可及，促使他们在遵守这些行为准则的过程中逐步成长为"三懂"好少年。

## 二、课程的具体实施

### （一）确立"三懂"少年德育目标

为了让《细则》中的内容能够让学生入脑入心，学校编写了《宁海街道中心小学"三懂少年"三字经》，将《细则》中的具体要求编写成朗朗上口的三字经，要求班主任利用班会课时间，引导学生逐条学习并熟读成诵，并根据各年级各班级学生的实际，结合平时班级生活和学校活动中发现的一些现象和问题，对三字经中的具体内容进行细致讲解，引领学生真正理解《"三懂少年"三字经》中关于"懂规矩、懂礼仪、懂感恩"三个维度的不同要求，并逐步引领他们落实到自己的实际行动中去，在学校形成人人争做"三懂少年"的良好氛围。

宁海街道中心小学"三懂少年"三字经

讲文明，懂礼貌，
见老师，问声好，
见同学，点头笑，
待客人，把茶泡。
爱环境，修养好，
见垃圾，弯弯腰，
校园美，齐欢笑。
课间行，不乱跑，
脚步轻，不打闹。

列队时,静齐快,

同集会,静悄悄。

课堂上,善倾听,

多发言,勤思考。

出校门,守公德,

文明行,俭用餐。

敬父母,遵教导,

扬美德,乐淘淘。

## (二)探索"三懂"少年培养路径

### 1.《生活课》校本教材引领

为了使学生在学校、家庭、社会都能自觉规范自身言行,将"懂规矩、懂礼仪、懂感恩"时刻记在心中,并落实到实践行动中,学校组织骨干教师编写了校本教材《生活课》。教材以图文并茂,分"文明礼仪""动手操作""自理自立""自我救护""养生保健""投资理财"六个板块,一到五年级,每个年级每周开设一节课,通过生活中的点滴小事,帮助学生养成"懂规矩、懂礼仪、懂感恩"的好习惯,帮助学生全方位提升道德意识。

表2-3 牟平区宁海街道中心小学《生活课》课程内容框架

| 学期 \ 内容 \ 年级 | | 一年级 | 二年级 | 三年级 | 四年级 | 五年级 |
|---|---|---|---|---|---|---|
| 上学期 | 文明礼仪 | 1. 吃饭啦!你准备好了吗?(摆放碗筷、吃饭时的忌讳1)<br>2. 坐有坐相(行走坐站的礼仪)<br>3. 你好! | 1. 小筷子,有礼貌(收拾碗筷、吃饭时的忌讳2)<br>2. 小礼物,表情谊(赠送礼物)<br>3. 对不起!请原谅! | 1. 嘘——宴会开始啦!(卫生、如何吃喝、坐姿端正、不要对食物流露不满情绪等)<br>2. "礼"尚往来<br>3. 递东西,有讲究 | 1. 我是优雅的小食客(着装、谦让)<br>2. 去朋友家串门<br>3. 我是文明小游客 | 1. 快乐的西餐(刀叉的使用、自助餐如何取食)<br>2. 探望病人<br>3. 文明上网这么做 |
| | 动手操作 | 1. 铅笔刀,转起来!<br>2. 有魔法的纸<br>3. 第一次做值日(擦黑板、扫地) | 1. 打绳结<br>2. 我是快乐的值日生(擦窗台、摆桌椅、洗拖把、拖地)<br>3. 剪窗花(剪简单的图案) | 1. 打个蝴蝶结<br>2. 母亲节的礼物(制作康乃馨)<br>3. 择菜、洗菜学问多 | 1. 钉纽扣<br>2. 花样刀法<br>3. 洗刷刷,真干净!(清洗脸盆和马桶) | 1. 擦玻璃<br>2. 香喷喷的蛋炒饭(打鸡蛋)<br>3. 绿色阳台 |

| 学期\内容\年级 | | 一年级 | 二年级 | 三年级 | 四年级 | 五年级 |
|---|---|---|---|---|---|---|
| 上学期 | 自理自立 | 1. 我的东西不乱跑<br>2. 我的衣服睡觉啦(睡前将衣服叠挂起来)<br>3. 刷牙 | 1. 我爱洗澡<br>2. 整齐的书架(家里的书柜书桌、学校的书吧)<br>3. 叠被子 | 1. 系鞋带<br>2. 有计划地过好每一天<br>3. 做事不拖沓(按时起床、今日事今日毕等) | 1. 收纳衣服<br>2. 自由乘坐公交车(会看站牌、线路图)<br>3. 快乐的假期(合理安排假期生活、时间) | 1. 勤换衣服(自己主动按时换内衣和袜子)<br>2. 补袜子<br>3. 自己去理发 |
| | 自我救护 | 1. 红绿灯亮起来<br>2. 我会过街天桥<br>3. 公交车来啦! | 1. 厨房里的危险信号<br>2. 家用物品我注意<br>3. 独自在家 | 1. 识破"灰太狼"的花招<br>2. 不到工地玩耍<br>3. 离群的"小雁" | 1. 第一次过铁道口<br>2. 踏上幸福列车<br>3. 交通事故不惊慌 | 1. 可怕的火灾<br>2. 远离踩踏<br>3. 做自己的小医生(对如切割伤、扭伤、骨折情况会处理) |
| | 养生保健 | 1. 睡个好觉!<br>2. 营养早餐<br>3. 让身体动起来 | 1. 快速入睡小秘诀<br>2. 健康美味地吃<br>3. 剧烈运动后(主要内容为剧烈运动后不喝凉水,不坐凉地等) | 1. 美味零食不美味(垃圾食品膨化食品等的危害)<br>2. 你会喝水吗?(早晨起床要喝水,小口喝;不要等渴了再喝水等)<br>3. 不做小胖墩 | 1. 饭后的智慧(饭后应该吃什么、喝什么,百步走等)<br>2. 感冒了,我不怕(关于治疗感冒的简单方法)<br>3. 如厕需求不拖延(主要内容为及时大小便,不要让排泄物长时间停留在体内) | 1. 饮料里的泡泡(主要内容为碳酸饮料的危害)<br>2. 方便面真的方便吗?(方便面的危害,怎样减少方便面的危害)<br>3. 探秘速成食品 |
| | 投资理财 | 1. 我有零用钱啦!<br>2. 存钱的学问 | 1. 精打细算去购物<br>2. 去超市、市场 | 1. 到银行去<br>2. 我有小存折<br>3. 我会操作自动柜员机 | 1. 到邮局去<br>2. 火眼金睛辨商品(主要内容为辨别商品质量)<br>3. 小小信用卡 | 1. 我与利息打交道<br>2. 玩转信用卡(主要内容为用信用卡购物)<br>3. 网上购物 |
| 下学期 | 文明礼仪 | 1. 礼貌语,很简单!(学用常用礼貌语)<br>2. 在餐馆里<br>3. 有借有还 | 1. 打招呼(在各种不同的场合打招呼)<br>2. 看电影<br>3. 静悄悄,别打扰 | 1. 没有声音的"招呼"(鞠躬、握手、拥抱等日常礼仪)<br>2. 在医院里<br>3. 合作快乐多 | 1. 客人来我家<br>2. 在公共汽车上<br>3. 集体活动真快乐 | 1. 给客人上茶<br>2. What can I do for you?<br>3. 友谊第一,比赛第二 |

| 学期\内容\年级 | 一年级 | 二年级 | 三年级 | 四年级 | 五年级 |
|---|---|---|---|---|---|
| **下学期** 动手操作 | 1. 看谁翻得快(学会快速翻书)<br>2. 擦桌子<br>3. 灵活的小剪刀 | 1. 小盘子,亮晶晶<br>2. 多姿多彩的叶子(叶贴画)<br>3. 撑起来的小花伞 | 1. 爽口的凉拌菜(学会简单的刀法、蔬菜搭配)<br>2. 晾衣服的学问(拓展晒被子)<br>3. 穿针引线 | 1. 绣花针,飞起来(绣十字绣)<br>2. 包饺子<br>3. 我给树木做名片 | 1. 花样炒菜<br>2. 打扫厨房<br>3. 贴布绣 |
| 自理自立 | 1. 我要自己睡觉<br>2. 爱玩水的小脚丫(自己接水洗脚)<br>3. 上学啦!你准备好了吗? | 1. 从"头"做起(洗头)<br>2. 小衣物,我来洗<br>3. 早睡早起 | 1. 自己选衣服的魔法<br>2. 瞧瞧我的小房间(打扫自己的房间)<br>3. 剪指甲 | 1. 衣物洗涤有讲究<br>2. 自己去看病(到社区医疗服务站看简单的病)<br>3. 不做屏幕的"奴隶"(自觉控制看电视、玩电脑的时间) | 1. 勤换衣服(自己主动按时换内衣和袜子)<br>2. 把一天变为48小时(有序安排时间和活动)<br>3. 刷鞋 |
| 自我救护 | 1. 妈妈的车<br>2. 小脚丫走楼梯<br>3. 电梯与电动扶梯 | 1. 自行车,转起来<br>2. 快乐的滑板车<br>3. 秋千,荡起来 | 1. 小心烫伤<br>2. 预防中暑<br>3. 震中逃生 | 1. 保护我们的头部<br>2. 预防动物朋友的伤害(猫、狗、蛇等)<br>3. 电的威力(主要内容是防止触电) | 1. 快乐的滑雪<br>2. 去野营<br>3. 欢乐水中游戏 |
| 养生保健 | 1. 我有一双明亮的眼睛<br>2. 鼻子的奥秘<br>3. 耳朵的护理 | 1. 胃的奥秘<br>2. 健康的皮肤<br>3. 做个"小百灵"(保护嗓子) | 1. 不宜同时吃的食物<br>2. 蒜、姜吃法有学问<br>3. 烟酒的危害 | 1. 不做小盐罐(控盐饮食)<br>2. 甜品的诱惑<br>3. 控制油炸食品 | 1. 不做低头族(主要内容为长时间玩手机游戏的危害)<br>2. 水的秘密(凉水洗脸,温水刷牙,热水泡脚)<br>3. 我是小小按摩师(主要内容为了解简单的身体穴位,会简单的按摩手法) |

| 学期\内容\年级 | 一年级 | 二年级 | 三年级 | 四年级 | 五年级 |
|---|---|---|---|---|---|
| 下学期 投资理财 | 1. 使用零用钱<br>2. 记录零花钱 | 1. 工作获得收入<br>2. 方便的自动售货机 | 1. 了解便利店<br>2. 五花八门的消费卡<br>3. 探寻价格的秘密 | 1. 赌博的危险<br>2. 传销的陷阱<br>3. 广告宣传我会辨 | 1. 保险频道(了解保险知识,智慧选择保险类型)<br>2. 购买基金<br>3. 做一个绿色的消费者 |

### 2. 多形式倡树榜样

学校在升旗仪式上向全体学生发出倡议,在全校范围内开展"寻找身边'最懂规矩、最懂礼仪、最懂感恩'的好少年"活动,号召人人争做"懂规矩""懂礼仪""懂感恩"的好少年。

(1)发现身边的"三懂"好少年。学校在校园醒目位置设立了一块"我眼中的三懂好少年"公示板,引导学生主动发现在平日的班级生活、集体活动、社区活动、校外生活中发现的其他同学的"三懂"优秀言行,然后及时将这些同学的美德行为及他们的名字写到公示板上,供其他同学学习,更激励被表扬的同学继续实施美德行为。为在学校进一步营造"以优秀引领优秀,以高尚孕育高尚"的氛围,我们还充分利用校园里的 LED 屏幕循环播放"三懂"少年的典型事迹,在每周一次的升旗仪式上集体表扬上一周的"三懂"少年美德行为,在学校有效营造起了人人争做"三懂"少年的浓厚氛围。

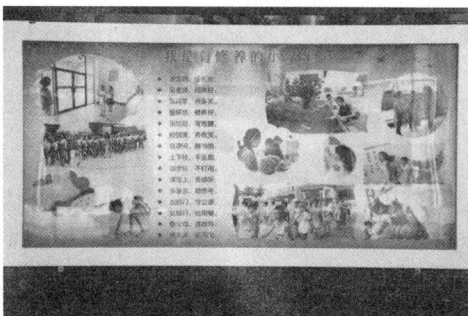

图 2-3 "三懂"少年优秀事迹展播

(2)开展"三懂"事迹宣讲活动。为进一步促进学生对"三懂"内涵的理解,我们将学生的视野引向家庭和社会,让他们睁大眼睛去寻找身边亲人或朋友身上的"三懂"行为,然后引导他们及时在班级内或者级部内开展事迹宣讲活动,让这些"三懂"少年在讲述同学、朋友或亲人的"三懂"美德事迹的过程中进一步增强对"三懂"内涵的理解,更关键的是让班级或者级部的其他学生"有样学样",在学习这些优秀事迹的过程中,更加深刻理解到底什么样的行为是"三懂"美德行为、到底怎样做才能成为"三懂"好少年,让他们在做好生活点滴小事的过程中播下"三懂"的种子。

图2-4 "三懂"少年优秀事迹宣讲

**"三懂"事迹宣讲优秀文稿**

## 榜样就在我身边

### 烟台市牟平区宁海街道中心小学 四年级一班 王至川

榜样的力量是无穷的,有了榜样,我们才会奋发向上,才会不断进步。我身边就有好多的榜样,但对我影响最深的榜样就是妈妈这个"大榜样"了!

妈妈做事坚持不懈、追求完美。记得有一次,我和妈妈去跑马拉松,在跑马拉松的过程中,我几次想停下休息,因为实在是太累了,那时我都快不想跑了,但是,身后的妈妈在给我鼓劲,鼓励我继续前进,让我打起了精神,于是我就又重新站起来,向前跑去,这下我们跑得非常顺利,我还得了一枚奖牌呢!

记得还有一次,我和妈妈要录一个演讲视频,可是视频怎么录也录不好,几经周折录完了,最后一遍录得不错,我非常开心,满以为这个视频就这样完成了,但是接下来妈妈的举动让我吃惊了起来,妈妈看了看这段视频,皱着眉头说道:"唉,我们录得不行啊,要不然我们再来一遍?"这句话如同晴天霹雳,好像有谁在背后给我泼了一盆冷水似的,妈妈就给我指出了几个瑕疵之处,面对妈妈的坚持,我只好应允了妈妈的要求。可是再录一遍还是不行,我都快急死了。妈妈温和地对我说:"至川,做事情我们要精益求精,不能图省事,糊弄过去了,如果做不好那就不做,如果要做的话,我们就要做到最好!"我被妈妈的这番话激励了:"嗯,好的妈妈,我们再来一遍吧!"于是经过我们多遍的努力,最终我们把这段视频录到了极致。我的心里像喝了蜜一样甜。

妈妈的这种坚持不懈、精益求精的精神也影响到了我。每次我练字或者作业写不好时,我就会把这张纸给撕了,重新再写,虽然增加了写作业的时间,但是看着这干净的字迹,我心中的疲劳一扫而光;还有我练琴的时候,为了一首曲子,我会不厌其烦地拉上一遍,一遍又一遍,因为我知道,我们要做到最好!

这就是我的榜样:妈妈。我非常感谢妈妈,正是因为妈妈,我才能变得更好,做得更好!

## 自律的表姐

### 烟台市牟平区宁海街道中心小学　四年级二班　于加和

"比别人多一点努力,就会多一份成绩,比别人多一点坚持,就会早一步夺取胜利,比别人多一点执着,就会创造奇迹。"在我的身边,有一个优秀的自律榜样,她就是我的表姐——王涵。

有一次我去她家,不经意间发现了三堆 A4 纸。我怀着好奇的心翻开一看,上面分别画着鸟、人、公鸡等,真是画一个人会走,画一只小鸟会飞,画的大公鸡活灵活现,妙趣横生,简直就如马良再生。我惊讶表姐的画工如此之好,大姨告诉我,虽然表姐的素描早就达到了 10 级,可还是每天坚持画一张画,从不间断,天天如此。

一个周末的下午,表姐正在聚精会神地看书,我偷偷地从她的后边绕了过去,想吓唬她一下,可没想到她却只是眨了一下眼而已,依然静静地把书看完了。看完之后,她用手理了几下头发,从容地走到古筝前面,座位被拉了出来,接着表姐用手指轻轻地拨动了琴弦,随即一首优美曲子,悠然地在她的指尖下回荡着。练完琴,她一刻也没停顿,紧接着开始练书法,不紧不慢,不轻不重,笔笔到位,落笔似打拳,写出来的字刚劲有力。外公夸赞说,现在家里过春节,所有的对联都是表姐写的。大姨在背后偷偷告诉我,表姐每天都坚持到练字班练字,风雨无阻,回到家一有时间就写,已经形成了这样一个雷打不动的习惯了。

表姐之所以这么优秀,就是因为她珍惜每一点时间,刻苦、勤奋、坚持,养成了自律的好习惯。我要向她学习,也要养成自律的好习惯,成为一个优秀的人。

（3）开展定期评选"三懂"好少年活动。每学期末,学校都要举行"三懂"好少年评选活动。班级的具体评选程序为"个人申报—班内陈述—师生合议—确定人选",然后再通过级部和学校评选,最后产生宁海中心小学"十佳最懂规矩好少年""十佳最懂礼仪好少年""十佳最懂感恩好少年",每期末都要举行隆重的颁奖典礼进行表彰。颁奖典礼以优秀引领优秀,以高尚点燃高尚,促使学生们逐步成长为有修养的"三懂"好少年。

图 2-5 "三懂"少年颁奖活动

### 三、课程实施成效

#### （一）促进了学生良好习惯的养成与践行

"三懂得"课程以"懂规矩,懂礼仪,懂感恩"三个方面作为切入点,通过一系列具体扎实的推进措施,有效促进了学生良好习惯的养成。课程实施两年以后,经在校观察和家长反馈,有越来越多的学生能自觉遵守列队、集会、观影、乘坐公交车等校内外的各种规矩,能自觉遵守就餐、如厕、待客、交友等各种生活礼仪要求,能自觉帮同学、老师、家长做一些力所能及的事情,用自己的实际行动将"感恩"之心落实到一言一行中。

#### （二）形成了你追我赶争上游的德育氛围

一系列有效推进与评价措施,在学校营造了"以优秀引领优秀,以高尚点燃高尚"的浓厚德育氛围。看到校园里有杂纸,学生们会抢着上前去捡;参加集体活动列队,学生们能自觉做到"快、静、齐";外出举行研学活动,学生们会自觉遵守乘车、就餐礼仪要求；"我是家庭小成员"活动中，学生们会自觉长期承担一项或者几项家务劳动，尽到家庭成员的责任，表达自己的感恩之情。在"三懂得"课程落实的过程中，道德教育在悄然中发生……

# 第三章
## "蕴能"课程——提升关键能力

当今世界,正处于百年未有之大变局。随着时代的飞速发展,新的科技革命浪潮滚滚而来,科技创新人才成为综合国力竞争的决定性因素。党的十八大报告首次提出"实施科技驱动发展战略",强调"科技创新是提高社会生产力和综合国力的战略支撑"。党的十九大报告强调"创新是引领发展的第一动力"。党的二十大报告中,"创新"一词出现几十次,是最热的高频词之一。习近平总书记在报告中强调,抓创新就是抓发展,谋创新就是谋未来,必须继续坚持创新是第一动力不动摇,坚持创新在我国现代化建设全局中的核心地位。创新人才首先是有全面发展的人才,在此基础上具有高度发展的创新意识、创新精神、创新思维和创新能力。因此,在"蕴能"课程中,学校通过学力课堂建设着力培养学生的学习力,通过"三维度"综合实践活动课程培养学生的动手实践能力与创新创造能力,通过"全域劳动教育"课程锤炼学生的意志品质与担当勇气,通过"全域阅读"课程丰厚学生的综合素养与精神底色,多渠道并进,全方位培养,全力提升学生的关键能力和必备品格,为他们将来能够成长为党和国家需要的创新人才与拔尖人才奠定坚实的基础,提供发展的可能。

## 第一节　学力课堂建设工程

课堂教学是学校教育活动的基本形态,是学校办学理念落地与育人目标达成的主要阵地,是影响学校教育教学质量的关键要素。宁海街道中心小学一直都非常重视课堂教学研究。自 2015 年开始,学校着眼于提高课堂教学的有效性,进一步拓展了教学研究的深度和广度。在山东省"十二五"省级规划课题"小学课堂教学有效对话的策略研究"的引领下，积极进行"有效对话"课堂建设。学校引领教师围绕"教师与文本的对话、学生与文本的对话、学生与教师之间的多维互动对话"三个维度开展深入研究，逐渐形成了"自主学习，提出问题—教师梳理，确定主问题—深入自学或合作学习，探究问题—多维互动，解决问题—盘点收获，总结方法"五环节教学流程，建设起各学科的"有效对话"教学策略库助力提升学生的课堂有效参与度，构建起了文明有序、深度沟通的"有效对话"课堂的基本模式。

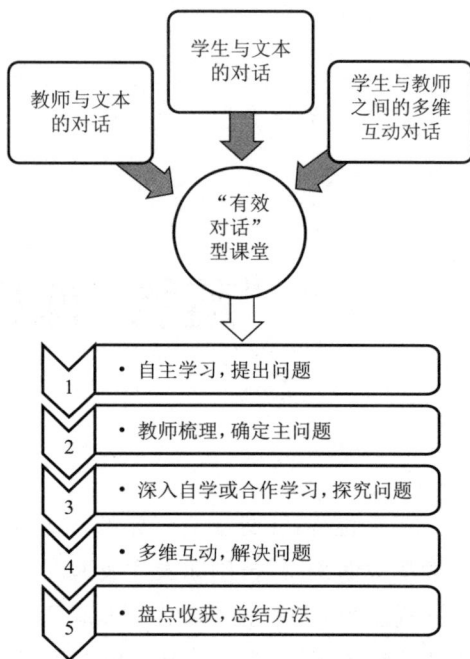

图 3-1 "有效对话"型课堂五环节流程图

在反思探索历程的过程中我们发现，"有效对话"课堂基本模式的课堂教学还存在几个突出问题：一是学生的学科核心素养没有得到有效培养，二是学生的自主学习力还亟待提高，三是教师的学科教研意识与能力还不够强。基于此，2020 年下半年，我们开始寻求课堂教学的新突破，课堂教学进入"2.0 时代"——学力课堂建设。

**一、学力课堂的概念与内涵**

学力课堂是学力发展型课堂的简称。所谓学力是学习者借助一定的教育环境、资源和各种学习活动的时间，所形成的自我建构、自我发展、自我超越的态度、知识和能力的总和。学力发展型课堂是以教师、学生、教材和环境等因素的动态情境为教学背景，以学生亲身体验作为教学的重要手段，以学生在动态情境中自主探究、合作交流、共同成长为特征的课堂。

学力课堂的基本内涵包含以下三个维度：在价值取向上，坚持以学为本、为学而教，融知识构建、思维对话、能力达成与精神锻造为一体，指向发展学生的学科核心素养，提升学生的生命智慧；在教学实施上，坚持以深度学习为本，以学习共同体建设为基础，注重生活重建和问题探究，变以知识为本的碎片化学习为问题解决为本的单元整体学习,让课堂焕发生命的活力;在课堂评价上,坚持以评学为本,从学生的参与状态、交往状态、思维状态和核心素养形成状态四方面进行评价,促进每一个学生健康快乐成长。"为促进学生的学而教"是学力课堂的基本理念和价值追寻。

学力课堂建设主要从"研"和"学"两个方面展开。"研"的层面,通过教师的学情调查、学材开发、学程设计和学评反馈等方面设计教学内容,制定教学方法,开展学习评价;"学"的层面,通过情境导学、自主探究学、合作研学、展示赏学和检测评学开展个体和集体的学习活动。当然,"研"和"学"不是绝对割裂的,二是相辅相成、关联融通、螺旋上升的统一体(图3-3)。

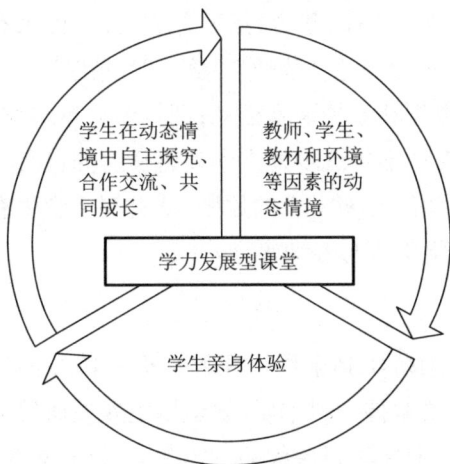

图3-2 学力课堂的三个关键

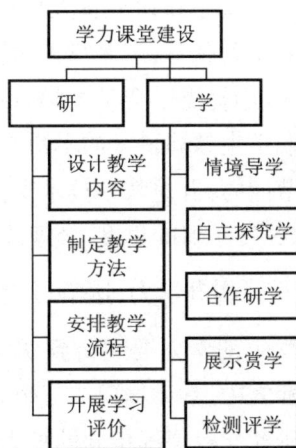

图3-3 学力课堂的建设途径

## 二、学力课堂的三大关注点

学力分为显性学力和隐性学力,所谓显性学力就是学生所习得的知识与技能,而隐性学力则表现为在显性学力基础上形成的自主发现问题、善于探究、深度思维、解决问题的能力。在日常教学中,我们常常只重视学生显性学力的提升,而忽视学科知识背后的关键能力和学科素养。因此,学力课堂将培养学生的隐性学力作为研究重点,在具体实施过程中要求教师要重点关注以下三个方面。

### (一)理解学生,寻学习"生长点"

理解学生的知识和经验"现在在哪里"。加强前测的研究,采取交流访谈、纸笔测试、问卷调查等方式,对学生发展的真实需求以及学生学习新知的基础进行比较科学的调研,根据调研的结果进行合理的分析,并最终确定教学的起点。关注学生的心理需求,关注学生学习过程中的心理变化,并通过调整教学进度、个别辅导谈话等方式,真正让教学走进学生的心灵深处,做目中有"人"的教育。

### (二)支持学习,让学习"真发生"

只有让学习真正"发生",学生的学力才有可能得到培养和提升。因此,支持学生的学习,首先要给学生开放的空间,让学生有足够的时间和空间经历阅读、观察、猜测、推理、实验、验证等实践活动过程,只有这样,他们才能基于自己的经验背景和自我需求完成自主建构。支持学习表现在课堂教学过程中,主要包含以下五方面的内容:一是学习目标支持,要根据学科课程标准、教材和学生的实际,研究制定能促进学生学力提升的适切的、具体的学习目标;二是学习内容支持,要尽可能从实现学科课程育人价值的目标出发,选择、整合、拓展课程资源,提供有挑战性的学习任务;三是学习方式支持,要充分考虑"教师""学生""课程"三个课堂要素,选择更适合学生学习的方式来组织和管理课堂活动;四是学习策略支持,要帮助学生掌握科学的学科学习方法,支持学生逐步建立和完善学习的自我平衡和调节能力;五是教学技术支持,要本着"有效、整合"的原则,从有利于学生有效学习、深度学习的角度,合理选择课堂教学手段与互动媒介。

### (三)提升学力,达学习"新高度"

学生的学力要想得到切实提高,必须落实到全程性课程目标及每节课的学习目标之中,具体体现在三个方面:一是要掌握学科本质,要运用主题教研等方式着力研究学科课程指向的能力发展要素,把握学科课程的基本观念、核心概念、知识体系和学科蕴含的基本思想方法,即"明白把学生带到哪里去";二是要促进意义学习,要充分认识到机械学习的弊端和未来社会的人才需求发展趋势,要引导学生运用思维导图、学历案等工具开展深度学习,通过项目化学习、合作探究学习等方式发展高阶思维,帮助学生形成稳定的认知结构,具备学习新知识、认识新事物、探索新发现的持久隐性学力;三是要探索多元评价,要根据学生的年龄心理特征摸索和建立适当的多元评价方式,关注学生课程学习过程中的"学力变化",着力促进学生显性学力和隐性学力的提升。

### 三、学力课堂建设的实践路径

学力课堂创建,除了学材开发研究、学程设计与学评反馈研讨、主题教研、小课题研究等常规活动助推,我们主要通过以下三条路径着手实施。

### （一）实施"大单元"教学，结构化促进

我们秉承"大单元"教学理念，在语文学科全面启动单元整体教学的基础上，尝试在英语、道德与法治和科学课中开展单元整体教学，努力让学生在单元整体学习的过程中，建立起学科学习的整体概念。

以鲁科版英语教材四年级下册第六单元为例，该单元的话题是 Travel（旅行），第一课到第三课课文分别从 Where（去哪里）、How（怎么去）、What（去做什么）三个点展开。如果按教材编排一个点一个点地进行教学，每一课单独看起来都是不完整的，英语教学提倡"学习活动化、活动交际化、交际生活化"，独立的课文教学达不到"交际生活化"这个目的。因为我们在谈论"旅行"这个话题时都是综合以上三个点一起谈论的。基于交际生活化的实际需求，我们采用了单元整体教学的模式：打破教材原有编排体系，结合学生的旅行经验，以"旅行计划"为主线，将三篇课文有效整合；借助思维导图，引导学生在真实的语言环境中谈论 Where、How 和 What，形成了真实的交际场。通过开展单元整体教学，我们引领学生从整个单元撷取资源、有效对话，培养了他们的结构化思维，提高了他们的学科核心素养（图3-4）。

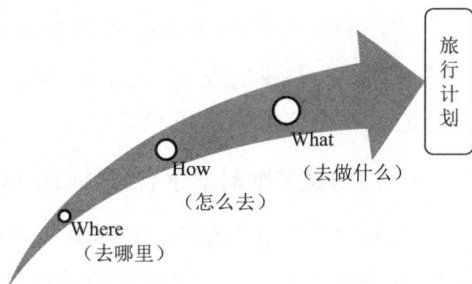

旅行计划

What（去做什么）

How（怎么去）

Where（去哪里）

图3-4 英语大单元教学示意图

### （二）开展项目化学习，任务型驱动

我们认为学力发展型课堂必须以学生为主体，注重学习与生活的联系，注重问题探究。因此，我们尝试结合各自学科的特点，开展学科项目化学习，促使学生在真实的问题情境中灵活地运用多学科知识，去发现、探究并解决真问题，从而成为主动的学习者。

例如，在教学小学数学五年级下册《圆的认识》一课时，有学生提出"我发现生活中很多东西都是圆形的，为什么要把它们设计成圆形呢？"由此，开启了"'圆'来如此"项目化学习，并确立了"寻找生活中的圆""探究物品设计成圆形的缘由""用圆形装点生活"三个子项目（图3-5）。

在"探究物品设计成圆形的缘由"研究中，有的学生将同样长的铁丝做成长方形、正方形、三角形和圆形车轮，在相同时间内滚动这些图形，利用列表记录的

方式,记录下它们转动的圈数,并计算出它们行驶的路程。在对比中他们发现,相同的时间内圆形车轮转动的圈数最多,跑得最远,经过多次验证,最终得出"车轮设计成圆形可以使车的速度更快,行的路程更远"这一结论。但是探究并没有结束,还有的学生利用计算对比的方式去探究植物的根、茎横切

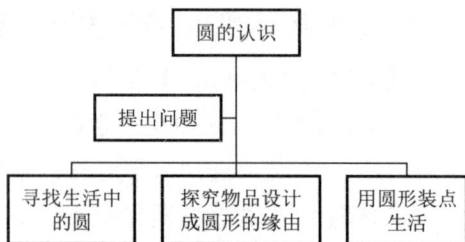

图3-5 数学项目化学习"寻找生活中的圆"任务驱动图

面为什么是圆形的,最终得出"周长相同的情况下,圆形的面积最大"这一数学结论,知道了植物的根茎之所以横切面是圆形,是为了更多地吸收水分和养料来供给自身生长,都由衷地感叹万物生长的神奇与奥妙。

这样的项目化学习实践,充满新奇和挑战,有效激发起了学生学习的内驱力,促进了其数学思维的发展,促使其形成了一丝不苟、严谨求实的科学态度,数学学科核心素养在悄然中形成和发展。

**（三）搭建多维对话平台,碰撞式飞跃**

在各学科课堂教学中,我们继续顺承"有效对话"课堂建设理念,注重给学生提供充分的自主学习空间和时间,搭建多维对话平台,引导学生、教师与文本之间展开各个层次的多维对话,努力促进学生学力的提升。

比如,学生学习小学语文四年级下册第七单元的23课《"诺曼底号"遇难记》时,教师引导学生通过思维导图和"互联网＋阅读"的形式,静心自学,用心思考,与作者对话,与文本对话,进行个性化的深入自学。课堂上师生、生生之间围绕"'诺曼底号'遇难后,哈尔威船长是怎么做的?"开展多维互动,学生充分地思考,针对问题积极发言。在谈到"没有一个人违抗他的意志,人们感到有一个伟大的灵魂出现在他们的上空"时,有的同学只能解读到哈尔威船长镇定自若、英勇果断的品质,而有的同学就能在充分解读文本的基础上进行补充,联系上文中哈尔威船长让妇女和儿童先走,感受到哈尔威船长的伟大,体会到人们对他油然而生的尊敬之情。学生相互之间展开多个回合的交流、辩论,不断实现思维的多角度碰撞,真正成为课堂的主角,他们的学习力自然也会在这个过程中稳步提升。

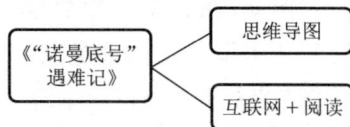

图3-6 语文《"诺曼底号"遇难记》学生自学路径

**学力课堂优秀教学设计**

### 吟秋·悟境·品禹锡

#### 牟平区宁海街道中心小学 王振华

古诗是我国灿烂历史文化的瑰宝,意境优美、形式整齐、语言凝练是这一文体的显著特征。

意境优美。王国维曾经说过:"一切景语,皆情语也。"一花一叶,一丘一壑,这些原本安静的风景,在诗人的眼中、心里、笔下,却能活跃起来,流动起来,寄托着诗人内心的情感。这些具体事物与场景就是古诗中的"意象","意象"的有机结合便形成了"意境",最终实现了"境中有意,意在境中",不仅给人艺术的熏陶,更能启迪人的思想,陶冶人的性情。

形式整齐。古诗形式的整齐表现在三个方面:一是文字的整齐,无论是五绝、五律和五排,还是七绝、七律和七排,每句字数相等是其基本特点;二是节奏的整齐,如五绝"平平平仄仄、仄仄仄平平、仄仄平平仄、平平仄仄平",平仄相对,读起来节奏明快,富有音乐之美;三是对仗的整齐,古诗十分讲究对仗,如杜甫的《登高》,四联对仗工整,是对仗整齐的典型。

语言凝练。由于受字数的限制,诗人为了增强诗歌的表现力,对语言的推敲达到了极致,有"吟安一个字,捻断数根须"的说法。古诗语言的凝练首先表现在语言的准确上,如对"僧推月下门"和"僧敲月下门"中对"推"与"敲"的选择,"敲"字无疑是更符合当时场景;其次,表现在语言的表现力上,如王安石的"春风又绿江两岸,明月何时照我还"中的"绿"字,无疑比"回、吹"等字更富有表现力,更能表现出春天的勃勃生机。

教学这一体裁的文章应该在深入解读文本的基础上,遵循古诗教学的规律,选择恰当的教学着力点,采取有效的教学策略。

**策略一:反复诵读,披文显象,在无痕涵泳中与诗情共舞**

古诗大多言简意丰,凝练含蓄的寥寥数语,往往具有极其丰富的内涵,要感悟这些内涵最有效的办法就是诵读。因此,诵读体味应该成为古诗教学最基本、最重要的教学形式。例如,在《秋词(其一)》的教学中,在学生汇报了自己对诗意的初步理解后,教师采取以诗句意思引读的方式,引导学生反复诵读诗句,在诵读的过程中进行适当的朗读指导,使学生在教师看似无意,实则独具匠心的引领下,不知不觉地深化了对诗意的理解,读出了诗的味道。

意象是构筑诗歌的符号，诗人往往把心中的意向寄托于这些具体可感的形象之中，表达出对人生的感受。正所谓"缀文者情动而辞发，观文者披文以入情"，要想让学生切实体悟到诗人所表达的情感，就必须在反复诵读中引导学生"显象"，把古诗词的文字符号转换为具体的场景和画面。如在《秋词（其一）》的教学中，为让学生感受到"晴空一鹤排云上"中的白鹤一飞冲天这一意象所表现出的雄浑气势与壮美画面，首先由教师配乐朗读整首诗，学生闭眼想象。在引导学生交流想象到的画面之后，又让其小声诵读"晴空一鹤排云上"这句诗，联系"排"字的解释，继续想象，启发学生在头脑中显现那只努力拍打翅膀、奋力冲向云霄的白鹤形象，然后通过指导个别学生读、男女生分读、全班齐读等形式，逐步营造出气势恢宏的氛围，使学生自然而然地体会到了刘禹锡的豪迈与坚强。

**策略二：联系资料，自读自悟，在开放式交流中与诗人神交**

"诗词不是无情物，字字句句诉衷肠。"因此，在古诗教学的过程中，就必须披文入情，引导学生到诗句的字里行间去品悟诗人的志意和情感，只有这样，才能不断丰富学生对诗人的感性认识，逐步加深对潜于诗歌文字深处的丰盈的情感认知，从而使学生对诗歌的解读走向深入和丰厚。

教学《秋词（其一）》时，教师将与诗歌写作背景和刘禹锡人生经历相关的资料发放给学生，然后提出一个极具开放性的问题"你从诗句里能读出一个怎样的刘禹锡？"引导学生结合对诗句的理解和诗境的感悟，自主结合资料，深入品读诗句，在多角度的交流中加深对诗人品格与精神的认识。在《秋词（其二）》的教学中，又完全放手给学生，让学生在学习第一首诗的基础上，汇报自主学习成果，在相互交流中进一步深化对诗人的认识。这样的教学，体现了对学生生命成长的主动观照，课堂上不断迸发出学生对诗人丰富多元的认识，在充满生命活力的开放氛围中，学生与刘禹锡融为一体，深刻感受到了诗人高扬的气概和高尚的情操。

【教学课文】

### 秋词二首

#### （唐）刘禹锡

自古逢秋悲寂寥，我言秋日胜春朝。
晴空一鹤排云上，便引诗情到碧霄。

山明水净夜来霜，数树深红出浅黄。
试上高楼清入骨，岂如春色嗾人狂。

1.我能把这两首古诗背诵下来。

2.我能用自己的话说说诗句的意思,还能想象出一幅幅画面,体会出其中蕴含的情感。

（1）晴空一鹤排云上,便引诗情到碧霄。

（2）山明水净夜来霜,数树深红出浅黄。

3.我还找到了其他描写秋景的诗,与《秋词二首》比较,我发现……

【文本解读】

秋,在大自然中,扮演的永远是一个悲怀的角色,悲是它的色调,愁是它的情绪。于是,秋,便在一页页枯色的纸张里,在一个个方正的汉字中低吟,把那缕缕的哀怨、忧愁、思念、牵挂,熏染得迷离伤感。然而刘禹锡的《秋词二首》,却一反常调,以其最大的热情讴歌了秋天的美好。

"自古逢秋悲寂寥,我言秋日胜春朝"直抒胸臆,态度鲜明地表达了诗人秋日胜春朝的看法,表现出一种激越向上的诗情。其中的"我言",尤其表现出了诗人的自信,虽然这种自信染上的是一种不幸的色彩,这不幸的色彩源自诗人的坎坷经历。刘禹锡具有卓越的才干和远大的政治抱负,被王叔文称赞"有宰相器"。但是,他的满腔报国热情却没有得到充分的机会释放。他的仕途生涯很不顺畅,屡受挫折。他人生最辉煌的时候可以说就是永贞革新时期了,作为革新运动的核心人物,他很受唐顺宗器重,在整治宦官专政的运动中作出了突出贡献。但这种炫目的光芒在他的生命中一闪即逝,在强大的宦官势力的极力反对下,永贞革新只进行了146天就宣告失败。100多天大展宏图的光阴,留给他的是被贬朗州的命运,这对满怀抱负的诗人来说,打击之沉重是不言而喻的。就在这样痛苦、失落、悲愤、绝望的心境下,诗人写下了《秋词（其一）》。因此,这里的"我言秋日胜春朝",更能看出诗人的胸襟之开阔,心态之乐观。

"晴空一鹤排云上,便引诗情到碧霄"具体生动地勾勒了一幅万里晴空,一只白鹤奋力冲破云层,直插云霄的壮美画面。联系刘禹锡的经历可以看出,那排云直上的绝不仅仅是一只白鹤,更是诗人不向反对势力低头的不服输的坚强意志,是诗人始终不忘为国效力的坚定信念,是诗人想一展宏图实现远大抱负的冲天豪气,或者说,更是诗人自己。一个"排"字,将诗人所要表达的情感淋漓尽致地表现了出来,既有哲理的意蕴,又有艺术的魅力,发人深思,耐人吟咏。

第二首诗是诗人在朗州生活了一年以后写的,了解了这样的背景,再读诗句,更能感受到诗人的乐观向上与品格高洁。"山明水净夜来霜,数树深红出浅黄"向我们展现了一幅本色纯真的秋景图,明净清白,有红有黄,略有色彩,流露出高雅闲淡的情韵。在荒凉偏僻的朗州生活了一年以后,刘禹锡还能在萧条凄凉的秋景中发现这样美的景致,足见诗人的心态是多么乐观向上。"试上高楼清入骨,岂如春色嗾人狂"更能表现出诗人的与众不同。在枯叶纷飞,万木萧条的深秋,一般人是不堪上高楼的,但是诗人却愿意登楼远望,更可看出诗人的思想之澄净、内心之安宁。一个"清"字,冷然如气质高洁的翩翩君子,令人敬肃。

这两首《秋词》虽然主题相同,都是刘禹锡抒发议论的即兴诗,但又各写一面,其一赞秋气,其二咏秋色。秋气以言志为重,秋色以风骨见长。更为难能可贵的是,《秋词二首》是诗人被贬朗州后的作品。他虽处人生的寒霜时节,寂寥之秋,却不悲观消沉,以奔放的热情、生动的画面,热情赞美秋日风光的美好,唱出了一首昂扬奋发的励志之歌,抒发了自己高洁清越的品格、排云直上的勇气和乐观豁达的人生态度。

【教学设计】

教学目标:

1.反复诵读,借助注释,了解两首古诗的大体意思。

2.感情诵读,想象画面,体会诗歌表达的情感。

3.联系资料,深入品读,切实感悟诗人的品格与精神,受到心灵的熏陶和滋养。

4.熟读成诵,丰厚积累。

学情分析:

对学生而言,古诗的学习应该说有一定难度。古诗语言凝练,内涵丰富,意蕴悠远的特点,决定了学生的学习不可能像其他文体那样轻松自如。而古诗复杂的写作背景,也往往成为学生领悟诗情的障碍。因此,本节课我以吟诵为主,资料辅助,解诗意、研诗眼、探诗心,环环相扣,层层递进,让一个乐观豁达、不屈向上、与众不同的刘禹锡不断在学生心目中丰实起来。

教学重难点:

能结合课外资料,在深入品读诗句的过程中,从多个角度感悟诗人刘禹锡的品格与精神。

教学准备:

搜集关于刘禹锡坎坷人生以及反映其积极向上人生态度的背景资料,为学生深入品读诗句提供凭借。

教学时数:一课时

教学过程：

一、渲染铺垫，导入新课

同学们，古诗词是我国灿烂历史文化的瑰宝，诗人们用最凝练的语言表达着自己内心最丰富的情感。一首豪情万丈的《望庐山瀑布》，我们领略了诗仙李白的开阔胸襟，那娓娓道来的《长相思》，又让我们认识了身在征途、心系故园的纳兰性德。今天这节课，我们再来一起走近唐朝诗人刘禹锡，共同品味他的《秋词二首》。

（设计意图：教师进行组织的一段意味隽永的语言，纵情地渲染诗味，在瞬间营造出了一个充满古典文学气息的诗意课堂。）

二、展示初读《秋词（其一）》，理解诗意

（一）展示初读，了解诗意

教师引导学生在课前预习的基础上，展示第一首诗的朗读，在反复诵读的过程中了解诗歌大体意思。

1. 指名朗读，评价是否准确、通顺。

2. 再指名读，指导读出节奏。

3. 反复诵读，了解诗意。

诗读得越来越有味道了，相信你一定读懂了这首诗，能给大家说说这首诗的大体意思吗？多名同学交流、补充。

（二）引读指导，读出诗味

是啊！自古以来，人们每逢秋天都悲叹——（课件出示：自古逢秋悲寂寥）。指名读。

当人们都在这样悲叹的时候，刘禹锡却说——（课件出示：我言秋日胜春朝）。指名读。

在这寂寥的秋景中，一只白鹤排云而上——（课件出示：晴空一鹤排云上，便引诗情到碧霄）。指名读、齐读。

（设计意图：诗读百遍，其义自见。古诗大多"言约而意丰"，看似寥寥数语，实则内涵蕴藉。这就决定了在疏通文句时不能停留于诗意翻译上。于是，我采用一种"散而不乱、细而不碎"的处理方式，在不着痕迹的反复诵读中，引导学生自如地达成对诗意的初步感受和索解。）

三、读诗想象，入景入境

（一）配乐范读，启发想象

教师配乐动情朗诵《秋词（其一）》，学生闭眼想象画面。

（二）抓住诗眼，入境品读

在学生交流自己想象的画面后，重点抓住"晴空一鹤排云上"中的"排"字，引导学生感受白鹤一飞冲天的壮美景象。然后运用个人读、男女生分读、全班齐读等形式指导朗读，使学生在读出诗句气势的过程中，感悟诗人的万丈豪情。

（设计意图：诗中有画，画中有诗。古人写诗最讲究"炼字"，总是苦心孤诣地搜求最贴切的字词入诗，凡在节骨眼处炼得好字，使全句游龙飞动的，便是"诗眼"。于是，我紧紧抓住"排云上"这一诗眼，让学生想象、揣摩、品悟，将诗人用字之妙和诗中所蕴旨趣浑然一体。）

四、联系资料，领悟诗情

（一）提出学习要求，自主品读诗句

诗词不是无情物，字字句句诉衷肠。透过诗句，你看到了一个怎样的刘禹锡？可以结合课前阅读的资料来谈。

（二）学生互动交流，教师点拨提炼

学生从多个角度进行交流，相互补充完善。教师适时评价，并注意提炼总结，引导学生的品读走向深入、开放，同时指导学生感情朗读，读出自己对诗人品格与精神的体悟。

（设计意图：文以载道，诗以言志。诗不但有"眼"，还有"心"，且"诗心"最是一个诗人人格的自我写照。在这一小节中，我给学生充分的空间，师生互动，生生互动，运用查阅的资料，引导学生探诗心而品诗人，一个坚强不屈、矢志不移、乐观豁达、豪情万丈的刘禹锡的形象便呈现在学生眼前。）

五、配乐诵读，升华情感

学生和着悠扬的古韵，背诵整首诗，在有感情的诵读中进一步感受诗人的豪放乐观与不屈向上。

六、以诗带诗，深化认识

1.学生在学习第一首诗的基础上，联系资料和课前的预习自读第二首诗，教师巡回指导。

2.学生从不同角度汇报交流自己对刘禹锡品格与精神的认识，在交流的过程中，教师适机引导学生感情朗读诗句。

3.教师小结，指导学生朗读整首诗，进一步加深学生对诗情的感悟。

4.配乐诵读，升华情感。

（设计意图：以诗带诗，学以致用。在学生经历了"充分运用反复诵读解诗意—抓住诗眼想画面—运用资料解诗心"这一学习古诗的过程之后，我便给了孩子一个学以致用的平台,让学生充分运用这些方法自读自悟第二首诗,既是对学生学习的检测,又是对学生古诗学习能力的训练。唯此,学生才能"推窗观天地,挥毫凌云烟",诗意地行走在传承经典这条大路上。)

七、课外拓展,丰富积累

1.完善板书,深化认识。

2.推荐拓展篇目,丰富学生积累。

板书设计:

秋词二首

(唐)刘禹锡

乐观向上　　顽强不屈
信念坚定　　不服输
豪气冲天　　不怕挫折　　与众不同
思想澄净　　品格高洁

【专家点评】

《秋词二首》的教学,在学力课程理念的引领下,知难而上,勇于求索。王老师面对深邃文本不浮不躁,不疾不徐,带领学生如同抽丝剥茧拨云见日,由懵懵懂懂到渐入佳境不能自拔,经历了入景、入境、会情、会心四个层次,清晰分明地展现出其古诗教学艺术的建筑之美。

层次一:吟诗入景

古诗是浪漫的艺术,拨弦可成歌,曼妙可为舞,泼墨可入画。王老师带学生以"涵咏"为介,轻松自如地演绎了古诗教学的第一境界——成歌、为舞、入画。在准确、流畅、有节奏地品读之后,王老师给学生提出更高的要求——展开想象、走进诗境、读出味道。这样,在学生不同形式的诵读中,一幅幅画面由模糊变得清晰,再加上老师舒展胳膊轻缓有力的指挥,诗景形之于心,绘之于声,诗的韵味在反复诵读中渐渐浓厚起来。

层次二:炼字入境

从字面理解诗的意思是感悟诗情的基础,但"诗歌是语言的钻石",只有抓住诗眼带领学生精雕细琢地入境才可见老师的真功夫。在《秋诗(其一)》的诵读中,王老师引导学生抓住一个"排"字"咬文嚼字",采用释词、想象、描绘、诵读等各种方法,引领学生深入浅出,在头脑中逐渐铺陈出一只白鹤奋力拍翅,直冲云霄的壮美画面,为下面的会情成功营造了氛围。

层次三：拓展会情

凝练是诗歌语言的突出特点。因为凝练，要悟出情感便有了一些难度。为了让学生真正领会诗情，背景资料的介入便显示出其不可或缺的作用。在学生真正入境之后，王老师引导学生结合课前阅读的背景资料谈对诗人的认识，自然而然地完成了由境及情的引领，也让学生懂得，古诗的理解绝不能停留于表面，要眼中有诗意，心中有情感。

层次四：披文会心

教是为了不教，完成《秋词（其一）》的教学之后，王老师将《秋词（其二）》的学习完全放手给学生，自读品悟之后引导其自由交流。从诵读到描绘，从入境到会情，两首诗融会贯通后，学生便更深入地走进了刘禹锡的心灵世界，抚摸到了伟大诗人的赤诚之心。或许有一天，在他们的知识素养、人文素养达到一定的成熟度之后，这种心灵体验就会得到验证，埋在他们心中的种子便会真正地发芽、开花，结出丰硕的果实。

应该说，王老师的这节课为我们诠释了古诗教学的真谛：搭载语言文字，进行入景入境，会情会心的心灵旅行。

（牟平区教学研究室　孔凡升）

## 《长相思》教学实录

牟平区宁海街道中心小学　王振华

一、导入新课

同学们，这节课我们继续学习五年级上册第七单元的《古诗词三首》。通过上节课的学习，我觉得咱们四年级一班的同学特别棒，能读懂五年级的诗词！有了上节课的学习基础，相信大家这节课一定会学得更棒！学习了《山居秋暝》和《枫桥夜泊》，我们通过静态和动态描写，想象到了初秋雨后的山中美景，体会到了作者孤寂忧愁的心情。这节课让我们一起走进纳兰性德的《长相思》，看这首词中的静态和动态描写又能让我们想象到怎样的画面，体会到怎样的情感呢？请大家齐读课题。（板书并齐读课题）

二、读词明意

（一）一读，读准字音（读准——读出节奏）

1.读准

单元导读课上大家已经朗读了这首词，现在我们请班级优化大师帮我们随机

确定一名同学展示一下,看花落谁家! (课件出示课文内容,运用班级优化大师随机功能指名学生读)

指名读。嗯,读得字正腔圆。我们读诗词不仅要读正确,还要读出节奏,谁自告奋勇再来? 大家看,这个同学在读"身向榆关那畔行"的时候,在榆关后面停顿了一下,这样读就叫有节奏地读,(用笔标画节奏)让我们也有节奏地读读整首词。

(二)二读,读懂词意

会读词了,那我们就进入下一步,请同学们借助注释和插图,再来读词,试着读懂词句的意思。(学生自读,教师巡视)有的同学很会学习,边读边把注释带到词句里,大家可以边小声读边思考。

来,同学们,咱们一起交流交流吧,读懂了哪一句就说哪一句。谁先来?

这里的"一""一""千"都是虚指,古诗词中的数字多数都是虚指,表示多的意思,比如(出示课件:飞流直下三千尺,疑是银河落九天——望庐山瀑布。将军百战死,壮士十年归。——木兰诗 将军身经无数次战斗,壮士多年后才返回故乡)谁能把这首词的意思连起来说一说? (出示系统中的解释,找一生读)

(二)三读,感悟词情

同学们,读到这里,你觉得我们读懂了这首词没有? 其实我们现在只是读懂了这首词的大体意思,古诗词的语言非常凝练,尤其是词,一般都是"语尽而意不尽,意尽而情不尽"。(课件显示李之仪的话)要想读出诗词里面的"意"和"情",就必须联系查阅的资料和生活实际,联系整首诗词,深入品读。

1.品读上阕,感悟行军的艰难与大军行进驻扎的雄浑场景

现在,让我们都静下心来,再次走进上阕,借助资料,展开想象,看你都能从中读出什么?(课件显示上阕内容)

(1)"山一程,水一程,身向榆关那畔行"。

预设:生1:我从"山一程,水一程"读出了行军路途的遥远。

生2:(我查了一下地图,从北京到山海关距离非常遥远,有308公里,在宽敞平坦的高速公路上还要行驶3个多小时,古时候的人全部要步行,肯定要很长时间)

对啊,这就是山一程,水一程。

师:非常好! 我们就应该像这位同学这样,借助资料把短短的词句读出厚厚的内涵。山一程,水一程,读了这两句,你还好像看到了怎样的画面呢?

生3:我读了"山一程,水一程",好像看到将士们蹚过一条河又一条河,翻过一座山又一座山,遇到没有路走的地方就披荆斩棘开辟道路,很多战士脚都磨出

血泡了……（板书：一程一程）

师：（出示行军动态图）对啊，同学们，纳兰性德和将士们从京城出发，就是这样披荆斩棘、翻山越岭，艰难地行进在遥远而又艰险的征途上。来，就想象着这样的画面，你来读！我听出了路途的远，没听出行军的难！谁再来！对，行进大军就是这样渐行渐远，向山海关挺进，挺进！我们一起来读。

这里有一个生字"畔"，这个字在田字格里应该怎样写呢？请大家看。谁能提醒大家写的时候要注意什么？对，左窄右宽，左低右高，悬针竖要写好。请大家练习写两个。（学生的字在实物投影展示）大家看这个字有什么问题？（师修改学生的字）对，一笔一画皆神韵，认真规范地书写中国字就是对中华文化最真诚的尊重！请大家再规范认真地写一个。

（2）体会"夜深千帐灯"（这句话变色）。

来，我们接着品读这首千古名作！刚才，边品读，边想象，边想象，边品读，我们就读出了征途的遥远，行军的艰难。来，让我们接着往下品读。

生1：我从"夜深千帐灯"读出了营地里有很多盏灯在亮着，行军队伍很庞大。（课件出示帐篷图）对啊，同学们看，营地上驻扎了这么多帐篷，夜已经很深了，但这么多的帐篷里都点着灯，你又读出了什么？

生2：我读出了夜已经很深了，将士们还是很难入眠。（板书：千帐灯）

师：（来到一学生面前）这位将士，这么晚了，为什么你还不睡觉？你在想什么？（如果学生说在想怎样保护皇帝，就说：保护皇帝那是侍卫统领要想的事情，作为一个普通的士兵，你这么晚还不睡，在想什么呢？）

（来到另一学生面前）请问你为什么还不睡？白天你"山一程，水一程"难道你不累吗？哦，是对家乡，对亲人的思念让你辗转反侧，夜不能寐。

夜深千帐灯。夜深人静，难以入眠的不仅仅是这位将士，这位，这位，是所有的将士。

现在我们就是那些远离家乡、夜不能寐的将士们，请你读最后一句，读出你们对家乡浓浓的思念。让我们一起读上阕，读出行军的艰难和所有将士们的心声。

2. 品读下阕，感悟作者梦难成的痛苦和对故园的思念

夜已经很深了，帐篷内的将士们仍然辗转反侧，夜不能寐。帐篷外——（课件出示"风一更，雪一更"）

（走到一生面前，示意学生读，再找两个学生读）顺势让最后一个学生说，你读出了什么？（再找另外一个学生）你读出了什么？

生2：寒风呼呼地刮着，大雪纷纷扬扬地下着。

生 3:联系上阕,战士们白天那么辛苦,但帐篷就扎在风雪中,非常阴暗潮湿,环境很恶劣,他们很辛苦。

师:出示风雪图,请大家听,边塞的风就是这样呼呼地刮着,看! 边塞的雪就是这样簌簌地下着。想象着这样的画面,读。

(板书:一更一更)

(出示课件:风一更,雪一更,聒碎乡心梦不成。最后一句变红)师读"聒碎乡心梦不成啊,从这一句,你又能读出什么?

生 2:我从"聒碎乡心梦不成"读出来边塞的风雪特别大,嘈杂的风雪声,让作者难以入睡,无法入梦。

师:仅仅是因为嘈杂的风雪声,作者才梦不成吗? 还因为什么?

生 2:上阕里面说本来行军很辛苦,将士们应该很快入眠,但是因为对家乡的思念,夜深了却仍然千灯通明,本来就因为想家睡不着,再下雪刮风,就更加思念家乡,更睡不着了。

师:所以说,看起来是"风一更,雪一更"才"聒碎乡心梦不成",其实根本的原因是对故乡的思念,才让作者梦不成,梦难成。

(出示课件:风一更,雪一更,聒碎乡心梦不成,故园无此声。)那么大家想一想,思乡心切的纳兰性德和将士们都会想到家乡怎样的情景呢?

生 1:可能会想到昔日和家人朋友一起谈心、玩乐的情景。

生 2:可能会想到家乡的美丽风光,温暖舒适的环境。

生 3:可能会想到以前跟妻子一起灯下读书、野外散步的情景。

师:是啊,家乡有的是朋友的并肩策马前行,这里有的是——
家乡有的是家人围坐桌前,谈笑风生,这里有的是——
正因为"故园无此声",所以纳兰性德和将士们才"夜深千帐灯",才"聒碎乡心梦不成"。(板书:无此声)大家看,我们就这样结合上下文,结合想象的画面,我们就读出了词中的"意"和"情"。

3.品读整首词,感悟作者责任与思乡的两难心情(课件出示整首词)

就在这样一个风雪交加的夜晚,纳兰性德想到家乡的妻子、亲人,不禁思绪万千,他走出帐篷,仰天长叹,情不自禁吟诵出心中的《长相思》(指名一个学生读)

回想着和战士们跋山涉水的经历,想象着家乡宁静祥和的氛围,他不禁发出感叹——(再次指名学生读)

师:(问第二个学生)纳兰性德啊纳兰性德,既然你这么想念你的妻子,你的家人,为什么还要踏上征途?

既然你这么留恋乡情,怀念友情,为什么还要离开故园?

生1:我是一等侍卫,要随皇帝出征,随时保护皇帝的人身安全,责任在肩。

生2:好男儿就应该为国效力,皇帝选中了我,我就应该时刻保证皇帝的安全,不能为了自己的小家舍弃大家。

师:对啊,纳兰性德就是这样一个既牵挂家乡,又心系国家的人。他经常处于这样两难的境地,一边是心系家国(出示两个动态图,引导学生朗诵——山一程,水一程,身向榆关那畔行;风一更,雪一更,身向榆关那畔行),一边是思念故园(出示两个静态图,夜深千帐灯、故园无此声)。(板贴:心系家国　思念故园)

大家看,我们是怎样读出了一个两难的纳兰性德? (课件显示静态对比图)对,作者在这里就用这样的动态描写表现出了他"心系家国的责任",用静态描写表现出了他"思念故园的柔情",(出现动静态四图对比图)就这样动态和静态的对比描写,进一步凸显了他自己的两难境地。原来,古诗词中的表达方法能帮助我们读懂作者的内心,感悟作者的情感呀! (板贴:动态描写　静态描写)

让我们带着对纳兰性德责任与思乡两难处境的深深理解,再次走进他那身心分离的世界,再一次诵出他心中的《长相思》! (配乐背诵)

现在我们检验一下大家是不是真的已经把这首词记到心里去了。谁能上来将这些词语归位? 非常棒! 这样的经典佳作我们就应该铭记于心,慢慢品味。

3.拓展阅读

其实,像这样通过动静态的描写来表达作者情感的诗词还有很多,下面我们

再来读一首宋代词人辛弃疾的词,请同学们先自己试着读一读,注意读准字音。

西江月·夜行黄沙道中

(宋)辛弃疾

明月别枝惊鹊,清风半夜鸣蝉。稻花香里说丰年,听取蛙声一片。七八个星天外,两三点雨山前。旧时茅店社林边,路转溪桥忽见。

① 黄沙:黄沙岭,在江西上饶的西面。

② 别枝惊鹊:惊动喜鹊飞离树枝。

③ 茅店:茅草盖的乡村客店。

④ 社林:土地庙附近的树林。

⑤ 见:同"现",显现,出现。

(1)谁来给大家读读这首词? 我们再随机选一位同学。再来一位同学! 读

得有板有眼,读出了词的节奏美。谁再来? (2个学生)

(2)现在请大家再读这首词,这一次读要边读边想象画面,看你读了这些词句,都能想象出哪些画面?

大家看,通过想象,我们看到了词句描写的这些景物,(指课件)看看这些词语标注的颜色,你发现了什么? 对,绿色的是动态描写,红色的是静态描写。我们就是通过这些动态和静态描写,感受到了乡村夏夜的别样风趣,体验到了即将到来的丰收喜悦。

(3)让我们再次朗读这首词,读出词句描绘的画面,读出词中蕴含的情感。(1人)

(4)我们现在来个诗句配对练习,谁来挑战一下自己的最强记忆? 真棒!

四、课外拓展

课后,请大家继续去找一些这样动静结合的古诗词,在理解的基础上边读边想象画面,用心体会动静结合的表达方法对抒发作者情感的促进作用,然后把你朗诵的最高水平发送到12学平台的"作业"里,让我们大家共同学习。让我们在诵读古诗词中不断丰厚文化积淀,进一步感受中华优秀经典诗词的独特魅力。

## 《现代诗歌诵读》教学设计

### 牟平区宁海街道中心小学 王振华

教学目标:

(1)能够正确、流利、有感情地朗读《黎明被一群鸟儿啄出》等三首诗歌。在朗读的过程中,学会"想画面读诗句"的方法,逐步读出诗的韵味,并争取背诵下来。

(2)在诵读品悟的过程中感受三首现代诗歌想象的奇特与美妙的特点。

(3)在诵读的过程中触发创作动机,尝试模仿创作诗歌。

教学难点:

学会"想画面读诗句"的方法,感悟现代诗歌想象的奇特与美妙的特点,模仿创作诗歌。

教学过程:

一、导入

我们中华民族是习惯了用诗词来表达与记录的民族,古有唐诗宋词历经千年仍熠熠生辉,今有无数现代诗歌意境深远,耐人寻味。这节课就请大家跟随老师一起走进——《现代诗歌诵读》。

二、诵读《黎明被一群鸟儿啄出》

1.整体感知诗歌的意境美

（1）教师配乐范读诗歌,创设情境。

（2）引导学生畅谈感受。

同学们喜欢这首诗吗? 说说理由?

根据学生回答适当点拨:是啊,作者想象多奇妙啊! 这就是现代诗歌,丰富的想象,给人无限的遐想。（随机板书:想象奇特、美妙）

（3）学生自由朗读诗歌。

2.指导朗读诗歌,读出诗歌的意境美

（1）学生展示初读。

谁来为大家读一读这首诗? 谁再来?

（2）指导学生运用"想画面"的方法诵读诗歌。（重点以第一小节为例,进行指导。）

①指导读第一句。

诗歌是一种美的艺术,我们要想感受到这种美,仅仅读正确还不够,还必须要张开想象的翅膀,读出诗歌的味道。比如读"夜晚的天空,是一只温暖的鸟巢"时,我的眼前仿佛就出现了这样一幅画面:一个静谧的夜晚,了无边际的浩渺夜空,变成了一只巨大的温暖的鸟巢。于是我就这样读起来:夜晚的天空,是一只温暖的鸟巢。想象着这幅画面,请你来读这一句,请你再来!

②指导读第二句。那么读到第二句的时候,你又仿佛看到怎样的画面呢? 请你来读,请你再读!

③指导读第一小节。对,就这样,想象着这些奇妙的画面,让我们一起读第一小节。

（3）学生运用"想画面"的方法再次练习朗读诗句。

（4）再次展示朗读成果。

相信这一遍,大家一定会读得更有味道了! 谁先来?

听了这位同学的朗读,你好像看到了怎样的画面? 看,张开想象的翅膀,就读出了诗歌的奇妙。谁再来?

3.诵读诗歌,熟读成诵

（1）男女生接读。

（2）师生接读,引导学生背诵。

（3）集体配乐诵读。

4.小结诵读方法

多么奇妙的景象,多么优美的意境啊! 大家看,正是因为我们都张开了想象的翅膀,一边想象着这幅画面的奇特和美妙,一边读,才能读得这样有味道! （板书:想画面）

三、诵读《打翻了》

请大家就运用这种方法,来读第二首诗,打开资料一,开始读吧!

1.学生自由朗读诗歌

2.展示朗读,适机指导读出诗歌的韵味

（1）指名展示朗读。

（2）引导学生评价。

针对学生的评价,适机出现与诗句相关的画面,指导学生想象意境,深情朗读。

太阳:是啊,夕阳西下,红霞满天,那是一幅怎样壮美的景象啊! 同学们看! 你来读! 你再读!

月亮:月光如水,倾注大地,那又是怎样如梦如幻的仙境啊! 你来读,大家一起读!

春天:春天,到处姹紫嫣红,花团锦簇,叫人怎能不心旷神怡! 来,一起读!

花儿:多么沁人心脾的清香啊! 请你读! 一起读!

风儿:好轻柔的风啊,如春风拂面,让人坠入梦乡。

（3）师配图引读,从旁鼓励掀高潮。

多么奇特的想象,多么美妙的诗句! 老师第一次读到这首诗的时候,就禁不住在家里高声吟诵起来——（出现图片,把文字删除,引导学生诵读。）

太阳打翻了,——

月亮打翻了,——

春天打翻了,——

花儿打翻了,——

清香打翻了,——

风儿打翻了,——

引读的时候来到一个学生面前,或者示意男女生、各个小组以及全班学生接读,注意诵读出诗歌的韵味。

3. 尝试仿写

（1）这首诗写得真是太好了，老师不知道读了多少遍，读着读着，禁不住也想这样说：

种子打翻了，长出了一串串梦想。（教师边说边把句子敲击在课件上）

你想说什么？（对学生仿写的诗句，进行即时性的完善修改，然后敲击在课件上）

（2）集体读师生共同仿写的诗句。看！我们共同即兴创作的诗歌诞生了！来，让我们一起读一读！请这位小诗人引读，齐！原来诗就是灵感突现，诗就是生活的每个瞬间！只要我们善于观察，用心体验，我们也能写出这样优美的诗句！

四、小组合作诵读《梦想》

看来，我们不但会自己创作诗歌，还学会了想象画面进行诵读的方法。那么，现在就让我们来个小组诵读展示！

1. 明确任务

请大家打开资料二，小组合作诵读这首诗。待会儿我们比一比，哪一组读得最有味道，哪一组读的形式最特别！好，各组开始行动吧！

2. 小组合作练习朗读

3. 小组展示朗读，互相之间评价，教师引导

（重点要引导学生读出诗歌的情感和意境，从是否能想象画面来评价）

学生读得不好的地方，特别是中间的三小节要及时指导，读出种子不屈向上的信念和对梦想的不懈追求。学生评价的过程中，还要对"这是一颗怎样的种子"进行适当点拨——来，同学们，读出这颗种子对梦想的不懈追求！对梦想的无限憧憬！）

五、总结延伸

子曰："不学诗，无以言"。上了今天这节课，相信大家一定喜欢上了现代诗歌。其实，像这样的优美诗歌还有好多好多，接下来，老师就将带领大家步入这现代诗歌的丛林，去诵读更多的现代诗歌，让诗歌纯净我们的心灵，让诗歌丰盈我们的生命！

# 第二节　"三维度"综合实践活动课程

2001年6月，教育部颁发《基础教育课程改革发展纲要》（以下简称《纲

要》),开启了声势浩大的涵盖幼儿教育、义务教育和普通高中教育的新一轮基础教育改革。《纲要》中明确指出:"从小学至高中设置综合实践活动并作为必修课程,其内容主要包括信息技术教育、研究性学习、社区服务与社会实践以及劳动与技术教育。强调学生通过实践,增强探究和创新意识,学习科学研究的方法,发展综合运用知识的能力。增进学校与社会的密切联系,培养学生的社会责任感。"作为新增设的一门国家课程,综合实践活动承载着促进学科融合、促进学生全面发展的重要任务。宁海街道中心小学充分认识到了综合实践活动课程在综合育人方面的重要作用,自2015年8月开始,开启了"三维度"综合实践活动课程研究。

**一、课程开发的背景**

一个自然人要想成长为一个社会人,必然要经历由"自我—自然—社会"的发展过程。但在现实生活中,受"唯学习论"和"6+1"家庭结构的影响,家长和教师们普遍不重视学生动手实践能力与创新能力的培养,很多学校的综合实践活动课程架构难以满足学生个体的成长需求,学生的很多实践机会被人为剥夺或替代,这样一个接近于真空状态的"自然人"或"巨婴",将来踏入社会,势必会造成自身综合素质与社会适应能力之间的偏差。

受"唯分数论"传统思想的影响,不少学校认为综合实践活动课程是可有可无的"软任务",不能深入理解综合实践活动课程的本质内涵,缺乏校本资源及校外资源的挖掘,更缺乏对于综合实践活动课程层面的建设和开发。学校课程内容设置"散点化",无章可依,敷衍了事,对于课程活动的设置、教学的形式和活动预期效果等,没有精准把握,无法满足学生成长的需求。2015年前后,有相当一部分地区和学校还不能充分认识到综合实践活动课程对学生终身发展的重要意义,更多还只是停留在"为了上课而上课"的状态,只满足于带领学生进行相应的实践活动,考察探究、社会服务、设计制作、职业体验四个领域各自为政、黏合度不高,还不能从整体育人的高度来研究综合实践活动课程的科学构建与规范实施,达不到良好的综合育人效果。

基于当时的综合实践课程实施情况和对学生生命成长需求的种种思考,我们创建了"关爱生命-关心生活-关注社会"三维度综合实践活动课程,意在最大可能地给学生提供亲近与探索自然、体验与建设生活、关注与融入社会的机会,让他们在动手实践、用心观察、潜心研究、参与活动的过程中,关注周围事物,提高生活能力,增强主人翁意识,从而促使他们成长为有爱心、会生活、善实践的人。

## 二、课程的理念与目标

### （一）设计理念

"关爱生命-关心生活-关注社会"三维度综合实践活动课程的设计,基于学生的立场,立足学生生命成长的需求,旨在最大可能地给学生提供感受自然、体验生活、关注社会的机会,让他们在动手实践、用心观察、潜心研究、参与活动的过程中,关注周围事物,提高生活能力;在参与丰富多彩的学校课程实践活动的过程中,获得丰富体验,陶冶道德情感,锤炼道德意志,促进德行成长,最终成长为一个有爱心、会生活、有担当的人。

### （二）课程目标

三维度课程的开设,注重在实践中学习,在活动中育德,在体验中无痕地进行德育。引导学生在课程学习过程中增强技能、锤炼意志、勇于担当,使学生"有爱心、勤实践、乐奉献",努力成长为"有德、有能、有志、有恒"的"致远教育""四有少年"。

（1）在"关爱生命"课程实施中,培养学生的探究意识,丰富学生的生命感悟。对自然、生命类主题的研究,引导学生主动亲近周围的自然环境,了解自然,热爱自然,初步形成自觉保护自然环境、与自然和谐相处的意识和能力。

（2）在"关心生活"课程实施中,培养学生的实践创新能力与热爱生活的态度。手工类、技能类、科技类、素养类等课程的研究,激发学生探索新知识的好奇心和求知欲,培养创新思维,锻炼动手实践能力,提高自身素养,形成乐意分享乐于探究的良好品质,养成勤奋、积极的生活态度。

（3）在"关注社会"课程实施中,增强学生的社会责任感和主人翁意识。对环境问题类、社会问题类的研究,引导学生通过实践、考察等途径,了解周围社会环境,自觉遵守社会行为规范,提高社会沟通能力,养成初步的服务社会意识和勇于担当的责任感。

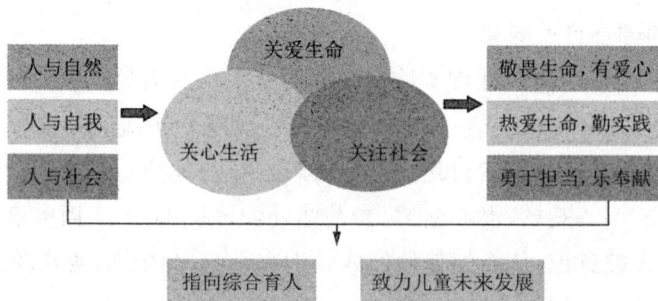

图 3-7　小学三维度综合实践活动课程架构及课程目标

**三、课程的具体实施**

**（一）构建起系统的"关爱生命、关心生活、关注社会"三维度综合实践活动课程实施体系**

基于学生个体成长需求和未来社会人才发展的必然趋势,学校构建起了"关爱生命-关心生活-关注社会"三维度综合实践活动课程实施体系,分别设置了丰富多彩的课程内容,为学生"自然人"成长为"社会人"提供了有力保障。

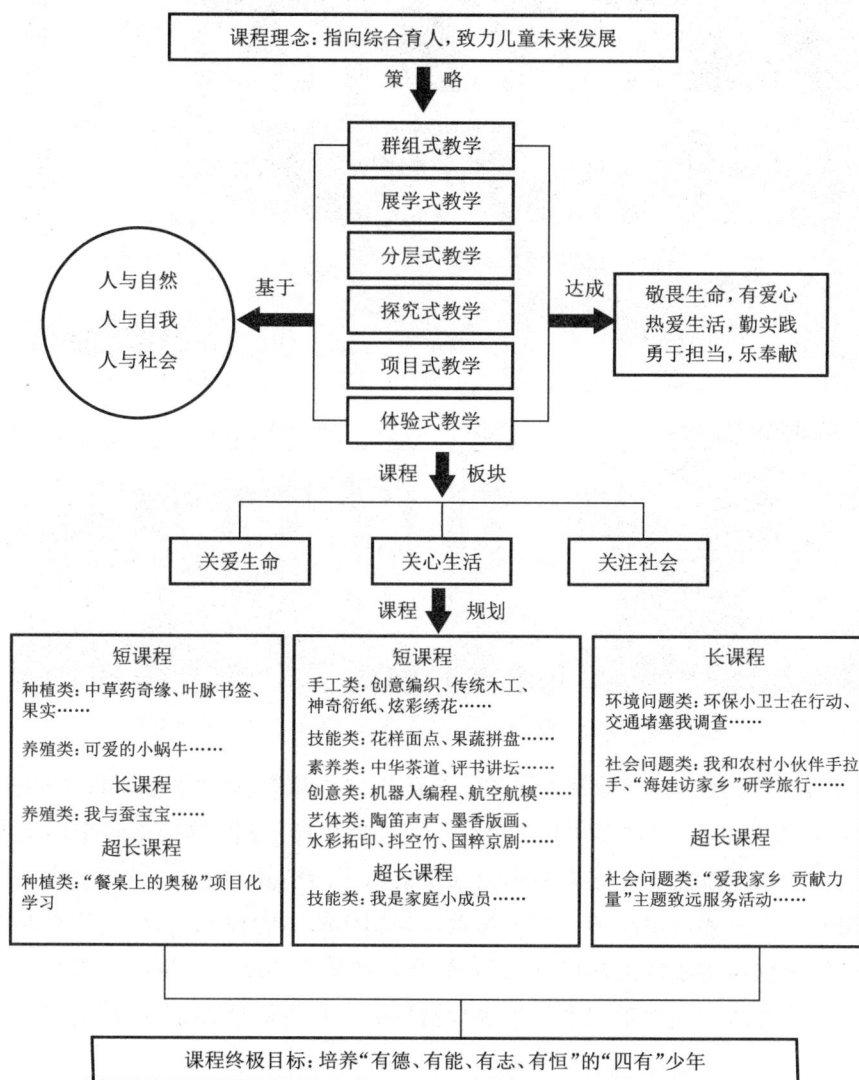

图 3-8　小学三维度综合实践活动课程实施结构图

"关爱生命"维度,学校开设了"中草药奇缘""叶脉书签制作""果实果实"等课程。课程活动中,充分利用校园内的"小农夫"种植园,组织学生经历种植系列实践体验活动,让他们在感受生命成长的过程中,体验到"成长即责任"。同时,学校还开设"我和蚕宝宝一起成长"课程,在养殖课中丰富学生的生命感悟,激发探究欲望,体验到生命的神奇和珍贵,体会父母的用心与不易。

图 3-9　小学三维度综合实践活动课程"关爱生命"课程实施

"关心生活"维度,学校开设了"花样编织""面点制作""手工 DIY""陶笛声声""机器人总动员""评书讲坛""抖空竹""少儿安全剑"等二十多个门类的课程。其中的生活技能类课程主要指向学生常态生活技能的提升,设计制作类课程主要指向学生生活日用品和手工艺品设计与制作能力的提升,科技创新类课程主要指向学生创新实践能力的提升,素养提升类课程主要指向学生综合素养的培养和提高。所有课程共同指向把学生逐步培养成为有生活情趣、有创新意识的热爱生活之人。

图3-10 小学三维度综合实践活动课程"关心生活"课程实施

"关注社会"维度,学校开设了"社会问题我关注""海娃访家乡研学旅行""爱我家乡 贡献力量"等主题志愿服务课程,在参与社会实践、进行社会调查的过程中培养学生发现问题、分析问题和解决问题的能力,增强学生的社会责任感,为他们将来成为能适应社会环境、实现自我价值的"社会人"奠定良好的基础。

图3-11 小学三维度综合实践活动课程"关注社会"课程实施

### (二)探索出指向激发学生课程学习兴趣的高效多态教学策略

依据学生的身心发展特征和各课程门类的教学实际,学校开发并实施了群组式、探究式、展学式、分层式、项目式和体验式教学,校内外联动,课内外互通,有效调动学生的课程学习积极性,整体提升了学生的核心素养。

#### 1.实施群组式教学

由于课程采取的是分年级段选课走班的形式实施,为了有效调动孩子们的课程学习积极性,每个课程组都要创建课程组学习QQ群,开展群组教学。对于学生的上课学习情况及学习成果,教师会第一时间以图片或视频的方式发布在课程群中,家长们也能第一时间了解到学生当天的课程学习情况。每到周末或者节假日,孩子们就会在课程组群里上传自己的课余作品,学校分管领导和教师会及时评价,为孩子们相互学习借鉴提供了平台。这样的群组教学,促进了学校、家庭课程学习的有效衔接,为孩子们提供了持续的学习展示平台,促使孩子们一直保持

71

着高涨的学习热情,不断超越自我,实现突破。

### 2. 实施探究式教学

在课程实施过程中,除了陶艺、机器人、航模等必须以专业教师进行指导为主才能开展的专业课程,其他课程都倡导教师采取探究式教学法。教师根据教学的实际需要,给学生创设真实的问题情境,让学生以个体参与或者小组合作等形式,进行相应的探究活动,教师尽量放手,让学生自己探究新的课程学习内容和学习思路,教师只在学生探究期间进行必要的点拨和引导,做学生学习的引领者和促进者。这种探究式教学方式很受学生喜欢,不管是手工制作还是种植过程中发现的问题,孩子们往往能找到教师意料不到的解决方案,更好地推进了课程的学习。

### 3. 实施展学式教学

为有效利用学生争强好胜的心理,调动学生课程学习的内驱力,引导教师根据教学的实际需要,在课堂教学的适当时候安排3～5分钟时间,引导学生展示自己的课程学习成果。展示的形式多种多样,可以展示自己的作品设计思路,可以演示作品的精妙之处,可以展示自己当堂学到的技能,也可以交流自己当堂的学习感悟和收获。这3～5分钟的展学时间对激发学生们的课程学习热情起到了积极的促进作用,学生们在课堂上都积极参与,争先恐后进行展学,直接提升了课程学习的效果。

### 4. 实施分层式教学

由于"三维度"课程采取的是学段内选课走班制,学段内打乱了班级,打乱了年级,所以每个课程组里的学生水平是参差不齐的,因此分层次教学就变得尤为重要,要求教师从三个方面着手进行分层教学或指导。一是备课,要认真研究分层目标教学法。即对有一定基础和技能的学生,要在他们原有的基础上继续"拔高"训练,促使他们的作品由单一慢慢走向系列化,由简单粗糙慢慢走向复杂精致;对零基础的学生就要进行基础入门指导,让他们快速入门,掌握基本的技能。二是上课,要充分运用好分层目标教学法的两个关键环节——明确分层目标和分层把握教学要求。即首先在课堂上让不同层次的学生找到自己的学习位置,了解自己目前所在的层次;其次采取分层教学的方式,让每一个学生都能在课堂上得到课程学习最大化的满足和提高。三是要精心设计分层目标教学法的作业。即明确不同层次的学生在课后活动中的着力点,零基础的学生以激趣为主,有基础的学生以提升为重点。总之,通过分层目标教学法使不同水平的学生都能学有所得,学有所长,满足不同学生个性化的需要,努力让每个学生都得到最优化发展。

### 5.实施项目式教学

针对学生在课程学习中发现的一些有价值的值得探究的问题,引导教师根据需要即时实施项目式教学,引领学生围绕身边切实可行、具有丰富实践性的项目进行深度探究学习。利用学校的"小农夫"种植园,学校组织学生开展了"餐桌上的奥秘"项目式学习,依托"麦粒公主的旅行""花生王子的旅行""美丽的遇见"三个子项目,引导他们自主观察、探究、发现。组织孩子们定期对麦子和花生的生长情况进行观察,记录它们的长势。对于这些农作物在生长过程中出现的问题,试着让学生自己去探究解决之道。针对有些麦穗变成了黑色,学生们他们实地走访、上网查阅资料,完成了研究性学习报告《小麦黑穗病产生的原因》;为了治理了小麦蚜虫病,小组共同努力,完成了《小麦蚜虫病的治理》研究性学习报告。为鼓励孩子们在求知探索的道路上收获更多,学校定期评选"项目学习小明星",这极大激发了学生们的探究热情,进一步提升了他们的创新能力、实践能力,促使他们快乐成长。

### 6.实施体验式教学

基于"注重教育实效,实现知行合一"的目标,实施了体验式教学,让学生亲历不同的劳动实践教育,进行角色的体验,感受劳动的魅力。一是家庭生活课程,主要运用开展"我是家庭小成员"活动、举行"生活技能大赛"等策略激发学生参与家庭劳动的热情;二是学校实践课程,运用开展"手工劳动个人秀""创意劳动大比拼""校园值日明星榜"活动等策略激发学生参与校园劳动的积极性;三是基地体验课程,开展"劳动最美乡村行"等活动激发学生参与生产劳动的兴趣,运用"争获五彩劳动奖章""争当劳动小能手"等策略激发学生参与社会劳动与全形态劳动的兴趣,学生亲身经历清扫公共场所卫生、到餐厅帮厨、为敬老院的老人收拾房间等活动,他们亲历了角色的心理变化,真正感受到了劳动最伟大、劳动最光荣、劳动最美丽,真正体会到了"劳动创造美好生活"的真谛,"在劳动中促德,在劳动中增智,在劳动中创美",实现了全面发展。

### (三)构建起指向点燃学生课程学习热情的多元课程评价体系

为实现学生课程学习的最佳效果,学校构建起了指向点燃学生课程学习热情、发掘学习潜能的限制式与开放式表现性评价相结合的多元课程评价体系,学生、教师与家长多主体参与,课程参与度、课程学习品质与课程学习成果多指标并举,评价结果直接运用于学生期末综合素质评价,努力实现学生的最优化发展。

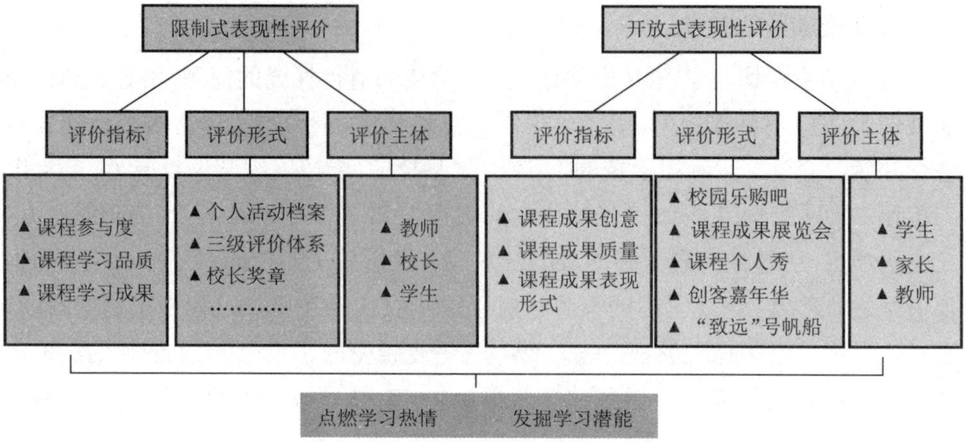

图 3-12　小学三维度综合实践活动课程评价体系实施框架图

　　其中限制式表现性评价主要包括三种形式。一是建立个人活动过程档案。档案里面记录着学生参与课程的时间、观察日志、探究计划或结论、收集到的资料等，力求充分地体现学生参与活动的过程，使学生获得成功和满足感，也为师生对活动进行调整和反思提供依据。二是建立"小组—班级—学校"三级评价体系。各门课程都分别创建各自的课程 QQ 群和课程评价表，将学生参与每周课程的情况在课程群及时公布，在此基础上，评出每月"综合实践活动明星"，在全体师生大会上分发"月明星"奖章与奖状。学期末，根据学生们一个学期的课程学习情况，评选出学期"三维度课程小明星"，学校进行统一颁奖。三是颁发"校长奖章"。校长会不定时进各课程组的上课现场，也会不定时地查看各课程组的 QQ群，对课程学习过程中表现优秀和进步大的孩子颁发"校长奖章"进行鼓励，每个月"校长奖章获得者"会有一次跟校长同吃蛋糕和合影留念的机会。

　　开放式表现性评价主要有三种方式。一是定期举行"三维度课程个人秀"活动。为充分发挥课程组中优秀学生的带动作用，定期举行"三维度课程个人秀"活动。所有参加活动的学生都要经历"班级海选—学校海选—举办个人秀作品展"三个阶段，学校制定"个人秀"评比方案，从家长、学生、教师三个层面选出评委对所有"个人秀"作品及展示进行投票评定。这种无形评价的方式极大地激发起了孩子们的课程学习热情，更有效促进了课程组学生的个性成长。

　　二是开设校园超市"乐购吧"。每个课程组会定期选派一些学生，把自己在课程学习中完成的作品在"乐购吧"销售，其他学生则用平日攒下的校园币进行购买。不少孩子会自觉回家制作作品，再拿到"乐购吧"销售，再用销售所得在"乐购吧"购买课程学习的原材料，回家继续创作作品。这样，就形成了"三维度课程"产销一体化经营链条,进一步激发了学生个人的学习兴趣,同时也促使着各课程组之间相互竞争,促进了课程组的均衡发展。

图 3-13  校园超市"乐购吧"营业剪影

三是定期举行"课程成果展览会"。每个学期末,学校都会举行"课程成果展览会"。活动中,老师指导孩子们将一学期活动的课程学习成果,用自己喜欢的方式,综合全面地分课程组展示出来。展示的整个过程,既是一次课程成果的展示,更是学生综合实践能力的比拼。他们精心设计课程海报,共同商议活动内容和营销策略,俨然就是一个个小策划师、小企业家,孩子们在整个活动过程表现出来的超强随机应变能力和解决问题的能力让老师们惊叹不已。课程成果展示交流活动,充分激发了孩子们的活动热情,进一步培养了他们的创新能力、实践能力和合作分享能力。

实践证明,限制式与开放式表现性评价相结合的多元评价体系,构建起了学生、教师和家长多主体参与、家庭和学校双轨并行的评价机制,校内外联动,课内外沟通,有效点燃并维持了学生们的课程学习热情,促进了学生群体的最优化发展。

图 3-14  小学三维度综合实践活动课程实施成果展示

图 3-14　小学三维度综合实践活动课程实施成果展示（续）

### 四、课程的综合育人成效

经历了六年的探索研究，"三维度"综合实践活动课程不仅建立了完整的课程体系，促进了全体学生的全面发展，激发了教师深度变革课堂教学的活力，提升了学校的区域影响力，还形成了区域共建的良好社会效应，取得了显著的综合育人成效。

**（一）在"关爱生命"课程实施中，培养学生的责任意识，丰富学生的生命感悟**

#### 1. 在种植课程中培养学生的责任意识

种植课中，孩子们经常累得汗流浃背，却乐在其中。有一次，长势正旺的向日葵苗一夜之间居然有数十棵蔫倒了，孩子们百思不得其解，在老师的指导下发现了原来是加了有机肥的泥土中潜伏的"截虫"惹的祸。孩子们为没有提前想到消灭土壤中的害虫懊悔不已，于是，赶紧除虫并补栽。不久，孩子们又发现有一半的花生很长时间没有发芽，以为又遭虫害了，赶紧铲开泥土，不料虫子没看到，却看到了许多即将出土的嫩芽。原来是种子种深了，芽芽只是出土费劲而已。后悔之余，孩子们又开始了补种劳动。补种时，孩子们的那种认真，那种一丝不苟，超乎老师们的想象。经历了几次突发事件，孩子们对种植格外上心。随后，他们自发地安排了值日，每节课间都有人到种植园去观察各种植物的长势情况，是不是需要浇水？是不是需要锄草？是不是需要松土？随时向老师汇报他们的发现，提出合理化建议,生怕出现一点点问题。他们所表现出的对于生命的珍爱,对于责任感的高标准要求,令老师们欣慰,更为他们自身的生命成长获得了丰厚的体验。

**2. 在养殖课程中丰富学生的生命感悟**

在"我和蚕宝宝一起成长"养殖课程中,孩子们都精心养蚕,热情非常高。但有一次,不知何故,有四盒蚕宝宝全都身体弯曲皱缩,没了生命。大家心急如焚,赶紧查阅资料,发现是感染了"白僵菌",于是,及时补救,消灭病菌,让其余的蚕宝宝安全成长。养蚕过程中,孩子们主动和家长去找桑叶,采桑叶,还邀请家长一起晚上到学校帮助老师喂蚕。蚕宝宝长到四龄时,孩子们把部分蚕宝宝领养回家。这下,他们照料得更精心了,观察得更仔细了。蚕宝宝每一次蜕皮成长,孩子们都一起欣喜,拍照片,写日记,晚上在 QQ 群里与大家分享交流,课间的话题也离不开蚕宝宝,俨然一个个小生物学家。蚕宝宝成长着,孩子们也在成长着。养殖的过程中,孩子们学到了常规课堂上学不到的知识和技能,懂得要有直面困难并勇于克服困难的决心,感知到了生命的神奇和珍贵,更感受到了父母抚养照顾自己的不易。

**(二)在"关心生活"课程实施中,培植学生的意志品质和协作精神**

在"关心生活"维度的"制作孔明灯"课程中,孔令辉同学为了提高技术含量,让小组作品更具专业范,双休日专门去邻居叔叔家拜师学艺,请教木工操作技术,学习木制框架的制作方法,做了拆,拆了做,直到自己满意为止;初俞兴同学发挥自己的绘画特长,将一幅完整的水墨画画在灯罩上;其他同学也都精心合作,小小的孔明灯倾注着大家满怀的梦想和心血。放飞那天,孔明灯满载着孩子们的梦想冉冉升起,"成功了!""成功了!"孩子们欢呼起来!其喜悦,一点不亚于"神舟十号"的成功发射!多彩有趣的生活实践课程,种类繁多的 DIY 作品展示,不但培养了孩子手工操作的技能技巧,促进了孩子之间的学习交流,丰富了校园文化生活;更磨炼了孩子们的耐心、坚持、不畏困难等意志品质,进一步提升了孩子们互相之间团结协作、合作共赢的团队精神,有效激发起了他们对生活的热爱。

**(三)在"关注社会"课程实施中,增强学生的社会责任感和主人翁意识**

在"关注社会"课程体系中,我们开设了"我和农村小伙伴手拉手""我是小小志愿者""社会问题我关注"等社会实践活动课程。在参与社会实践、进行社会调查的过程中培养学生发现问题、分析问题和解决问题的能力,学生的社会责任感和主人翁意识增强,为他们将来迈入社会奠定良好的基础。"我是小小志愿者"课程中,我们引领孩子们走进丰金素食餐厅,做小小义工。活动中,孩子们专心听成人做讲解要求，全身心投入劳动；迎宾时真诚地向来往宾客鞠躬行礼弯腰，以示欢迎；在清理卫生时不放过地面上的一点渣滓，不惧劳累，一丝不苟！活动结束后，孙家奥在日记中写道："'行礼迎客'尽管很容易，可一站要两个多小时，并且不停地鞠躬，说：'欢迎您！'这可不是一件简单的事，以前不知道工作人员是如此的辛苦，今天我才真正体会到劳动的不易。"赵贵琳说："看见有人吃完饭，我就跑过去收拾，这样跑过来，跑过去，脚跟生疼，但这样的活动我不能说累，这是一种锻炼，只有这样的锻炼才能让我们变得有担当。"宫宁宁写道："经过今天的义务劳动，我认为义工不仅仅是为了干活而干活，更重要的是为社会尽一份责任，为人们做贡献，做到人人为我，我为人人！"徐海铭同学更是回家主动要求学习擀饺子皮帮妈妈做饭，活动直接转变了孩子们的行为！无须生硬地说与教，义工活动已经在孩子们心中生根发芽，也将成为他们生命中一笔宝贵的财富。在社会实践活动中，孩子们获得了丰富的道德体验，社会责任感和主人翁意识油然而生。

六年多来在"三维度"综合实践活动课程方面的执着探索，让学校发生了翻天覆地的变化，主要体现在以下三个方面。一是"三维度"课程系统的课程架构、多态的教学策略和多元的评价体系，为学生提供了异彩纷呈的学习与展示平台。宁小的学生动手实践能力、创新创造能力和探究发现能力显著提升。"三维度"课程的实施促进了学生人格的健全和德行的成长，那些学习上的后进者在课程实施过程中找到了信心和勇气，越来越多的学生成长为"有德、有能、有志、有恒"的"致远教育""四有少年"。二是"三维度"课程开放式的教学理念和高效多态的教学实施策略，学生们在课程学习过程中表现出的积极参与度和学习愉悦感，引发了教师们对传统教学方式的反思，促使教师由以往的"讲授式"教学自觉地向"开放式""探究式"教学转变，让学生真正成为学习的主人，课堂教学效率明显提升。在区域教育质量检测中，宁小的教学质量逐年攀升，最终跃居全区第一名。三是"三维度"课程的扎实实施，让学校从一所普通的乡镇中心小学，一跃成为在烟台市具有一定影响力的创新型学校。学校每年一届的"三维度课程成果展览会""创客嘉年华"等活动和面向全社会的"三维度课程专场演出"等大型活动，全面展现了学生在"三维度"课程学习过程中的突出成果，在牟平区乃至烟台市引起了较大轰动。自2016年6月1日学校第一届"三维度课程成果展览会"以来，目前全市90%以上的学校都以开展综合实践活动特色课程成果展的形式庆祝"六一"儿童节。学校先后荣获"烟台市综合实践教育先进学校""烟台市劳动教育示范学校""全国青少年足球特色学校""烟台市艺术特色学校"等荣誉称号。相关探索经验先后在烟台市和全国会议交流，在市级以上报刊和有影响力的网站发表,在区、市、省电视台以及央视频报道,有效推动了综合实践活动课程在烟台市内外的科学实施。学生们综合素养的全面提升和个性的张扬凸显,更赢得了家长的口碑,让学校成了孩子和家长们心驰神往的神奇地方。

**课程故事·家长心声**

## 小课程　大智慧

### 牟平区宁海街道中心小学　三年六班　高天资妈妈

"毅商",指对一个人的意志力、持续能力、勇气、心理承受力、抗压能力和坚韧度的综合评价。这是现行社会很流行的一个词。让我意想不到的是,一门小小的课程——不织布,竟然培养了女儿强大的意志力。

女儿刚上二年级时,就喜欢上了这门课程。女儿是一个内向的小女孩,闲暇之余就喜欢做各种小手工,可也只是三分钟的热情,坚持不了多久。在兴趣的驱使下,一有时间就会拿出我为她准备的针线笸箩,画画剪剪,拆拆缝缝。可是毕竟年纪较小,招架不过来,做着做着就不耐烦了,看来做任何事情光有浓厚的兴趣是远远不够的。

在学校开设的丰富多彩的三维度课程中,很多孩子得到了校长奖章和参加"三维度课程个人秀"的机会,这对于女儿来说是个不小的触动。记得有一次,她回来跟我说:"妈妈,我也想得到校长的表扬,也想得到校长奖章。"听到这话,我暗暗高兴,真是个不错的机会。于是我们讨论做什么作品,一起上网搜图片或者有趣的造型,一起动手描描画画,开启她的思路。女儿读书比较多,很有自己的思想,当她突然看到自己以前画的一幅生日蛋糕画时,兴奋地说:"既然我可以过生日,妈妈可以过生日,小动物当然也可以呀!我就做一个主题为'小马的生日'的不织布作品吧!"我举双手赞成。可是当我弄明白她想做一个立体的作品,把各种小动物都做成仿真的模样时,我还是有些担心她能不能坚持下来,就提醒她:"宝贝儿,这一套作品要想完成,恐怕至少得一个月,你能坚持下来吗?"没想到她想都没想就说:"没事,我能坚持。"既然女儿决心这么大,我就必须全力支持她。

于是我们就拿来了五颜六色的不织布、热熔胶等材料,开始动手做了起来。要制作立体的不织布作品,需要先分别画出正反两面的小动物外形,用不同颜色的不织布进行粘贴,完成小动物外部的造型,然后再把两"片"动物外形在反面一点一点缝合起来,再在里面装进棉花,最后再缝合。这是个不小的工程,生日宴会上出现的每个小动物都需要这样做。我知道，难点在缝合上。果然，刚开始制作平面的动物外形时，女儿的兴趣还是很浓厚的，脸上挂着笑，嘴里哼着小曲儿。开始缝合了，因为不经常用，要么她的小手捏不住针，要么线因为太长就缠到了一起，缝的针脚也大的大，小的小，很丑。缝了一会儿，线又缠到一起去了，女儿有些急了，生气地把不织布摔在一边，嘴巴鼓鼓的，脸上写满了不耐烦。我拿过剪刀把缠到一起的线剪掉，重新穿针引线，边给她示范边说："宝贝儿，别着急，心急吃不了热豆腐。越着急越做不好，心要静下来，一针一针慢慢来。你要想，你就是在建一座很漂亮的房子，盖房子哪能一下子拔地而起啊，必须一砖一瓦慢慢盖。"后来经过我耐心的指导和劝导，孩子又重新拿起不织布，认真地做了起来。就这样，每天晚学后，每个双休日，只要没有别的事情，她就坐到床上，开始"盖"自己的漂亮"房子"。有时哪一块不织布比较厚，扎不透，孩子不小心就会被扎到手，流了好多血，疼得她眉头都皱紧了，她也不喊一声疼；她特别怕火，热熔胶火候掌握不好，很有可能烫到手，但小小的她都咬着牙完成了，并且骄傲地告诉我："妈妈，以后我再也不怕火了！"

在作品成型前的日子里，只要有时间我就陪着她一起做。有一天晚上，由于上班累得要命，我实在是坚持不住睡着了，孩子还在坚持做着。一针一线，密密麻麻地缝着，哪里的针脚不满意，拆了重新缝制。就在我睡得迷迷糊糊的时候，我被猛烈的摇晃惊醒了，摆在我面前的是一幅惊天之作，孩子抱住我的胳膊，兴奋地大喊："妈妈，我的作品完成了！我的作品完成了！"看着眼前这幅作品，我惊呆了，一个个可爱的小动物，围着小马，给它过生日。那些小动物，那些蛋糕和装饰品，都那么栩栩如生。望着这件浸润着孩子坚持与毅力的作品，我的眼眶湿润了，一把把女儿抱在怀里，使劲亲了亲她红红的脸蛋："我的宝贝儿，你真是太棒了！你是妈妈的骄傲！"

真的非常感谢学校，感谢学校着眼孩子的未来发展开设的这么多种类的三维度课程，这些课程不仅仅能让孩子们学到很多知识和技能，更能培养孩子们锲而不舍、坚持不懈的意志品质，这真是小课程蕴含大智慧！

## 世界那么大　带你去看看

**牟平区宁海街道中心小学　二年级二班　陈墨染妈妈**

尊敬的各位领导、老师、家长还有可爱的孩子们：

你们好！我是二年级二班陈墨染的妈妈，今天，我与大家分享交流的是《世界那么大，带你去看看》。

从孩子步入校园以来的这两年，我深知好的学校教育的重要性，咱们的"致远教育"所倡导的三维度课程，为孩子的成长下了很大功夫，衷心地对学校表示感谢！在这里，我就简单地谈一谈孩子在参加三维度课程后发生的一些变化与成长吧！

从孩子2019年上小学开始，就参加了三维度课程。两年的时间里，孩子至今已经选过了三门不同的课程。同多数家长一样，我曾经以为所谓三维度课程不过又是一场大型作秀活动，我不在乎也不关心课程都有什么，也不在意孩子选择了哪门课程，我的宗旨十分简单——一切以省心省力不给家长添麻烦为前提。

经过一年半，学习了三门课程后，我发现孩子从这场"秀"中得到了很多，而我也明白了很多。我发现宁海中心小学的三维度课程，覆盖面极广，手工、绘画、艺术、体育、科学、生活——百科全书一般把世界展现在孩子们面前。而三次的课程选择当中，我为孩子选择了三门不同领域的课程，花样跳绳、玩转科学、生活面点。这三门课程几乎都是孩子从未接触过的领域，而学习的过程，在我看来，就是老师们在带领着孩子不断探索，将世界逐步打开的一个过程。

第一次，孩子选择的是花样跳绳。不爱运动的她，从不会跳绳，到掌握各种花样跳绳技巧，终于发现了运动的乐趣。而上个学期孩子选择的玩转科学就更不用说了，我们的生活环境其实注定了孩子与科学相隔甚远，而这种课程的开设，无疑是为孩子打开了一个新的世界。每次课程结束，孩子总会兴高采烈地展示他们的作品，讲述其中的科学原理，她开始喜欢科学，要求我买科普类书籍来阅读，买显微镜来观察世界，而这些小小作品的制作过程，又使得孩子逐步拥有了更强的动手能力，我是非常赞赏这项能力的——可以说，这是心理与技能上的双重成长。她逐步认识到，我可以——至少，我可以尝试。其次是，我能够——我真的能够做出我想要的东西。这种成长也必然会映射到生活中，她开始帮我组装新买的工具，帮我拆解小配件，这些以前从来不会关注的东西，都成了她的新玩具。

印象最深刻的，是孩子选择生活面点课程的时候。生活面点是孩子主动选择的，我其实问过她要不要继续选择科学类，但她觉得自己应该去尝试从未涉足过的项目，去认识新的东西，开拓新的技能。所以说，我们的三维度课程其实是使孩子的自信心被激发被打开的一个过程，在尝试学习新事物新课程的过程中，孩子在新领域找到了自己擅长的部分。这让孩子自信地认为：我们有能力去触摸社会，我们用新的学习方法和新的学习手段去接触身边的点点滴滴，而作为我们家长来说，真是满怀欣慰——授之以鱼不如授之以渔，再也没有什么比孩子主动去探索更珍贵的事情了。所以我们做好了充分的准备，积极配合，每次都为她准备好各种颜色的蔬果面团，每次课程结束，全家都会品尝她的作品，对孩子来说自然是满满的成就感。而我也发现她开始能够从日常生活中主动去发现问题、提出问题，并将好的想法付诸实践了。之前我曾经多次试图在包饺子的时候让孩子一起来学习，但她总是兴趣缺缺，自从上了面点课，每次见我要包饺子她都跃跃欲试，我也会逗她，我说你会吗？她回答说：怎么不会！我可是学过面点的！我不断地鼓励她参加，甚至鼓励她自己去完成从揉面到做面点的整个过程，她也一点点发现自己原来能做这么多以前不曾尝试的东西，所以现在一遇到她不肯去尝试的事情，我常常会拿这些东西来举例子，你以前不是也说不会包饺子不会揉面？可是你看，现在你都能做出那么好看的面点，连妈妈都比不上你，所以，遇到事先别说我不行，试一下，也许就能成功呢？渐渐地，她就会明白，原来这些，我都可以。

我常想，就像王校长所说，要用尺子多角度测量孩子。不是把学习成绩当成唯一的衡量标准，鼓励孩子多方面发展，我特别认同这个理念。太原理工大学党委书记郑强教授说过：教育的根本不是教孩子挣大钱，过好日子，他们有完美的人格，健全的人格比他们考多少分，取得什么学位都重要。对于这段话，我深以为然。正所谓，少年强则中国强。在孩子的小学打基础的阶段，能参加多方面的学习和锻炼，不仅学习知识，拥有健康的体魄，养成好的行为习惯，树立正确的三观，咱们宁小的三维度课程功不可没。我们作为宁小的一员，是幸运和幸福的。希望咱们学校继续把三维度课程组织、发展下去，并且越办越好。

世界在远方，也在身边，看世界真的不必跋涉千里，利用好学校的窗口，我们可以对孩子说：世界那么大，我们带你去看看。


## 漫谈三维度课程和孩子的成长

**宁海街道中心小学　四年级二班　勇一源妈妈**


宁海街道中心小学立足学生核心素养的提升，构建三维度综合实践课程体系，丰富多彩的课程内容，深受孩子们的喜爱。

还记得一源一年级的时候，刚刚接触三维度课程，他非常的激动和欣喜。为此我们还专门开了个家庭会议，讨论关于课程的选择和决定权，在妈妈还是孩子？讨论关于是选择一门课程长期地学习，学精学透；还是每年都变换不同的课程，有更多不同的体验，有更大的思考发展空间，多去摸索，多去尝试？最终的讨论结果就是，孩子的课程孩子做主。当时他还高兴了好一阵子呢。

一年级孩子学习的是手工衍纸。每次上完课,他都着急地给我介绍成品:"妈妈你看,这是这节课我做的圆卷儿。这个是疏圆卷儿,这个是密圆卷儿……"叽叽喳喳地说上一大堆。慢慢地,孩子从一节课只能做几个小卷儿,到能做一朵小花了,能做一幅小作品了,这点点滴滴都离不开老师的悉心指导。怎样去粘胶,怎样去做叶子……孩子在动手的过程中,学会了怎样专注地去做好一件事情。亲子手工衍纸也带给我们许多快乐。孩子卷卷儿,我粘胶,我们共同配合完成了一幅幅衍纸作品。孩子交作业时,得到老师和同学们的赞扬。从老师拍的一张张课堂照片中,能够看到孩子眼中闪耀着骄傲、自豪的光。这就是三维度衍纸课程带给孩子的成就感。

二年级三维度课程是玩转科学。一次,孩子拿一个比较复杂的作品回来:"妈妈你知道吗? 这个非常难做,我自己都做不好,是同学帮助我做的。这个是我们一起完成的作品。"看吧,孩子在课堂上学会了沟通交流,还收获了友谊。

四年级科学课升级了。"妈妈,老师这节课讲得我似懂非懂,好多的化学知识,我听得云里雾里的……""妈妈,老师可真厉害,他还知道好多的物理方面的知识。""妈妈,老师说这个是生物知识"……是的,孩子,科学本来就是很有趣且神奇的,带着你的问题和思考,在你的记忆里刻下科学的痕迹,也许等你再大一点的时候就能找到答案了。我做你忠实的听众就好。

现在的三维度课程是摄影。老师带领着孩子们去观察、去发现。寻找春天,校园里的花开了,孩子拍回一幅幅满是花朵的照片;寻找快乐,花样跳绳、抖空竹……孩子带回来一张张纯真的笑脸。"妈妈你知道吗? 我们今天去了烘焙教室,他们在做蛋挞,好香啊,要是照片能拍出香味儿就好啦,哈哈……""妈妈,我们去了编织教室。你知道吗? 原来数学老师就是编织老师,她的手可真巧。"瞧,他发现了老师的十八般武艺。感谢摄影课老师带领孩子去体验了这么多,您擦亮了孩子发现美的眼睛。"妈妈,老师今天讲了许多摄影知识。要抓住主题啦,三角形构图啦……"对呀,孩子,记录时光的有记忆、文字,还有照片。摄影课带给你一个光影的世界。

在实践中学习,在活动中育德,在体验中无形地进行德育,这就是宁小三维度课程的最终目的。正如我们的王振华校长所说的:"三维度课程特别重视体验式学习,注重引导学生参与活动,在活动中实践,在实践中体验,在体验中成长,而这些真实的体验带给孩子的心灵震撼,胜过千百次的空洞说教。这些认识与感悟将随着孩子的成长,浸润到他们的生命里,为他们的人生奠基。"正是有了如此优秀的校长,带领着一批优秀的教师,成就了优秀的宁小。让咱们宁小越来越多的孩子成长为懂生活,会生活,爱生活的人。

## "养"出了名堂

### 牟平区宁海街道中心小学　刘　冰

同学们喂养多日的蚕宝宝陆陆续续结茧了。今天,他们要展示自己的劳动成果,都把自己的蚕盒带到了学校。看着自己蚕盒里一个个白白胖胖、圆圆滚滚的蚕茧,孩子们的小脸上写满了自豪、洋溢着幸福,也充满了期待。

这时,一直眉头紧锁的小辉站了起来,说:"老师,我养了11只蚕,可是只结了10个茧,少的那一只蚕哪去了呢? 是不是跑出去了呀?"听到这里,其他同学先是大笑,随后有的同学也附和道:"对,肯定是跑了,跑到蚕盒外面去了!"小辉接着说:"不过,我有一个发现,在这10个蚕茧里,有一个茧和其他的茧不一样。"说着,他举起那个不一样的蚕茧,其他同学立刻瞪大眼睛,盯向那个蚕茧,仔细地观察着。小辉继续说"同学们,你们看出这个蚕茧跟其他的蚕茧有什么不一样了吗?"

"这个蚕茧有个大肚子。""这个蚕茧胖胖的,比其他的蚕茧粗好多。"这时同学们纷纷说着自己观察到的不一样。

"是不是这一个蚕茧里包着两只蚕呀?"小辉同学小声地说着自己的想法。

"不可能,我们以前养的蚕都是一个蚕结一个茧。"

"对,不可能!"

没做思考的孩子们按照以前的养蚕经验,马上否定了小辉的疑问。但是,小辉的这个疑问还是激起了孩子们的好奇心。

这时,稍作停顿,我再次提醒大家:"孩子们,有没有这种可能,两只蚕在一个茧里呢? 小辉的想法有没有道理?"

片刻的安静,短暂的思考之后,有一两个同学小声说,有可能"一个茧里包着两只蚕",但大部分同学仍然坚持自己的观点:"一个茧里只能住一只蚕,两只蚕在一起会打架会受伤的。"

正当大家争论不休的时候,我拿起剪刀,在全体孩子们的注视下,沿着这个不一样蚕茧的一边,开始剪。硬硬的蚕茧还真的不好剪,为了不伤到里面的小生命,我小心翼翼地剪开了一条细细的长长的口子。刚一剪开,孩子们"呼"地一下全都跑下来,紧紧地围住了我,他们使劲探出小脑袋,尽力伸长脖子,站在外圈的同学更是使劲踮起脚尖,一齐看向我手里剪开的这个蚕茧,急着看到结果。

我让孩子们先回到座位坐好。为了让孩子们都能看清楚蚕茧里的情况,我决定把蚕茧里的蚕倒出来,倒到蚕盒盖上。此时,孩子们都瞪大了眼睛,仔细看着我手里的蚕盒盖,看我能倒出几只蚕。先是一只出来了,有的同学说:"看吧,我说对了吧,只有一只蚕。"

"别着急,接着看。"有同学提醒大家。

孩子们此时屏住呼吸,眼睛一眨不眨地再次盯着蚕盒盖,"又出来了一只",孩子们不禁欢呼起来,看到盒盖上的两只完好的蚕,孩子们不约而同地鼓起掌来,之前担心老师剪蚕茧时,会伤到里面的小生命的孩子们也如释重负。

孩子们终于放松下来,我也不失时机地郑重宣布:"小辉同学的猜测很有道理,完全正确。"紧接着,孩子们情不自禁地鼓起了掌……

快言快语的一瑾站起来,说:"同学们,在养蚕的过程中,我们都应该像小辉一样,仔细观察,大胆质疑,做个有心的养蚕人!"

雷鸣般的掌声再一次响了起来……

马上,广磊同学站起来,又提出了一个疑问:"老师,两只蚕在一个茧里,这是怎么回事?"

"是啊,孩子们,一般是一只蚕结一个茧,两只蚕结在一个茧里,这是怎么回事? 小组同学讨论讨论。"

哪个小组先起来交流?

宁宁说:"是不是一只蚕走错了家门,进了别人的房子,恰巧又被另一只蚕吐出的蚕丝围住,想走又走不了了呢?"

新雨说:"它们俩有可能本来就是一对夫妻,就应该住在一起。"

芸玮说:"也有可能是一只弱小的蚕宝宝,没力气自己建房子,另一只健壮的蚕宝宝向他伸出了友爱之手,帮他建起了房子。"

交流仍在进行,猜测也正在继续……

看着孩子们专注投入的眼神,听着他们合情合理的想象、有理有据的猜测,我似乎看到了,在不久的将来,从这群孩子中,走出了一个、两个、三个……一群小小的法布尔,宛如雨后春笋般让人欣喜。

叮铃铃,下课的铃声响起,我忍不住打断了孩子们的精彩交流,随即布置了课后观察的作业。

憧憬着,盼望着,同学们下节课定会收获更多的精彩……

# 种植园里的"丑八怪"

### 宁海街道中心小学　潘　霞

我们学校校园的西北角，有一片葱郁的种植园，这也是我们学校"三维度课程"种植组的活动基地。今年，我很荣幸地成为种植课程组中的一名成员。

当和煦的春风吹醒大地的时候，我和种植组的孩子们一起种下了一棵棵嫩绿的地瓜苗。我们一起浇水、施肥，与小瓜苗一起成长着。每次刮风下雨后，我和孩子们就会跑去种植园里看一眼那些长势喜人的小瓜苗。当多日不下雨时，我们也会想尽一切办法给他们水喝。经过了一个长夏，我们期待的秋天终于来了。那些小小的地瓜苗已经长出了长长的藤蔓缠绕在田垄上，将原本裸露的土地遮盖得严严实实。我们准备好工具，满心期待地要收获我们悉心照料的地瓜了。

收获的时候，孩子们格外小心，生怕一不小心就会弄坏它们。当我指导孩子们用锄头小心翼翼地刨出第一个地瓜时，孩子们不禁大失所望——这地瓜竟然裂痕丛生，出乎意料地难看。"这地瓜怎么这么丑啊？"，现场气氛变得格外沉静。我打破僵局，笑笑说："哎呀，没关系，我们才刚刚刨出第一个，后面会有光滑柔嫩的肌肤的，行动起来吧，孩子们？"孩子们都被逗笑了，重拾信心，鼓足劲干了起来。当我们翻过泥土，收获了所有的地瓜后，放眼望去，躺在种植园里的地瓜没有一个"肌肤顺滑"的，身上全都坑坑洼洼、裂痕斑斑。孩子们顿时像泄气的皮球，这是为什么？他们心心念念的地瓜竟然全长成了这个样子！我也不知道原因，孩子们也苦着脸围着我问个不停。我实在是回答不出为什么。"老师也不知道为什么。既然我们都想知道原因，那就自己去寻找答案吧。""我爷爷会种地瓜，我回去跟爷爷请教一下……"一个孩子有些气恼地说，"我上网去找一找，看看是什么原因……"孩子们又有点迫不及待了，纷纷议论着。

第二周的种植课如期来临，我们又相聚在了种植园里。这一次，孩子们一扫上次的阴霾，还没等我开口，班上的小玉就说话了："老师，我爷爷就种地瓜，爷爷说裂口与地瓜生长太快有关系。""没错，没错，网上有说这个原因。"小锴应和着。班上的"百科全书"小涵慢腾腾地说："非也，非也。经过我在图书馆奋战的几个日子后，我找出了原因，熟土要比生土种的地瓜好。"小珍忙不迭地举手："熟土？生土？请给我们一个解释。"终于轮到我说话了，"生土就是从未种过地瓜的土地，熟土就是种了好几次地瓜的土地。"虽然我们探讨着，争论着，可是还是没有得出一个好的结论。梳理刚才孩子们的发言，这块土地之前种过地瓜呀，按道理来说应该长出好地瓜，怎么会长成这样呢？我们的讨论遇到了瓶颈。我也迷惑不解。仔细回想一下孩子们刚才的回答,与生长速度有关系?之前长得太慢,后来又长快了?之前……之前……"老师,老师,又下雨了,咱们赶紧回去吧。""真讨厌,前面几个月就是不下雨,现在又下个没完。"我被这几句话点醒。拨开迷雾,我微笑着看着孩子说:"孩子们,你们听见刚才同学的抱怨了吗?仔细想一想。"一语点醒,孩子们恍然大悟,原来前段时间几乎没下雨,地瓜因为没有水分而生长缓慢,后期雨水过多,地瓜突然接收这么多水分,又开始迅速生长,所以才会裂口。可是,为什么有的地瓜裂口少,有的裂口多呢?孩子们硬是要打破砂锅问到底,一探究竟。我们重新回到种植园,仔细观察种植园的地势,终于找到了原因。原来,我们的种植园地势不平整,有些地方低洼,易存水,这样低洼地方长出来的地瓜自然裂口就多了。

当孩子们和我一起努力,找到了"丑八怪"形成的原因时,孩子们纷纷感叹:"原来,种地瓜也有这么多学问啊!"有的学生甚至说:"老师,明年我们还种一片地瓜,好好管理,我就不相信我们的地瓜不会长得'漂亮'一些……"

真没想到,种植园里的"丑八怪",竟然能引出这么一大串行动,给孩子们提供了这么好的科学探究的机会。看来,我们这个种植园还真是块宝地啊!

## "不织布小达人"成长记

### 宁海街道中心小学 张晓云

高天资是学校不织布课程组里的一个很普通的小女孩。在我任教"不织布课程"的一年多时间里,她却给我留下了深刻的印象。

这个小女孩,刚来上不织布课的时候,各方面表现平平,在课堂上总是闷不作声,是整个班里最安静的一个,甚至跟不上我们的动手制作过程。就比如做蝴蝶结吧,我们先在纸上画好图样,再粘在不织布上,最后比照着画好的图把图案剪出来。天资画的图却常常一边大一边小,照着样子剪出的图案与图样比起来又有差距,最终导致作品差强人意。我看着很着急,便帮她想了一个办法,先把纸对折,在对折的纸上只画一半,这样天资沿着对折的线剪出来的作品就两边一样大了。剪不织布的时候我让她把边固定好,这样就不会与图案发生偏离,最终图案剪成,很是漂亮。天资第一次看到自己剪出的完美作品后,不苟言笑的小脸上居然露出了笑容,这是孩子发自内心的笑。

也许正是这一次的成功慢慢地改变了她——在这以后,我总能在课程 QQ 群里看到她妈妈晒她制作的作品,这在以前是不曾发生过的事情。她妈妈说,小家伙现在晚上在家,总是喜欢在床上剪不织布,把自己的床弄得到处都是不织布碎片;有时候她还喜欢趴在茶几上制作,有时候趴在客厅的地板上画来画去,家里的每个角落都留下她制作不织布的痕迹。我想,这是天资通过第一次的成功建立起了信心,所以她才敢于动手制作,才会有在家里发生的这一幕幕场景吧。

接下来,每次上不织布课时,天资总喜欢把自己制作的作品带来学校,拿给我看。为了让她更加认可自己,我就把她的作品向全班同学展示。最初她很羞怯,不愿意自己向全班同学展示作品,每次都需要我帮忙解说。为了让她得到锻炼,在不织布课上,我总是抽出时间和她沟通,告诉她,她制作的作品我非常满意,比其他小朋友的作品都漂亮,可是这么好的作品也必须有与之相配的小主人才行啊!她认可了我说的话。我趁机鼓励她,要有勇气向全班同学展示自己呀!

那一次,天资终于敢在不织布课堂上介绍自己的作品了。一开始,她的小脸涨得通红,说话声都有些颤抖,声音很小,但全班同学没有一个笑话她的,都很期待地望着她,她越讲越有信心,声音也渐渐地大了起来。她讲完后,同学们都热情地给她鼓掌,"高天资,你真棒!""高天资,你讲得真好!"同学们的赞扬,我的鼓励,让天资终于找到了自信,从此她做起作品来更有劲头了。

慢慢地,平面类的作品已经不能满足她了,她开始尝试制作立体类的作品。两支色彩鲜艳的小花、插着小花的小花盆、装面巾纸的小盒子、印有小狗图案的手提袋……一件件充满着孩子创造与智慧的小日用品层出不穷地诞生着。几乎每节课,她的作品都要被展示,她成了不织布课程组里的典型。这让孩子的劲头更足了,我又指导并鼓励她:"你制作的这些小物件非常好,能不能尝试完成一件有场景、很多物件组合在一起的作品?"天资眨巴着充满智慧的小眼睛说:"能,老师。"

去年寒假期间,天资在妈妈的指导下,利用一个假期的时间,制作了一个立体不织布作品"红红火火过大年",尽管作品构图不太成比例,整体作品艺术感不是很强,但是对于一个二年级的孩子来说,已经非常不容易了。我充分肯定了她的创造和成绩,然后又跟她一起分析了作品,给她提出了一些指导意见,并鼓励她继续创作更完美的作品。两个月以后,一件结构堪称完美的立体不织布作品"小马过生日"终于诞生了!作品里的小马、长颈鹿、小猴子、小松鼠等小动物都栩栩如生,摆在中央的多层蛋糕上插着五颜六色的蜡烛,小马的房间里还装饰着各种颜色的拉花、彩灯。对于一个二年级的学生,能完成这样一件宏伟巨制,真的是不敢想象。

天资妈妈后来和我说,从没有看到孩子如此执着过,几乎每天的课余时间都拿了出来,专心致志地做不织布作品,制作期间遇到困难也不气馁,找到原因继续做。看到孩子那么坚持,她既在心里高兴,又觉得心疼,毕竟是那么小的孩子。但是看到孩子能这么专注地去完成一件作品,她真的感觉很欣慰。

终于,高天资的作品入围了今年的"三维度课程个人秀",学校为取得"个人秀"资格的孩子们每人制作了一个小宣传相册,摆在桌子上,每个人的相册旁边就摆着各自的系列作品。在"三维度课程家长开放日"活动中,天资的作品受到了家长们的啧啧称赞,大家都不敢相信,这么精致、这么大型的作品竟然出自一个二年级孩子之手。不仅如此,天资还荣登学校文化背景墙上的"致远"号帆船,要知道,想从一千四百多名学生中脱颖而出,登上这样的小船帆可不简单呢!更让人高兴的是,在今年的"创造向未来"开学典礼上,天资作为唯一的学生代表,在全校师生面前做了精彩发言!

天资妈妈说,现在领着孩子出门,亲戚朋友见了都说她变了,说不出到底是哪里变了,但的确变得越来越开朗、越来越"漂亮"了。我相信,在以后的日子里,不管天资继续学习什么课程,她一定都会不懈努力,成为课程组里最优秀的"小达人"!

**课程故事·学生感悟**

## 我的陶艺故事

**宁海街道中心小学 三年级一班 王健宇**

我有一个小小的爱好,不是弹琴,也不是打篮球,更不是唱歌,而是陶艺。

一年级刚开始学习陶艺时,我们是用超轻彩泥来完成作品。老师耐心地教我们做大公鸡、鹦鹉、冰激凌、愤怒的小鸟……我认真地学,仔细地做,做出了好多好多作品。在一年一度的"三维度课程成果展览会"上,我摆在桌子上的 40 多件作品引起了校长的注意,当她知道这是我自己用两个周的时间完成的作品时,高兴地说:"小同学,你真了不起!奖励你一枚校长奖章!"说着,就把一枚闪亮的校长奖章递到了我手里。我高兴极了,心不停地怦怦跳,感觉像在做梦一样。

接着,校长又说:"不过,给你提个建议,你现在的作品什么种类的都有,如果能做成一个系列的就更好了!"对啊,我怎么都没想到?做什么呢?我想啊想啊,回到家里也一直在想。有一次,妈妈在家里看电视节目《人与自然》,我灵感突现,对啊,我可以做一个动物系列啊!于是,我就做了一个动物园的场景,里面有长颈鹿、猴子、老虎、狮子、河马等,最后还在蜘蛛网上做了四个大字"动物乐园"。

做好作品后，我迫不及待地送给校长看。校长很高兴，她摸着我的头说："健宇真棒！不但做出了一个系列，还设计出了一个场景，真有创意！我要把这组作品摆在我办公室里，让客人们都看看我们健宇多么了不起！"那一刻我高兴得一蹦三尺高！从那以后，我做起作品来就更有劲儿了。

升入二年级，我们开始学习用陶泥制作作品了。我仍然是班上学得最认真那个。学校要举办三维度课程的"个人作品秀"展览会，我被选上去了，太激动了！学校仍然希望我们做出一套系列作品参加展览。做什么呢？我冥思苦想着，暗暗下着决心，我一定要做一个别人都想不到的作品。有一天晚上，我边想着这个问题，边准备去洗刷，突然看到了卫生间里的漱口杯，灵机一动，有了！我要做一套属于我们一家三口的漱口杯，把爸爸妈妈的生肖头像也做在杯子上，那样的三只杯子摆在一起，该是多么酷的感觉啊！就这样，在我的精心制作下，一组世界上独一无二的漱口杯诞生了！爸爸妈妈都高兴得不得了，拿着有自己生肖的漱口杯爱不释手。更让我高兴的是我的这套作品不但在学校的"三维度课程个人秀"上大出风头，还被选上参加了烟台市首届综合实践节参加展评，受到了很多领导的啧啧称赞。

现在，陶艺已经成为我生活中不可缺少的一部分，只要有时间，我就会在家做作品。将来，我还要跟老师学习拉坯，学习更多的陶艺技术，争取做出更精致、更有创意的作品。

图 3-15　王健宇陶艺作品展示

# 第三节　全域劳动教育课程

"三维度"综合实践活动课程的构建与实施过程中，恰逢国家开始重视劳动教育。2015 年 7 月 20 日教育部共青团中央全国少工委颁发了《关于加强中小学劳动教育的意见》,2020 年 3 月 26 日中共中央、国务院印发《关于全面加强新时代大中小学劳动教育的意见》,将劳动教育从综合实践活动课程的组成部分中独立出来,成为一门独立的学科,纳入立德树人育人体系的重要组成部分。基于此,宁海街道中心小学在深入研究中央文件精神、扎实开展"三维度"综合实践活动课程的基础上,决定充分利用学校、家庭、社会的劳动课程资源,深入挖潜,整体架构,创建并开始实施全域劳动教育课程,致力解决传统劳动教育碎片化的现状,力求在整合融通中立德树人。

## 一、课程的内涵与目标

### (一)课程内涵

全域劳动教育是相对于传统的局限于某一范围劳动教育的一种全方位、全过程、全形态的劳动实践教育活动。"全方位"指的是全域劳动教育涵盖学生学习与生活的所有范畴,既包括家庭劳动、校园劳动、社会劳动。"全过程"指的是全域劳动教育不是在某一个年龄段开展的劳动实践教育活动,而是整个小学生活的全过程都要开展的劳动实践教育活动,不同的年段有不同的劳动教育活动内容和方式。"全形态"指的是全域劳动教育涵盖了新时代劳动教育的所有新形态,包括生活劳动、生产劳动、服务性劳动、职业体验劳动、创造性劳动等形态。全域劳动教育是在新时代劳动教育内涵指导下的以未来人才需求发展方向为导向,以学生的生命成长需求为立足点,以促进学生核心素养提升和终身长远发展为目标的劳动教育方式变革。

### (二)课程目标

#### 1.形成小学全域劳动教育体系

依据全域劳动教育的内涵,构建起以"全方位"劳动教育课程为主轴,"全过程"与"全形态"劳动教育课程与其有机融合的三维一体的劳动教育课程体系,并采取有效的实施路径与实施策略,构建有利于学生潜能激发的评价体系,促使全域劳动教育体系在全校深入扎实实施,形成区域内的劳动教育品牌。

#### 2.促进学生劳动素养的整体提升

充分发挥劳动教育的整体育人功能,引导学生积极参与生活和活动不同场域的劳动实践教育,在劳动中培养学生的责任心与意志力,培植学生的感恩与服务意识,发展学生的探究意识与创造能力,促使学生在劳动中树立正确的劳动价值观,形成必备的劳动能力,养成良好的劳动习惯,培育积极的劳动精神,从而让他们逐步成长为未来具有核心竞争力的复合型人才。

### 3.进一步提升学校的办学品质

全域劳动教育是一种与时代发展相吻合的全面育人方式。在实施全域劳动教育的过程中,将各个维度的课程内容与学校的德育品牌"致远教育"中的"厚德""蕴能""励志""弘毅"课程紧密结合,进一步丰富这四大主体课程的内涵,并促进其进一步扎实实施,整体提升学校教育的质量,为学校的可持续发展提供强劲动力。

### 二、全域劳动教育课程的具体实施

劳动是人的本质属性,劳动教育是基于人、培养人、发展人的教育,是体现社会主义性质和实现人的全面发展的教育,劳动教育过程是一个连续性、一体化和多途径整合实施的过程。劳动教育以其综合性强、实践性强的学科特点,决定了它在培养当代社会需要的高素质人才和创新型劳动者方面起到了至关重要的作用。依据"整合融通 综合育人"的全域劳动教育理念,学校整体规划设计,创新实施路径,研发了家庭生活课程、学校实践课程、公益服务课程和基地体验课程四轮驱动的全域劳动教育课程体系,在劳动中育人,在实践中涵美,促进了学生综合素养的整体提升。

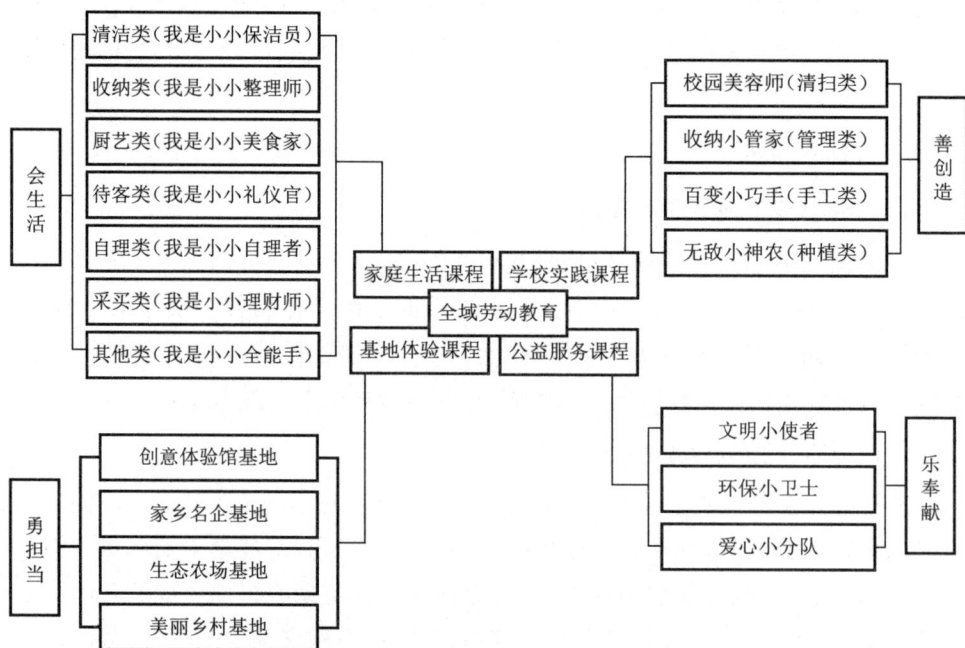

图 3-16  全域劳动教育课程框架图

**（一）家庭生活劳动课程——在"我是家庭小成员"劳动清单中增强学生的家庭责任感**

秦承"为儿童的未来发展积蓄力量"的办学理念,学校自 2017 年以来,在全校开展了"我是家庭小成员"活动,引导学生、教师和家长摒弃"'帮'家长做家务"的偏颇观念,树立"是家庭的一员,就应该为做家庭做贡献"的责任担当意识,引导各个年级段的学生尽己所能,长期承担力所能及的家庭劳动,将劳动教育在家庭落到实处。结合低、中、高年级学生的不同年龄特点,学校设计了"我是家庭小成员"家庭劳动清单和"我是家庭小成员"家校评价卡。在劳动清单中以学期为单位对不同年龄段的学生应自理自立完成的项目和应长期承担的家庭劳动项目进行了相对固定化的设计。为避免部分家长进行虚假评价,学校每学期都会按照劳动清单中规定的内容,组织学生进行生活技能大赛,以此敦促学生要"真"劳动。同时,利用学校编写的校本教材《生活课》,教给学生学会整理书包、洗袜子、擦玻璃、择菜、包饺子等自我服务性劳动和家庭劳动,为学生提高家庭劳动能力创造学习锻炼的良好机会。

图 3-17 全域劳动教育之家庭劳动课程实施

**（二）学校实践劳动课程——在"三维度"综合实践活动课程和校园清洁工作中培养学生的创新实践能力和服务他人意识**

2015 年 9 月,学校立足学生的生命成长需求和未来社会的人才需求发展方向,创建并实施了"三维度"综合实践活动课程,遵循"关爱生命""关心生活"

"关注社会"三个维度实施课程。

"关爱生命"维度主要以种植和养殖课程为主，重点引导学生在进行生产劳动的过程中增强探究意识。学生们在"小农夫种植园"里亲自参与刨土、育苗、施肥、除草、收获等劳动，在"我和蚕宝宝一起成长"养殖课程中经历蚕的整个变态过程，在观察各种农作物生长情况和蚕的变化状态的过程中开展探究性学习，探究与劳动并行，一举两得。

图 3-18　全域劳动教育之学校实践劳动课程实施（一）

"关心生活"维度主要开设了生活技能类、设计制作类和科技创新类课程。生活技能类课程主要指向学生常态生活技能的提升，设计制作类课程主要指向学生生活日用品和手工艺品设计与制作能力的提升，科技创新类课程主要指向学生创新实践能力的提升。在培养学生动手实践能力的同时，让他们对"劳动创造美好生活"有真实深刻的感受，从而逐步成长为有生活情趣的人。

图 3-19　全域劳动教育之学校实践劳动课程实施（二）

"关注社会"维度主要开设了"海娃访家乡"研学旅行、"我和农村小伙伴手拉手"等课程,重点通过引导学生在参与社会实践的过程中了解社会,增强社会责任感。引导学生走进家乡名企业,走向家乡名风景,在对家乡有了真切体验与感受之后,再用不同形式的手工艺品把自己心目中的家乡表现出来。在"我和农村小伙伴手拉手"活动中,学生在农忙时节走进农村小伙伴家中,刨花生、掰玉米、摘苹果、采樱桃……在体验劳动艰辛的过程中更加珍惜各自现实生活的幸福与舒适。

图 3-20 全域劳动教育之学校实践劳动课程实施(三)

在扎实开展好"三维度"综合实践活动课程的同时,充分利用校园清洁工作对孩子们进行劳动教育。根据不同年龄段学生的实际,给学生布置具体的劳动任务。不管是室内卫生还是室外卫生,不管是教室卫生还是厕所卫生,要求全部让学生参与,让他们在体验劳动的过程中学习劳动技能,增强服务他人意识,更加懂得爱惜校园环境。

### (三)公益服务劳动课程——在"爱我家乡 贡献力量"志愿服务活动中增强奉献社会的意识

为了让学生进一步体会到劳动的价值,在全校开展"爱我家乡,贡献力量"主题志愿服务活动,要求各班级由家委会牵头,根据学校《"爱我家乡 贡献力量"主题志愿服务活动实施方案》的总体要求,结合各班实际确定活动主题与内容,组织学生利用双休日和寒暑假时间走上街头、走向公共场所、走进敬老院、走入爱心餐厅,开展各种形式的志愿服务活动。学校先后开展了"环保小卫士在行动""我是丰金小义工""垃圾分类我宣传""敬老爱老我能行"等主题志愿服务活动,学生们在清扫公共场所卫生、清除公共设施野广告、帮敬老院的老人打扫房间、到爱心餐厅清洗蔬菜、宣传垃圾分类知识的过程中体验到奉献的快乐,感受到担当的荣耀。

2015 级学生曲晨参加了清除野广告活动后,在日记中这样写道:"路边的行人见了,竖起大拇指对我们说:'没有了野广告,街道多干净啊!你们这些孩子可真能干!'晚上回到家,奶奶对我说:'瞧你这一身,又脏又臭的。'我挺起胸膛骄傲地对奶奶说:'虽然今天有点累,但我感觉很光荣,以后我还要继续参加这样的活动!'在此我要呼吁全社会:文明你我他,城市靠大家!"2014级学生肖鹏宇在参加了丰金爱心餐厅的义务劳动以后,在日记中这样写道:"今天的义务劳动让我内心产生了一种神圣的感觉,作为牟平人,就应该尽己所能为社会尽一份责任,做一点贡献,做到人人为我,我为人人!"

图 3-21　全域劳动教育之学校公益劳动课程实施

### （四）基地体验劳动课程——在参与各种基地劳动的过程中树立正确的劳动价值观

科学研究表明,体验式教育是触动学生心灵,促使学生形成正确人生观、世界观和价值观的最为有效的方式。因此,学校整合牟平当地的资源,构建起了"创意体验基地、家乡名企基地、生态农场基地、美丽乡村基地"四个类别的劳动体验基地,定期引领学生走进基地,开展丰富多彩的劳动实践活动。

孩子们走进综合实践学校的创意体验基地开展航模、机器人、无人机等创新学习项目,走进杜木匠木工非遗展览馆体验传统木工的设计与制作、探究鲁班锁榫卯结构的秘密;走进海德专用汽车厂、安德利果汁厂等家乡名企业参观各种专业劳动并根据情况体验部分劳动项目;走进武宁"田园大樱桃合作社",学习怎样给樱桃授粉、怎样摘樱桃、怎样制作樱桃酒;走进龙泉德和蘑菇种植基地学习蘑菇种植与收获,走进高陵镇瓦屋屯村的新城市建设公司感受科技劳动在新城市建设中的惊人力量……在参与各种基地体验劳动的过程中,学生们不仅学到了很多实用的劳动技能,体验到了家乡特色农业的魅力,更从普通劳动者付出劳动与收获喜悦的过程中感受到了劳动的艰辛与快乐,对"劳动创造美好生活""幸福是奋斗出来"有了更加深刻的体验,从小就树立了"劳动最美丽""劳动创造幸福"的正确劳动价值观。

图 3-22 全域劳动教育之基地体验劳动课程实施

课程故事·学生篇

## "葱花饼"成形记

宁海街道中心小学 四年级二班 赵浩江

这个假期发生了很多事情,其中让我印象最深刻的是我第一次给爸爸妈妈做葱花饼,因为这件事情让我明白了做家务的辛苦和不易,也让我更爱我的妈妈。

那天妈妈单位有事,很晚都没有回家,我决定学着妈妈的样子做饭,做什么呢?我左思右想,做葱花饼吧。

首先我就要切葱花了。我拿出一根葱,先脱掉那枯黄的外衣,就露出了它那干净的葱白。接着我又抄起一把刀,开启了我的"神刀功",经过我横切竖切,葱转眼就从"大葱"变成了"葱花"。

然后我从冰箱里拿出两个鸡蛋,撞在一起,蛋壳碎了,鲜嫩的蛋黄缓缓地流了出来,看上去像两个映在水中的月亮,泛着诱人的微光。

打好鸡蛋以后,我就要拿面粉了,我先把盛面粉的袋子拿出来,然后拿起小瓢挖出半瓢面粉,飞快地倒进了打好鸡蛋的盆子里,谁知道,由于用力过猛,面粉"飞"了出来,喷的我脸白极了,活像京剧里的"丑角"。

接下来,就要和面了,我小心翼翼地拿起碗接了一杯水,水滴打在铁碗里发出

"嗒嗒"的声音，像鼓手在打鼓，在水流直击的地方并没有多少水，而在旁边的水却很多，由于我光顾着看水了，正当我准备回到厨房的时候，才发现水已经漫上来洒在地上了，我一脚踩了上去，只听"啪"的一声，我的脸直接和地面"接吻"了不说，头上还扣了一个铁碗。我双手撑地勉勉强强地站了起来，心想：俗话说得好，"有志者，事竟成"。我不能因为一点挫折就放弃，我又去拿来了拖把，边拖地边想：妈妈可真累啊，一年365天都要干这个。"吃一堑，长一智"，拖完地以后，我又去接水了，这次我可长记性了：眼睛盯着水位线不放，好像那里有一块大金子。我学着妈妈的样子朝着一个方向慢慢搅拌，万幸这个过程很顺利。接下来就要开始烙了。

我在平底锅上放了油，等油被烧的"嗞嗞"响的时候，我把面糊放进了锅里，我一手握着锅把，一手拿着铲子，把面糊搅拌均匀，面糊一会儿就变成饼了，那速度简直让我目瞪口呆，我开始翻饼了，我把铲子轻轻放在饼中央，慢慢铲起来翻了个个，等看到翻好面的饼变成了金黄色，我知道饼熟了，可以出锅啦！可是"好事多磨"，把饼拿出来的时候，我竟然不小心被锅沿烫了一下，呜呜呜……

照着同样的方法，我又做了好几张，终于把所有的面糊用完了。看着那一张张饼，好像它们在对我笑，像是对我说：你真棒！

这时，只听"咚咚咚"敲门声，妈妈回来了，妈妈看见了我的劳动成果，不停地夸赞我，我的心里乐开了花，别提有多开心了。

晚饭时，吃着自己做的饼，我感觉格外香，心里想：任何事情，只有自己亲身实践，才知道其中的滋味。妈妈每天给我们做饭，是多么不容易啊，我以后可不能挑食了。

## 我愿做地球的"环保小卫士"
### ——2019年暑假小志愿者行动有感

牟平区宁海街道中心小学　四年级六班　战雨妍

2019年的暑假对于我来说是一个特别有意义的暑假，因为我们班家委会积极响应学校的倡议，组织开展了一次"爱我家乡　贡献力量"主题志愿者服务活动，而我很幸运地参加了本次活动。

那天早上，破天荒地没用妈妈叫，我自己起床了。虽然是早上，但是酷热的太阳早已挂在空中，窗外的蝉儿"知了知了"地叫个不停，但是这都阻止不了我参加志愿者活动的热情。我催着妈妈吃完饭，拿起早就准备好的喷壶、小铲子、扫帚、簸箕等工具，迫不及待地向沁水公园出发。

沁水河公园傍河而建，就像嵌在牟平城东的一颗明珠，大家喜欢在茶余饭后到那里闲逛、锻炼身体,是个风景优美、景色宜人的河滨公园。但是很多人在游玩闲逛时不注意爱护环境,随手扔下很多垃圾。我们今天开展的志愿者活动就是清洁沁水河公园。

同学们陆续到达集合地点,大家聚在一起叽叽喳喳,讨论着待会儿将如何大展拳脚,特别兴奋。人到齐后,闵博涵妈妈作为本次活动的组织者,先给我们讲了一下开展本次志愿者活动的意义,之后给我们分了几个清洁小组,有负责扫地的,有负责清除小广告的,有负责清洁公告栏的……而我被分在扫地组。在闵博涵妈妈的带领下,在震天动地的口号声中,我们开始了今天的劳动。

小组分好工后,我们就开始各司其职了。我拿着扫帚,看看满地的树叶垃圾,有种无从下手的感觉,一会扫扫这儿,一会扫扫那儿。很多同学跟我一样,东一榔头,西一锤的。我们各扫各的,相互之间也没有分工配合。班主任张莉老师看到后,拿起扫帚给我们做起了示范,张老师告诉我们用扫帚头把四周的垃圾往中间归拢,这样省力气,之后再把堆积到一起的垃圾用簸箕装到垃圾袋里。在老师的示范下,我们清扫起来变得更轻松了。转头间,我看见妈妈拿着喷壶和小铲子教给其他同学,怎么清除小广告。

掌握方法后,我们干得更起劲了!清扫垃圾小组,分工合作,有的扫,有的撮,杂草丛中的落叶,石缝里的垃圾,甚至一个烟头,都捡拾起来。清理野广告小组,挥动手中的小铲子,小心翼翼地铲除小广告,生怕划到公共设施;擦拭公共设施小组,更是认真仔细,边边角角也不放过。

我们干得真是热火朝天,虽然都累得满头大汗,弄脏了衣裤,抹花了面颊,但是没有一个喊累的。在大家的齐心协力下,一会儿功夫就把公园收拾得干干净净,公告栏也焕然一新。看着自己的劳动成果,我们都开心地笑了。

通过这次志愿者服务活动,我真正体会到了环卫工人的不容易。我们只是干了这么一次,就累得腰酸背痛,他们天天都要顶着酷热这样干,多辛苦啊!以后,我一定再也不往地上扔一片废纸了,不仅如此,还要经常参加这样的志愿服务活动,要用自己的实际行动为建设魅力牟平做贡献!

**课程故事·教师篇**

<br>

"空"出来的精彩

牟平区宁海街道中心小学 潘 霞

<br>

那一年,我接受学校的安排成为种植组的一名老师,起初我内心是抵触的,不

仅是因为我对种植一窍不通，还有我不明白为什么要带着孩子们种植，除了卖力气，孩子们能收获什么？就这样，我不情愿地开始了我在种植组的执教生活。

当春风吹醒大地的时候，我和孩子们一起种下了一棵棵嫩绿的地瓜苗。我们浇水、施肥，悉心地照料着每一株地瓜苗。时间就这样到了秋天。原本小小的地瓜苗已经长出了长长的藤蔓，将裸露的土地遮盖得严严实实。我和孩子们别提内心有多激动了，因为这可是我们养育长大的，现在终于收获了，一定会大丰收的。

那天下午的阳光特别温暖，我们期待已久的收地瓜开始了。小宇高喊："老师，快来看，我们组的地瓜长得可好了。"我闻声过去，只见地瓜秧下结满了地瓜。我们都沉浸在丰收的喜悦中，小锴却哭丧着脸跑了过来："老师，您快过来看看。"只见小锴这一组的地瓜竟然有的地瓜蔓上没有地瓜，难怪孩子们满脸的不高兴呢。可是为什么会有不结地瓜的地瓜蔓呢？这与我原本的期待的确不一样，别说孩子们，我也失望极了。但要让我说出个所以然，我也不懂。不懂就要弄懂。这不正是学习的机会吗？于是，我对孩子们说："大家想想，这是不是地瓜蔓送给我们的一个礼物呢？咱们大家回去查明地瓜蔓不结地瓜的原因，是不是也能长知识呢？""对呀！""我真想赶快知道。""没问题，我定要查个水落石出。"孩子们脸上的阴霾一扫而光。

当第二个周的种植课到来，我们相聚在种植园里，孩子们信心满满地等待着这次讨论。还没等我开口问，快嘴小玉就说了："老师，我可是特地请教了爷爷，爷爷说这种现象叫空秧。地瓜品种不好、种得过密都会出现空秧。""我觉得不对，我们的地瓜苗都是一样的，种的时候也一样。为什么小宇他们组的地瓜好，我们组的不好？"小文气呼呼地说。"说不准你们组的地瓜得病了呢。"不知谁嘀咕了一句。"知识小百科"小宇慢吞吞说道："的确如此。我查阅过资料，地瓜生长在地下，我们无法看到它的具体情况，但生长时根部遇到病虫害都是无法避免的，所以，可能在它生病的时候你们没有注意到。""是，有这可能，但是为什么空秧旁边的地瓜长得很好呢？"小锴反驳道。我趁机补充道："小锴的疑问不无道理，我觉得可能是你们在照料的过程中偏心了，才出现了空秧。""对对，网上说要是出现旺长，会有空秧，是不是你们施肥、浇水太多了。"小青抢着说。"我们明明一视同仁的。"小锴别提有多委屈了。找不到原因，我们都不知道该怎样安慰小锴。到底怎么回事呢？实在想不出原因了。

"孩子们，实际勘察也是很重要的，结合我们之前如何照料地瓜的，才能找到真正的原因。"不一会，小锴兴冲冲地喊到："大家快来看。"孩子们纷纷围上去。"大家仔细看，有什么发现吗？""什么呀？坑坑洼洼的有什么可看的呀？""你说吧小锴,别卖关子了,大家都等不及了。"孩子们纷纷说道。"大家看,这里的地势不平呀!所以有些地方容易存水,这样可能就让地瓜出现了旺长的现象,所以就空秧了。老师,您说对吗?"我笑着对小锴说:"你太会观察了!孩子们,看来不是小锴他们偏爱,而是地势在作怪呢。我们出现的空秧的确与旺长有关系,种植密度、施肥都一样,浇水虽然一样,但是今年下雨多呀,地势低的地方存水,有些地瓜蔓一不小心自己长过了头,所以就不结地瓜了。"同学们这一下恍然大悟了,都纷纷表示:"真想不到,原来种地瓜里面有这么多学问啊!"

在种植组的一年时间里,是地瓜让我从最初的"赶鸭子上架"到后来的"打破砂锅问到底",是孩子们的一个个幼稚发现让我对种植课程于学生成长的意义有了全新的认识。在三维度综合实践活动课程实施的道路上,空秧打开了我和孩子探究自然奥秘的大门,"空"出了别样的精彩。

课程故事·家长篇

## 劳动教育让孩子更优秀

牟平区宁海街道中心小学　三年级一班　王至川妈妈

美国诗人惠特曼在《有一个孩子向前走去》中写道:"有一个孩子每天向前走去,他看见最初的东西,他就变成那东西,那东西就变成了他的一部分。"而劳动就是孩子成长路上最早看到的,通过对孩子的劳动教育让劳动变成他生命的一部分,在劳动中得到启迪、获得动力,从而让他一步步成长向前,一步步走向优秀。

劳动教育能让孩子养成爱动脑,勤动手的习惯。在孩子的成长过程中,我可以说是一个"狠心"的妈妈,从刷鞋、洗袜子到上学后自己整理书包、房间,他都是自己承担,在这个过程中,他知道了如何把鞋子刷得更白,知道了房间分类整理的方法,干净的鞋子、整齐的房间带给孩子巨大的成就感,也让孩子更加爱动手,对生活充满着好奇与期待。与此同时,劳动也能激发孩子动脑的能力,二年级时学校三维度课程中至川同学选择的"水果拼盘"课程,小小的他认真思考,将一盘盘水果摆出形态各异、生动活泼又诱人食欲,我们大人看了既欣慰又感动。寒假期间,他不厌其烦地准备学校创客嘉年华的作品,脆弱的麦秆,他用电烙铁熨烫得平平整整,力求做好每一个细节。疫情防控当前,上网课他自己连接设备,进入会议,一气呵成,让我这个技术盲妈妈自愧不如。这种看得到的劳动,其实无形中也使他们收获了脑力的锻炼,能够让他们在学习上也变得勤思考,勤努力,从而在成长路上全面发展。

劳动教育能培养孩子知感恩,懂珍惜的情怀。在劳动中,孩子会经历一种角色的转变,切身体会别人的工作,同时产生情感的共鸣,对他人的辛苦感同身受,从而能知感恩、懂珍惜。在参加学校的种植活动时,至川同学亲身经历了小麦、花生从播种到收获的各个阶段,亲眼看到了农民伯伯的辛苦,现在经常挂在嘴边上的一句话就是"妈妈,粒粒皆辛苦啊"。还有前段时间,我因为扁桃体发炎发烧了,他一边给我额头上贴毛巾一边说"妈妈,我记得我小时候你就是这么做的",后来给我炒了鸡蛋,虽然颜色不好,但是饱含着满满的爱意。小小的劳动,在感恩与珍惜中变成了大大的感动,滋养着孩子的成长,也温暖着我们大人的心。

劳动能提升孩子感知生活,感触幸福的情操。前段时间,我们收获了小麦去磨面,分到面回,来和面、揉面、蒸馒头,至川同学捏了好多小动物,他给我讲述每个动物的形态,分享当天的快乐,他吃着香喷喷馒头说:"妈妈,我好幸福啊!"整个过程我们都轻松而又愉悦,在说说笑笑中我们不仅完成了劳动任务,也营造了融洽的亲子关系。就像每个周末,我们都期盼的"打扫卫生"家庭日,就像至川同学最喜欢和妈妈做的事就是"包饺子",这些都给我们留下了温馨的回忆。

我一直认为,我们一生都会遇到苦和难,给孩子一个强大的内心,帮助他成长为独立思考、不怕困难与挫折的人,才能让他有直面苦难的勇气和能力。而劳动教育不失为最有效的方法。劳动是人的本能,更是人类的独特优势,孩子强大的好奇心与探究机力,决定了他们对劳动天生的热爱,而作为家长的我们就需要"舍得",因势利导,循循善诱,为他们创造有体验感和获得感的劳动机会,从而帮助孩子积极融入生活,参与创造,感知生活的丰富多彩,在成长的路上收获幸福与快乐!

# 第四节　全域阅读工程

书籍是学校集体精神生活的丰富源泉。苏霍姆林斯基曾经在《帕夫雷什中学》中写道:"一所学校可能缺少很多东西,可能在许多方面都很简陋贫乏,但只要有书,有能为我们经常敞开世界之窗的书,那么,这就足以称得上学校了。"在《给教师的建议》中写道:"真正的阅读能够吸引学生的理智和心灵,激起他对世界和对自己的深思,迫使他认识自己和思考自己的未来,没有这样的阅读,一个人就会受到精神空虚的威胁,无论什么都不能取代书籍的作用。"的确,阅读对于一个人精神成长的促进作用是不可估量的。因此,宁海街道中心小学一直都非常重视学生的阅读工作,并于2016年9月启动全域阅读工程。

**一、全域阅读工程开发的背景**

**（一）阅读存在明显的局限性**

阅读对一个人、一所学校乃至一个国家重要的影响作用众所周知。但是由于对阅读所具有的意义和作用认识不足,造成现实中的阅读存在明显的局限性。一是阅读范围的局限。目前,在95%以上的地区和学校,阅读只是语文教师的专属任务,其他学科都以教学任务没有办法完成或者没有必要开展学科阅读为理由,很少或者根本不开展学科阅读。二是阅读场所的局限。绝大多数学生只在学校阅读,很少在家里自主阅读,更不会主动参与社会上的阅读活动,阅读远远没有成为学生们的终身兴趣和生活方式。

**（二）阅读的形式过于单一**

随着大数据时代的到来,学生的阅读情境发生了巨大变化。课堂不再是阅读的全部场所,纸质阅读不再是知识的全部来源。大数据时代下综合化教育的趋势,需要儿童阅读突破传统的视域、方法和思维方式,从纸质阅读走向立体化阅读,从学科本位走向全素养提升。但是,目前绝大多数学校,学生们主要的阅读方式还是纸质阅读,无法通过阅读实现视野的开阔和眼界的拓展。

**（三）阅读的整体育人作用没有得到充分彰显**

众多实践表明,阅读对一个人的整体发展所起到的作用是不可估量的。但是从现实情况来看,有相当一部分学校和教师还不能充分认识到阅读在立德树人方面的重要作用。教师指导学生阅读时只关注其阅读能力的提升,不关注其综合素养的提升,阅读与学生的生活脱节,阅读只是成了提高成绩的手段,这就导致阅读研究仅仅停留在较为粗浅的技术层面,还不能深入整体育人的深处,阅读也就无法真正影响一个人的精神发展。

**二、全域阅读课程的内涵、理念与目标**

**（一）全域阅读的内涵**

全域阅读是相对于单一化阅读和功利性阅读的一种兼具全面性、立体性、真实性的阅读实践活动。它是以资源整合为基础,以多样化的阅读方式为抓手,以促进学生综合素养提升为目标的阅读方式变革。就其阅读目标来说,全域阅读践行"阅读即生活,阅读即学习"的理念,着眼于学生阅读素养的提升和精神生命的成长,通过阅读,培养学生以批判性思维、交流合作意识、创新精神等为核心的阅读素养,引领学生过有德行、有尊严的美好生活,为学生的未来发展奠基。就阅读方式来说,全域阅读是多元化的阅读方式,从外控式阅读走向自主性阅读,从单一性阅读走向综合性阅读,从功利性阅读走向指向素养发展的可持续阅读,从书本阅读走向生活阅读,最终让学生的阅读突破课堂,走向更广阔的世界。

### (二)全域阅读工程设计理念

全域阅读践行"阅读即生活,阅读即学习"的理念,把阅读和学生学习、生活相结合,把阅读与学科教学结合,让阅读贯穿学生生命成长的全过程,覆盖学生生命成长的全领域,以期实现通过阅读的教育,实现学校阅读、家庭阅读和社会阅读的三位一体。

### (三)全域阅读工程目标

#### 1.践行多元化的阅读方式

打破现实阅读的局限性,从外控式阅读走向自主式阅读,从单一性阅读走向综合性阅读,从功利性阅读走向指向素养发展的可持续阅读,从书本阅读走向生活阅读,最终让学生的阅读突破课堂,走向更广阔的世界。

#### 2.提升学生的阅读素养

通过全域阅读,培养学生以批判性思维、交流合作意识、创新精神等为核心的阅读素养,引领学生过有德行、有尊严的美好生活,为学生的未来发展奠基。

#### 3.实现学生精神生命的成长

让阅读贯穿学生生命成长的全过程,覆盖学生生命成长的全领域,着力实现学校阅读、家庭阅读和社会阅读的三位一体,三者相互链接,相互融合,相互补充,最终促进儿童的精神成长。

### 三、全域阅读工程的具体实施

### (一)构建全域阅读基本框架体系

自2016年开始,学校就启动了全域阅读建构的探索,先后经历了1.0版本的"阅读本位",2.0版本的"素养提升",再到3.0版本的"生活融通",实现了从语文课程实践研究到跨学科实践研究再到融通生活实践研究的转变。最终,构建起了全域阅读基本框架体系(图3-23)。全域阅读让阅读贯穿学生生命成长的全过程,覆盖学生生命成长的全领域,以期实现通过阅读的教育。全域阅读实现了学校阅读、家庭阅读和社会阅读的三位一体,三者相互链接,相互融合,相互补充,最终促进儿童的精神成长。

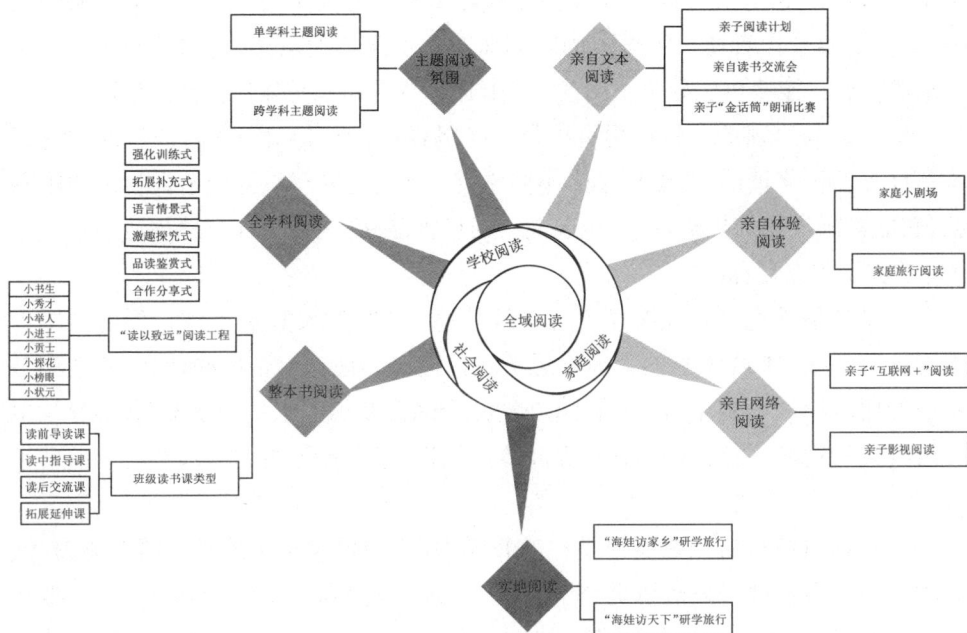

图 3-23 全域阅读基本框架体系图

### （二）进行全学科阅读教学探索

当今社会的高度信息化,使阅读成为个体生存与发展的必备技能。这种"阅读"不仅仅指常规意义上语文学科内的阅读,也不仅仅是学科本位的阅读,更指的是一种综合性、立体化的阅读。因此,作为教育者,我们在教学中就需要拓宽阅读的内涵与外延,开展全学科阅读,给学生受用终身的阅读力。在引导各学科教师探索实践的过程中,我们主要从两个维度开展实践。

#### 1. 引"水"入"塘",拓宽学生学科智力背景

全学科阅读的重要目的在于拓展学生的学科学习视野,构建课内外沟通的良好阅读生态环境,激发学生对学科知识的学习兴趣。

（1）寓阅读于课堂教学中

要想在学科教学的过程中融入阅读,同时不影响原有的教学任务达成,就必须要统整教材,梳理教学知识点,确定阅读拓展点。有了目标拓展点,教师们做起研究来就有章可循了。在实践过程中,我们主要探索出了以下六种全学科阅读基本范式。

一是强化训练式。如在上语文的群文阅读课《执着的追求》时,教师先引导

学生阅读《军神》，抓住文中关于刘伯承动作，神态和语言的描写，感悟到他顽强坚毅的性格。然后再引导学生阅读《半块年糕》，抓住文中对"我"的动作、心理的描写，切实感受作者在饥渴难耐的时刻面对半块年糕的诱惑，是如何一次又一次地战胜自己。接着再引导学生阅读《暴雨筛》，感受作者是如何在狂风暴雨中坚持自己的信念与追求的。最后再引导学生学以致用，改写《雨中》片段。这样有层次有梯度的强化训练，必然使学生牢固掌握了"人物描写是为塑造人物形象服务的，它能刻画人物的性格特点，表现人物的精神品质，也能更深刻地表达文章的主题"的教学重点目标。

二是拓展补充式。如在学习五年级品德《打造节水型社会》时，课前让学生根据上节课学习的《重负的大地》，思考我们应该为地球母亲做些什么，并搜集节水小妙招，填写"资料卡"。课堂上，在交流全球及我国的水资源状况后，引导学生交流收集的资料，总结节水措施，提高节水意识，掌握在家中、学校、社会上的节水方法。

三是语言情境式。在英语学科的教学中，要想提高学生的英语语言能力，就必须充分利用各种语言情境引导学生学习。如在进行绘本 The Foolish Fox 教学的过程中，教师在绘本故事的情境中，结合图画引导学生进行单词认读教学，让单词"活"了起来，学生不但学得轻松，而且学得愉快。同时，在情境中引导学生进行短语整体阅读、联系上下文猜读和意群阅读等阅读策略训练，帮助学生在阅读中建构阅读图示，培养阅读能力。

四是激趣探究式。如在上三年级下册科学课《动物王国》单元第一课时"昆虫及昆虫的特点"时，一个学生提出问题"蚕宝宝是不是昆虫？"，大家都各执已见。此时，教师没有马上发表意见，而是适机引导学生阅读《昆虫记》中关于松毛虫成长过程的章节，让他们自主探究。通过阅读，学生们了解了松毛虫变成蝴蝶的整个变态过程，自然也就找到了"蚕宝宝到底是不是昆虫"的答案。不仅如此，学生对《昆虫记》中关于红蚂蚁、蟋蟀、胡蜂等昆虫也产生了浓厚的兴趣，第二天，有不少学生的书桌上就摆上了《昆虫记》这本书，他们揭秘动物王国探索之旅也由此起航。

五是品读鉴赏式。以四年级上册音乐为例，教师针对《傣族地方艺术》的教材内容，引导学生一起欣赏反映傣族地域特色的音乐作品，通过剖析、感受、想象，在欣赏中共同体验傣族地方音乐的特点，直观了解了傣族的各种地方艺术创作形式，增强了学生对傣族艺术文化的了解，更增强了学生们的艺术鉴赏能力和水平。

六是合作分享式。在教学科学课《绿色小卫士》时，学生以小组为单位合作做实验,充分意识到水被污染后给人类带来的危害,先学习组内同学讨论课前找到的关于各种污染给人们生活带来的危害,然后合作讨论如何减少污染的方法,将阅读与学生的生活实践紧密结合。这些学科阅读课堂教学范式的新鲜出炉,为各学科教师全面深入实施全学科阅读提供了强有力的保障。

(2)进行课外延展阅读

课堂教学过程中进行的阅读一般都是片段阅读或者短篇阅读,主要是为了达成教学目标服务的。要想拓宽学生的智力背景,还必须引导学生在课外阅读整本书。我们学校根据学生的年龄和心理特点,为不同年级的学生确立了全学科阅读的推荐书目体系。这些书目,有的是必读,有的是选读,必读内容作为学校"阅读闯关"的测试内容之一。检测与激趣并进,促使学生在自觉阅读中提升综合素养。

**2.开"渠"出"塘",架构综合立体阅读模式**

随着"大数据"时代的到来,人的阅读情境发生了巨大变化。学校、课堂不再是阅读的全部场所,纸质阅读也不再是知识的全部来源。"大数据"时代下综合化教育的发展趋势,需要人的阅读突破传统的视域、方法和思维方式,从学科本位走向"全人"发展。

(1)采取立体化阅读方式

在引导学生进行纸质和文字阅读的基础上,我们尝试突破场所、形式、时间等因素的限制,实现阅读方式的"立体化"。如五年级学生在阅读了《鲁滨孙漂流记》之后,教师又向学生推荐了《辛格尔顿船长》,课堂导读,课外自读,课间或课堂交流;在整本书阅读的基础上,又向学生推荐《鲁滨孙漂流记》的电影进行赏读,走进大自然徒步远足挑战自我,实践感悟;然后又做读书小报,写读书心得。通过这样立体化的阅读方式,使学生深切体会到鲁滨孙身陷绝境仍然充满信心,勇敢面对生活,创造生活的勇气和毅力。

根据品德学科重活动体验,容纳信息量大的特点,我们除了倡导中高年级的学生每天收看《新闻联播》或《朝闻天下》,还根据不同年级的不同教学内容,引导学生收看相应电视节目,在视听阅读的过程中拓宽视野,增长知识。英语学科,在用好"一起作业网"引导学生进行听读和朗读训练的基础上,还向学生们推荐了"钱儿妈讲解牛津树""【ken爸爸】""剑桥国际少儿英语"等线上音频资源,促使学生在多样化的语言环境中提升英语口语能力。

(2)实现学科跨界融合阅读

要想通过全学科阅读提升学生的核心素养,促进学生向"全人"发展,仅仅依靠各学科的各自为政是不够的,还必须进行学科之间的统整融合阅读。

如在引导三年级孩子进行必读书目《夏洛的网》的阅读过程中，除了常规的导读课、班级读书交流课之外，英语老师会把《夏洛的网》上成一节英文游戏课；科学老师和语文老师会带领学生一起走进"夏洛"的世界，发现真实世界的动物和文学世界的动物的异同；美术老师则带领学生一起发现插图的秘密，通过文字和图画的结合，创作绘本版《夏洛的网》，美术老师还利用学校的版画特色，带领学生一起创作版画插图；音乐老师会和孩子一起把书中的故事搬上舞台，通过家长共同参与，最终上演《夏洛的网》舞台剧……围绕一个主题，通过学习策略的跨界融合，在充分发掘文本的内在和外延价值的过程中，促进学生全方位的精神成长和核心素养的提高。

（3）开展项目式学习

每年寒暑假，我们都会布置"我是小小研究家"和"旅游故事多"两项作业，引导学生针对大自然、家庭生活或社会生活中自己感兴趣的内容进行项目式学习。学生围绕某个专题，在实地观察、进图书馆阅读相关书籍、上网查阅资料、观看视频、动手实践的过程中，获得独特的阅读收获，再把这些收获以一定的方式展现出来，如《牟平的海产品》《美丽的昆嵛山》《春节烟花爆竹燃放调查》《北京之旅》等。这样的阅读，就不是单纯的文本阅读，而是包含了比较阅读、感知阅读、体验阅读等多种综合性阅读，让学生在完成项目的过程中，也实现了自我思维方式的超越。

全学科阅读是一种基于儿童发展需要、基于主题的"大阅读"理念，在这个理念指导下，学校的文化环境也发生了变化。我们建立起了"晨诵—午读—晚讲"的三时段阅读课程体系，开放了学校图书馆，学生每天中午都可以到图书馆自由借阅自己喜欢的图书，每年四月都要举行"校园读书节"活动，每位老师都有自己的师本课程，每周一节风雨不误，每月都进行的"读书小明星"颁奖活动……这些阅读氛围的创设为学生阅读兴趣的激发与阅读动力的持续发展起到了积极的促进作用，更为全学科阅读的深入推进提供了肥沃的土壤，这必将促使学生投入更广泛的阅读活动中，在阅读中"遇见更好的自己"，在阅读中实现核心素养的全面提升。

**（三）多种方式推进整本书阅读**

方式一：扎实开展整本书阅读研究。

充分利用好每周一节的阅读课，开展整本书阅读研究。摸索出了整本书阅读的四种基本课型：读前导读课——抓住作品最能吸引学生兴趣的地方，引导学生以适当的方式阅读，激发学生的阅读兴趣，培养学生的想象力和推测力；读中指导课——根据不同书籍的不同特点,结合学生的年龄心理特征,对学生进行必要的读书方法指导,帮助学生进一步把书读透、读厚;读后交流课——引导学生针对书中的人物、情节或者写作特点等方面进行个性化的交流,进行相互之间的研讨,在不同层面、不同形式的交流过程中深化对书籍主旨思想的理解;拓展延伸课——主要引导学生选取所阅读书籍自己感兴趣的某个方面,向生活延展,在延展中进一步丰富并深化对书籍主旨思想的感悟。

方式二:深入推进"读以致远"阅读工程。

"读以致远"阅读工程是学校推进学生阅读工作的重要举措。该工程致力于激发所有学生的阅读积极性,引导孩子们在阅读中为未来发展积蓄力量。工程以阅读晋级为跳板,共设八个晋级等级,其中有五个基础等级,由低到高依次是小书生、小秀才、小举人、小贡士、小进士。有三个挑战等级,分别是小探花、小榜眼、小状元。学生根据工程中的相关晋级要求,完成必读书目和选读书目的阅读,完成"立体阅读记录卡""阅读银行卡""天天悦读记录卡"等相关晋级标准材料的准备,自主申报晋级。学生要想获得"小状元"称号,需要完成130本必读书目和1 200万字选读书目的阅读量,这对学生们来说既是挑战,也是刺激,促使更多的孩子踏上"读好书""读整本书"的阅读快车道中来。

图3-24 全域阅读之"读以致远"阅读考级颁奖

### (四)多种路径开展主题式阅读

路径一:单学科主题阅读。

单学科主题阅读有两种形式。一种形式指的是由学科内的教学过程引发的主题式阅读,这种阅读的形式不仅仅是单一的文字阅读,更是兼顾了实地考察、调查研究等方式在内的综合性阅读。例如学习了五年级下册第四单元"中华民风民俗"以后,在整个年级组织了一次"民族风情博览会"主题阅读活动,每个班在总题目下面又都有所侧重,分别分组确定子课题,如"中国名吃""各具特色的民族服饰""中华传统节日"等。学生们利用父母带自己外出旅游的机会,了解祖国各地的特色名吃,感受不同地区的民俗文化。学校组织部分学生到西安开展研学旅行活动,学生在狼吞虎咽地品尝了传说中的陕西名吃 Biáng biáng 面以后,跟着做面师傅亲手制作 Biáng biáng 面;在亲临体验秦始皇兵马俑的恢宏气势之后,听博物馆的老师给大家讲汉字文化,并实地学习书写小篆……这样贴近现实生活的主题阅读使孩子们兴趣盎然,脑洞大开,他们将思维、知识、行动、文字和情感表达等有机结合在一起,完成了一份份浸润着他们的思考与创造的主题阅读学习报告和学习感悟。

第二种形式指的是在语文学科进行的师本课程的实施。所谓师本课程,就是指教师根据学生的年龄心理特点和自身实际开发的指向学生语文综合素养提升的特色课程。通过几年的实践,不少教师已经开发出了具有自身特色的师本课程。如彭永香老师开发的"我爱学论语""多维诵读",张媛老师开发的"古诗古韵"、张莉老师开发的"成语乐园"、姚海军老师开发的"读论语 学成语"等。学生参与这些特色师本课程的过程,就是围绕某个主题进行阅读的过程,在丰厚文学素养的过程中,提升阅读兴趣,增强人文底蕴,取得了理想的教学效果。

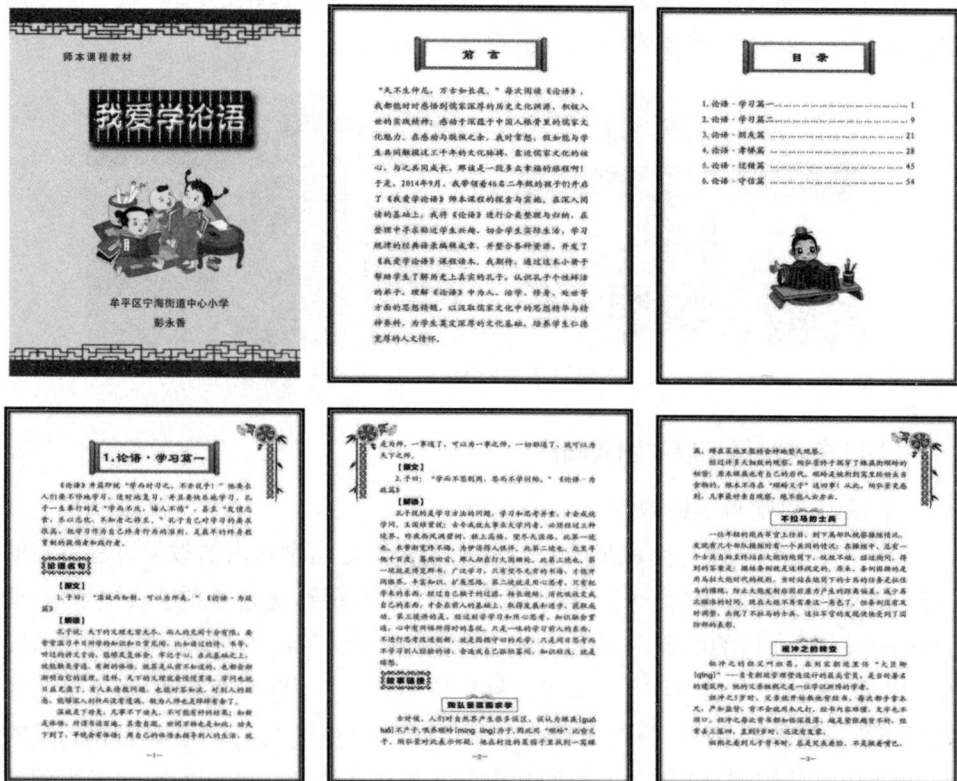

图 3-25 师本课程《我爱学论语》教材

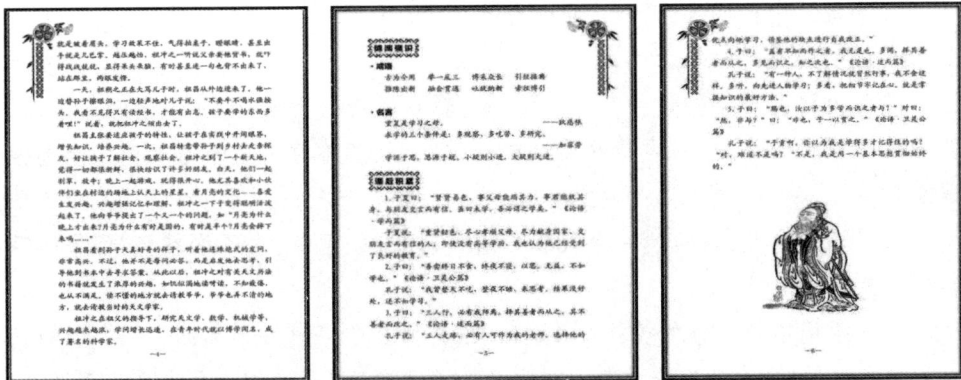

图 3-25　师本课程《我爱学论语》教材(续)

## 多维诵读——梦想篇

### 牟平区宁海街道中心小学　彭永香

教学目标:

1.通过"累积式"诵读法,复习巩固前三条《论语》,学习新的《论语》句子、儿童诗及成语。

2.运用图片、语言为学生创设能够打动他们内心的情境模式,引领学生走进儿童诗,用心灵感悟诗歌内涵,感受对梦想憧憬的执着力量。

3.在多方式反复诵读中继续粗略了解孔子、子路、颜渊三人的不同性格特点,感知三人对志向的不同追求,并产生敬重之情。

4.以多维诵读法让学生在同一时间里实现不同体裁优秀文体量的积累。形成对经典文化、儿童诗、成语的喜好之情。

教学准备:教学课件

教学过程:

一、回顾旧知,读诵论语

(伴着《梦想》轻柔的音乐。)师:学习《论语》让我们的思想变得厚重;诵读儿童诗使我们的心灵更加柔软,想象更为丰富;记背成语,丰富我们的语言积累,为将来能出口成章打下牢固基础。现在让我们共同走进多维诵读。

首先回顾昨天诵读过的《论语》。

1.子曰："片言可以折狱者,其由也与?"

子路无宿诺。

这条论语是对谁的评价?（子路)来,轻声评价一下子路。（学生轻声诵读)孔子极少称赞子路,这一次却发出这样的赞叹,大声称赞一下子路吧!（生高声诵读)

2.子曰："贤哉,回也! 一箪(dān)食,一瓢饮,在陋巷,人不堪其忧,回也不改其乐。贤哉,回也!"

这一条论语是对谁的赞扬?（颜回)谁愿做孔子夸赞一下颜回。（一生诵读)我们现在便是 60 岁的孔子称赞一下自己的弟子吧!（生模拟古代老人齐声诵读)

3.子曰："默而识(zhì)之,学而不厌,诲人不倦,何有于我哉?"

这一条论语又是谈论谁的?（孔子自己)来个二声部练习吧!

生分两大组,一前一后依次起读,交换诵读顺序再赛。

二、走进童诗,感悟梦想

复习了三条论语,让我们换一种心情,换一种感受吧。请看儿童诗。（出示顾城的儿童诗——《梦想》)

种子在冻土里

梦想着春天

它梦见——

自己舒展着颤动的腰身

长睫旁闪耀着露滴的银钻

它梦见——

蝴蝶轻轻地吻它

春蚕张开了新房的金幔

它梦见——

无数花朵睁开了稚气的眼睛

就像月亮身边的万千星点……

种子呵

在冻土里梦想春天……

1.自由读童诗,请大家提出不懂的地方。

2.师:孩子,读诗歌有一个小窍门,它需要你静下心来,用心灵去触摸诗歌中的文字,当你发现那些文字是有温度、有感情的时候,你就能把诗歌读好了。

3.下面我们就静下心来共同走进这首诗歌,用心灵去触摸这些文字。

你们看到了什么? (种子、冻土)

师舒缓低沉:厚厚的积雪压在身上,周围是坚硬的泥土,在这艰难的环境下,种子在做什么?请你用诗歌中的语句轻轻地告诉老师。(生轻缓地读句子。)

出示第二幅图,种子梦见了什么? (指一生读)

师:孩子,轻轻闭上眼睛,让心安静。静静地想象画面,种子,它在梦想呵!它梦见春天来到! 和暖的阳光照着大地,泥土变得松软起来! 种子努力舒展着腰身钻出地面,清晨晶莹的露滴挂在它的眼睫上。种子看见了外面的世界! 多么奇妙的世界呀!

师:轻轻睁开你的眼睛,把你心中的画面透过朗读展示出来。

师:你们又看见了什么? 它是那么的娇嫩,蝴蝶呀吻得轻一些吧! (女生齐读)

师手指春蚕:看见春蚕张开的那金色的幔帐了吗? (男生齐读)

师:种子继续它的梦想。它又梦见了什么? 来,看着画面读出来。

师:那无数明丽的花朵呀,宛若天上万千星点。在这无数花朵中是否有冻土下的那颗种子呢? (生读)

师:孩子,你们看到了什么?

师:这个背着沉重的柴火和生活用品的女孩叫赵美莹,她年仅 8 岁呀! 每天要背着这些沉重的东西艰难地行走一个多小时去上学,在她的心中是否也有一个梦想! 请你读出来。(指生读)

师:有这样一段上学路,有这样一个孩子,她每天要走 5 个小时,20 多公里的山路呀! 风风雨雨,陪伴她的仅仅是一束照明的火把!

5 个小时,如果 7 点半上课,她要从几点开始行走? (生答)

师低缓:2 点半还是一个黑暗的时刻! 老师想问,女孩呀,这么黑的夜晚你怕不怕? 5 个小时的山路你累不累? 在你的心中是否也有一个梦想? 请你替她读出来。(指生读)

师:在你们的心中又有怎样的梦想? (生回答)

读出你心中的梦想。

师引读:种子呀——在冻土里梦想春天……

4. 音乐《啊! 阳光》响起,师生合诵。(中间三小节学生变换身份,"它"置换成"我",加深情感体验。)

师读:它梦见——

生读:我梦见——

### 三、延续《论语》,体味志向

诵读童诗,我们感受到梦想的力量。那么《论语》里孔子和他的弟子又有怎样的梦想与志向呢?

颜渊、季路侍。子曰:"盍(hé)各言尔志?"

子路曰:"愿车马、衣轻裘(qiú),与朋友共,敝之而无憾。"

颜渊曰:"愿无伐善,无施劳。"

子路曰:"愿闻子之志。"

子曰:"老者安之,朋友信之,少者怀之。"

1. 学生自由读,一生领读。

2. 师:"侍"说的是老师坐着,颜渊、季路站在老师身边。

大概是下课时间吧,老师坐在那里和弟子们随意谈论着,孔子就问弟子了:"盍各言尔志?""盍"是"何不"的合音。"各"是各自,"言"是什么意思?(生答)何不各自谈谈自己的志向?

子路一向比较直率,年龄又比颜渊大,就抢先发言了——(生接原文:"愿车马、衣轻裘(qiú),与朋友共,敝之而无憾。")希望车马、衣服与朋友共,"共"是什么意思?(共同享用)与朋友共同享用,用坏了也不会感到遗憾。听了子路的志向,你对子路又有了哪些了解?(懂得分享、讲义气、有福同享有难同当……)

子路回答完,颜渊说了:"老师,我的志向是希望有了优点不夸耀,有了功劳不表白。"你认为颜渊怎样?(谦虚……)

子路胆子比较大,谈过自己的志向,又想听听老师的志向,就问道:"老师,希望听听您的志向?"

孔子回答说:"但愿老人能享受安乐,朋友能够信任我,年轻人能够怀念我。"

3. 三人的志向你更倾向于哪一种呢?

师:盍各言尔志——分别指生回答。

4. 三人的志向,哪一个在你眼里更容易实现?(探讨回答)

师:我们来看颜渊的志向:有了优点,有了荣耀,有了功劳仍然虚怀若谷。坚持一时容易,坚持一生难呀!孔子的志向又如何?让老人生活安逸意味着无私的付出,朋友信任那需要坚守诚信,让年轻人怀念需要博学多才,品德高尚呀,哪一方面都不易做到。再来看子路的志向,有福同享容易,当灾难来临时你还愿意"与朋友共"吗?如果成千上万士兵困住了你的朋友,救,意味着付出生命的代价,不救,表示放弃你人生的志向,你的选择是什么?是呀,子路正是如此,他用生命捍卫了自己的梦想。

请带着一份敬重再来读三人的志向。

四、成语归结,再扣梦想

志在四方　雄心壮志　壮志凌云　脚踏实地

锲而不舍　文修武备　生死不渝　梦想成真

师:每个人心中都有一份梦想,这份梦想可能志在四方、可能是雄心壮志甚至壮志凌云,有了这样的梦想需要我们脚踏实地、锲而不舍地付出努力,努力中还要文修武备,甚至生死不渝,终有梦想成真的那一天。

请按由低到高的音阶齐读这些成语。

全体起立再读成语。

孩子们,我们学着论语,诵着童诗,背着成语,时间转瞬即逝。最后老师希望你们每个人心中都能拥有一份明媚的梦想,希望这份梦想有朝一日能够真正地梦想成真。

路径二:跨学科主题阅读。

这一类的主题阅读内容比较宽泛,只要是学生自己感兴趣的项目,不管是什么学科的,都可以进行阅读、实践、探究。学生们结合学习情况完成了很多研究报告,有科技创新类的,有传统文化类的,有动物植物类的,如《港珠澳大桥为什么是弯的》《诗仙李白》《生活中的仿生学》《赵氏名人》等等。这种包含了比较阅读、感知阅读、体验阅读等多种综合性阅读的阅读方式,让阅读真正"活"起来了,让整个世界以立体化的方式植入孩子们的生命,也必将会给他们的人生带来深刻的影响。

### (五)多种方式实施家庭阅读

实施家庭阅读的方式主要是亲子文本阅读,亲子体验阅读和亲子网络阅读。其中,亲子文本阅读主要指顺应学校"读以致远"阅读工程的要求,在家庭里开展的小手拉大手亲子阅读活动,包括亲子"金话筒"朗诵比赛、亲子阅读计划、亲子明星家庭评选等活动。亲子体验阅读主要指结合"读以致远"工程的实施,在家庭里开展的共同书目精彩片段表演、家庭旅行阅读等活动。亲子网络阅读是站在为学生未来发展着想的立场上,在扎实搞好拓展整合纸质阅读的基础上,进行的多形式多媒介阅读探索,让学生的视野由"封闭"走向"开放"。

亲子网络阅读主要包括以下两种方式。

### 1."互联网+阅读"

"互联网+阅读"不等同于利用网络查阅资料,而是针对某个人物、某个问题

图 3-26 全域阅读之亲子读书会活动

或者某个事件等，进行全方位地阅读，并将相关的文字、图片、音像等丰富数据统整起来，在"搜集—筛选—提取"的过程中，进一步经过思想加工，最终形成对某一事物的全面认识。

如在学生学习了四年级上册"生命"主题单元之后，学校教师发起了一次"热爱生命"的主题学习活动。打破了以往只关注名家名篇、文学作品的传统框架，将学生的视野引向互联网，让学生在家长的帮助下，通过网络查阅与热爱生命有关的新闻报道、相关案例。通过互联网，学生认识了从小患有脑性麻痹症，医生断言活不过六岁，却靠着自己顽强毅力考上加州大学的黄美廉；认识了患有海豚肢症却成为全球励志演讲家的尼克胡哲……这些鲜活的人物和故事，让孩子们受到了极大的震撼与感染，他们纷纷写下了自己的感悟，写下了对生命的深度思考。

### 2.影视阅读

相比较"互联网＋阅读"，影视阅读是更具典型性的立体化阅读。影视节目声像同步的信息输出特点,让阅读更具吸引力,也更能让阅读者产生深刻的阅读感受与体验。经常根据学生的年龄特点和国内外影片的不断更新,向学生推荐适合的影片,比如《我的祖国》《八子》《阿甘正传》《摔跤吧,爸爸》等,引导学生写观后感,举行电影观后交流,不断强化影片的人物或事件对他们心灵及思想的影响作用。

内容丰富、制作精良的电视节目更是为学生们提供了开阔视野的绝佳机会。现在的很多电视节目都紧跟国家的发展战略和世界文化的发展趋向,是开阔学生视野、增长学生见识的绝佳教材。比如中央一套的"朗读者""经典咏流传",中央十套的"百家讲坛""读书""人物",北京电视台的"我是演说家",浙江电视台的"同上一节课"等。给学生梳理出了一份《影视阅读推荐栏目》,让他们在家长的陪同下进行立体化阅读,在这一过程中增长知识,开阔视野,获取自身发展的不竭动力。

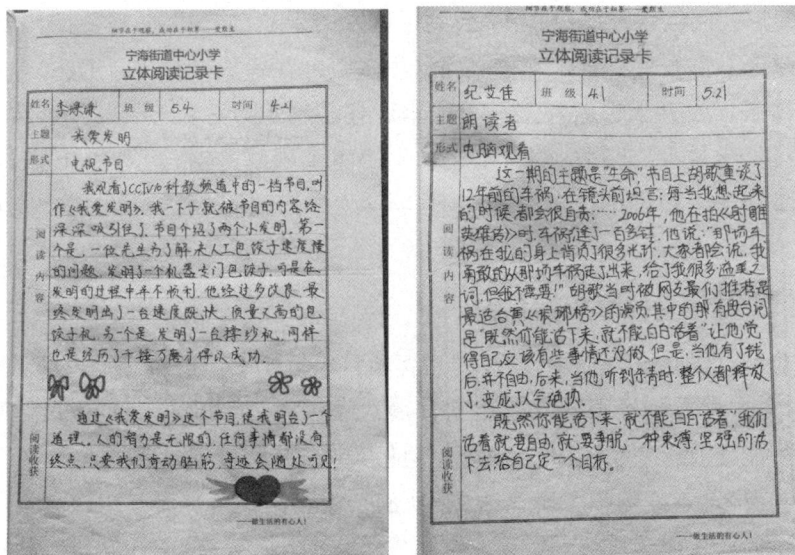

图 3-27 全域阅读之立体阅读记录卡

### 四、全域阅读工程的实施成效

全域阅读工程五年多的扎实实践,取得了较为显著的成效,主要表现在以下几个方面。

#### (一)增强了学生的发展潜力

学生发展潜力的增强主要表现在以下几个方面:一是学生具有了开放学习的

意识,在进行课前预习的时候,大部分学生都能根据学习内容,自觉到网络或者图书馆查阅资料,在开放性的学习环境中,灵活运用其他资源拓宽知识背景。二是学生的阅读理解与感悟能力有了明显提高,由于全学科阅读很多时候需要学生进行综合性阅读,学生的阅读面和阅读量明显提高,阅读理解能力与感悟能力明显提升,发现问题解决问题的能力明显增强。三是学生的阅读兴趣明显增强,绝大多数学生已经养成了天天自觉阅读的好习惯,阅读已经成为学生的生活方式。四是促进了学生的精神成长,学生在主题阅读、整本书阅读、"互联网＋阅读"、影视阅读和实地阅读过程中,获得了丰富的体验,增长了广博的见识,动手实践能力与探究能力更强了,促进了自身正确的人生观与价值观的形成。

### (二)培养了教师的教学研究意识

全域阅读的系列研究,培养了教师们的教学研究意识。教师们在研究如何在学科教学中有效开展学科阅读的过程中,在研究如何有效激发学生的家庭阅读兴趣和多形式阅读兴趣的过程中,找到了研究的乐趣,体验到了研究的快乐,很多教师由此走上了教育科研的幸福之路。很多老师在探索过程中,创建了自己的师本课程体系。如彭永香老师编写了师本课程教材《我爱学论语》,带领学生背论语、学成语、学做人,让阅读的种子在学生心里生根发芽;张莉老师开发了《成语乐园》,引领学生积累了很多成语,并引导学生学以致用,很多学生的文章都熠熠生辉。

### (三)形成了学校的办学品牌

目前,全域阅读已经成为学校的品牌项目。每年一届的校园读书节的隆重举行,各种丰富多彩的读书活动的扎实开展,"读以致远"阅读工程的深入推进,让学校的书香氛围越来越浓厚。越来越多的学生在市级以上各类诵读比赛、读书活动比赛中获奖。学校的相关研究论文《实施全学科阅读 提升学生核心素养》《让学生的视野从封闭走向开放》等文章也先后在《山东教育》《山东教育报》《语文主题学习》上发表。2020 年,学校被评为烟台市书香校园。

**教师优秀文章**

让学生在"大"阅读中拥有大视野

牟平区宁海街道中心小学 张 媛

随着大数据时代的到来,学生的阅读情境发生了巨大变化。学校、课堂不再是阅读的全部场所,纸质阅读不再是知识的全部来源。"大数据"时代下综合化教育的趋势,需要儿童阅读突破传统的视域、方法和思维方式,从学科本位走向全素养提升。因此,在语文教学中,我们打破以往只在课堂阅读,只通过纸质阅读方式阅读的传统框架,尝试探索一种课内外拓展、多渠道并进、多主体协同的"大"阅读的新路子。

一、课内外拓展阅读:让学生夯实语文学习的基础

所谓拓展阅读,就是以课本为依托,以单元教学目标和课时训练目标为核心,引水入塘,大量引进课外文章或儿童读物,在整体构建课内外阅读体系的过程中促进学生阅读能力的全面提升。我们实现了三种类型的拓展阅读。

一是"强化训练型"拓展阅读。即在深入解读文本,准确把握单元训练重点的基础上,确定课时重点训练目标,并以此为基点,将主教材和辅教材进行统整,从而实现阅读训练的举一反三之效。

例如,《父爱之舟》是五年级上册的一篇精读课文,文章通过父亲半夜喂蚕、卖茧子、背"我"上学、筹集学费、摇船送"我"上学等生活中的多个平凡场景,对父亲进行了细致的刻画,让我们感受到了父亲对孩子深深的爱,这就是"场景描写"。教学中,我们在引导学生关注文中感触最深的场景描写进行品读,进一步感受到父亲对作者深深的爱之后,适时引出朱自清先生的《背影》,引导学生抓住嘱托茶房、照看行李、讲价钱、拣座位、跨过月台买橘子等几件琐碎的小事再次感悟"场景描写"在凸显文章中心、表达作者情感方面的重要作用。这样教学,环环相扣,不断强化训练重点,让学生对"场景描写"这种表达手法的认识和作用有了更加深刻的理解。

二是"比较异同型"的拓展阅读。即根据训练目标,对两篇或两篇以上的文章进行比较阅读,在比较中发现文章在思想内容、表达方法、体裁形式等方面的相同点和不同点,以此提升学生的比较阅读能力,促进训练目标的达成。

例如,"大自然中处处有可爱的生灵"是三年级下册第一单元的主题,教师在充分利用教材里的文本引导学生了解了文章的写作特点之后,又选取了四篇文章进行拓展性群文阅读。教师首先引导学生阅读青莽的《翠鸟》和端木蕻良的《鸽子》,通过阅读,学生发现《翠鸟》对动物的外形和动作描写得非常细致传神,而《鸽子》只是全面介绍了鸽子的多个方面。两篇文章虽然写法不同,但是都写清楚了描写对象的主要特征。接着,学生比较阅读叶圣陶先生的《爬山虎的脚》和张抗抗的《窗前的树》,发现两篇文章从总体看都写出了植物的变化和特点,但在具体表达上还是有比较明显的区别,前者语言比较平实准确,后者则通篇运用了拟

人的写法，穿插比喻、排比等修辞手法，语言更加生动形象。有了这样的比较阅读，学生在写本单元的习作《我的植物朋友》时，就能做到灵活运用各种表达方法，而不至于千篇一律了。

三是"中心辐射型"拓展阅读。即以教材思想内容为基点，向外拓展阅读相关文章或者相关书籍，在拓宽学生视野的同时，进一步加强对教材内容的理解与把握。这种类型的拓展阅读，我们主要采取三种方式进行。

拓展单篇文章：如在学习了三年级上册第六单元《美丽的小兴安岭》以后，推荐学生阅读孙为刚的《烟台的海》，这同样是一篇先总写后分写、按照四季顺序布局的文章，也是通过生动形象的语言刻画出了景物的特点。学生通过拓展阅读，就能进一步体会到通过准确形象语言表现景物特点的写法的妙处。

拓展一组文章：如在学习了四年级上册第七单元的《梅兰芳蓄须》以后，向学生推荐一组描写近代半殖民地半封建社会时期那些具有中国气节和家国情怀的爱国志士的文章——《宁死不吃美国面——朱自清》《傲骨——徐悲鸿拒绝卖画的故事》《"我是中国人！"——吉鸿昌的故事》《吴玉章奋勇挂国旗》《方志敏最后的七个月（节选）》，让学生通过阅读品味，进一步感受特殊时期这些爱国之士的高贵品质，感受到有气节的中国人的铮铮铁骨。

拓展整本书：如学习了四年级下册第三单元的《蟋蟀的住宅》就向学生推荐《昆虫记》，学习了四年级上册第四单元的《普罗米修斯》就向学生推荐《古希腊神话》，学习了五年级上册第二单元的《将相和》就向学生推荐《少年读史记》，等等。这里的推荐阅读，我们不是只是走走形式，而是有推荐，有跟踪。如推荐学生阅读完《少年读史记》之后，引导学生围绕"《史记》中的皇帝""《史记》中的战争""《史记》中的女子"等主题，自由组合成立研究小组，进行认真研究，并在成果展示课上交流分享研究成果。这样的阅读跟踪活动，充满趣味性，学生们乐于参与，让他们在不知不觉中完成了对名著的深入解读。

二、多渠道并进阅读：让学生视野由"封闭"走向"开放"

近几年来，语文高考试题的明显变化趋势向我们传递着这样一个信息："只读圣贤书，不闻窗外事"的封闭式语文教学时代必将成为过去，一个更强调语文学习与社会生活关系的多元化语文教学时代正在向我们走来。基于此，我们开始进行多渠道并进阅读的探索，为学生们打开一座座多角度学习文本的宝库，让学生的视野由"封闭"走向"开放"。我们主要采取这样三种方式开展阅读。

1."互联网＋阅读"

"互联网＋阅读"不等同于利用网络查阅资料，而是针对某个人物、某个问题或者某个事件等,进行全方位的阅读,并将相关的文字、图片、音像等丰富数据统整起来,在"搜集——筛选——提取"的过程中,进一步进行思想加工,最终形成对某一事物的全面认识。如在学习了四年级上册"生命"主题单元之后,我们发起了一次"热爱生命"的主题学习活动。我们打破了以往只关注名家名篇的传统框架,将学生的视野引向互联网,让学生通过网络查阅与热爱生命有关的新闻报道。通过互联网,学生认识了50岁才开始学习写作,到60岁的时候已经有多篇文章发表,始终对生命充满敬畏的英英;认识了从小患有脑性麻痹症,医生断言活不过6岁,却靠着自己顽强毅力考上加州大学的黄美廉;认识了患有海豚肢症却成为全球励志演讲家的尼克•胡哲⋯⋯这些鲜活的人物和故事,让孩子们受到了极大的震撼与感染,他们纷纷写下了对生命的深度思考。

2. 影视阅读

相比较"互联网＋阅读",影视阅读是更具典型性的立体化阅读。影视节目声像同步的信息输出特点,让阅读更具吸引力,也更能让阅读者产生深刻的阅读感受与体验。我们经常根据学生的年龄特点和国内外影片的不断更新,向学生推荐适合的影片,比如《极速蜗牛》《阿甘正传》《幸福来敲门》《摔跤吧,爸爸》等,引导学生写观后感,举行电影观后交流,让他们在品读交流的过程中,丰富感受,升华认识,丰盈人生。内容丰富、制作精良的电视节目更是为学生们提供了开阔视野的绝佳机会。于是,我们就给学生梳理出了《影视阅读推荐列表》,引导学生在立体化阅读的过程中增长见识,开阔视野,并通过"立体阅读记录卡"的形式记录自己的收获与发现。不仅如此,我们还引导学生把自己在影视阅读过程中的发现与收获在"小小百家讲坛"与同学一起分享。这样的阅读,为学生综合素养的丰厚、视野的开阔奠定了坚实的基础,更有利于促进学生个性化阅读能力的发展。

3. 实地阅读

实地阅读我们主要采取开展项目式学习的方式进行。我们的项目式学习,指的是学生针对大自然、家庭生活或社会生活中自己感兴趣的内容确定一个学习专题,然后再围绕这个专题,在实地观察、进图书馆阅读相关书籍、上网查阅资料、观看视频、动手实践的过程中,获得独特的阅读收获。例如,学习了五年级下册第四单元"中华民风民俗"以后,我们在整个年级组织了一次"民族风情博览会"项目式学习,每个班在总题目下面又都有所侧重,分组分别确定子课题,如"中国名吃""各具特色的民族服饰""中华传统节日"等。学生们利用父母带自己外出旅游的机会,了解祖国各地的特色名吃,感受不同地区的民族文化⋯⋯这样贴近现实生活的项目式学习使孩子们兴趣盎然,"脑洞"大开,他们将思维、知识、行动、文字和情感表达等有机结合在一起,完成了一份份浸润着他们的思考与创造的项目式学习报告。这种包含了比较阅读、感知阅读、体验阅读等多种综合性阅读的阅读方式,让阅读真正"活"起来了,让整个世界以立体化的方式植入学生的生命中,也必将会给他们的人生体验带来深刻的影响。

三、多主体协同阅读:让学生获得未来发展的丰盈力量

研究实践表明,共读是推进儿童阅读最为有效的方式。通过共同阅读,能够让阅读者拥有共同的语言,共同的密码,共同的价值,进而实现共同的发展。我们主要开展两个层面的共读。

1. 师生共读

师生共读主要采取两种形式进行:一是在师本课程中共读经典。

师本课程采取两条腿走路的形式,一条腿是同级部开设同一门课程,为级部教师之间共享课程资源、促进协同发展提供便利条件。如一年级的"我的童诗我的梦",二年级的"有趣的成语王国",三年级的"我爱小古文",四年级的"走近唐诗宋词",五年级的"中华上下五千年"等。另一条腿是鼓励有能力的教师开发自己的特色课程。如学校彭永香老师开发的《我爱学论语》课程,从"诚信、孝道、交友、学习"等六个方面,运用"精彩重现""故事链接"等方式,分专题带领孩子们研读经典,领悟为人治学之道。这些个性化的师本课程,让孩子们在吟诵经典,放飞心灵的过程中涵养文化,丰厚底蕴。二是在班级读书会上共读佳作。我们要求老师们要根据各班共读书目的整体推进情况,利用每周一节的阅读课,引导学生进行读书交流,与孩子们一起讨论书中的人物与情节,跟孩子们一起写读书感悟,在创造共同生命密码的过程中引领班级的孩子同阅读、共成长。

2. 亲子共读

亲子共读主要采取两种方式进行:一是共读名家名篇。结合学校的"朗读金话筒"争霸赛,我们开展"亲子共读金话筒"比赛,家长和孩子提前选定感兴趣的篇目,精心练习后录制成音频并发送到指定位置,学校组评委按照"班级—级部—学校"层面进行逐级评选,评出全校的"亲子共读金话筒"奖,统一进行颁奖。二是共读整本书。为营造浓厚的亲子共读氛围,同时检验共读的效果,我们还定期举行亲子共读交流会。在交流会上,运用抽签朗读、问题抢答、情景剧表演、创编绘本等多种形式,引导家长和孩子们共同参与,交流读书收获,点燃读书热情。

为促进"大阅读"在全校的顺利实施,我们还充分利用举行"阅读晋级赛"、举办校园读书节、请作家进校园等形式,将活动与评价相结合,调动孩子和家长们

的阅读热情,营造浓厚的校园阅读氛围。几年来,纸质阅读与立体阅读多种阅读方式的浸润与影响,让孩子们在丰厚文学底蕴的同时,开阔了视野,增长了见识,促进了自身综合素养的全面提升。

"大阅读"就是一种思维方式,它强调"信息无处不在",强调应该"时时留意,处处留心"。我们实施"大阅读",就是想让孩子们建立一种全新的思维方式,让他们知道,只有将自己的阅读置于生活的整体视野下,进行全领域、多渠道的自主阅读,才能在海纳百川的过程中拥有大视野,最终形成自己的思想和观点,进而成长为有思想、有个性、有底蕴的新时代建设者!

**学生优秀习作**

## 我家的"人世间"故事

牟平区宁海街道中心小学　五年级一班　曹瑞言

生活不是花团锦簇,而是柴米油盐。在这个变幻无常的人世间里,总有家人陪你尝遍这世间冷暖。是一个微笑,一声问好,也是在一个人有困难时,所有人都伸出的援手。即使是在寒冬腊月里,也会让人心头一暖。

在今年二月份的一个日子里,我在等妈妈回家,等到很晚风才把妈妈吹回来了,也吹来了一个噩耗——大姥爷可能过不了今晚。将这个消息告诉我之后,妈妈的嘴角就再没有扬起过,就连我也感觉到了事情的重要性,不由得担心起来。事实上大姥爷很久之前就感觉不好,一查,竟是癌症!现在是癌症又发作了,住进了医院。当晚,爸爸妈妈就奔去医院看大姥爷了,不过幸运的是,大姥爷被救了过来,妈妈心里的一块大石头也落了地。

很惋惜的是,大姥爷年纪轻轻的大儿子(也就是我大舅)去年就去世了,全家的重担都落在了小舅身上,自然,陪大姥爷在医院的也是小舅。我的姥爷作为大姥爷的兄弟,也过来帮忙照看,一边住在了我们家。我们家离医院很近,去也方便。自从大姥爷出事儿后,妈妈几乎是天天跑去送饭。姥爷和小舅能吃饭,一顿吃好多,但大姥爷不能吃太多,于是妈妈每天都变着花样做饭:今天馄饨,明天炒菜,后天来个汤……饭菜天天不重样。远在烟台的大姑姥、二姑姥,也不止一次地让爸爸妈妈把生活用品、饭菜代送到医院里,好像生怕小舅、姥爷不够用似的。姥姥家那边的亲戚有时间就来送饭,或者看望看望大姥爷,大姥爷在医院里倒也不孤独。就这样,大姥爷在家人们的照看和关怀下,熬过了一天又一天。

终于,大姥爷出院了。虽不如之前那样的健康,不过倒也比严重时期好了许多,脸部依然微微发黄,身子也瘦了好多,不过离开了医院的束缚,回到自己热爱的村庄生活中,应该也是件很快乐的事吧。癌细胞依然停留在大姥爷身上,确实从未远去,不过大姥爷似乎也没有想这些,事实上他也并不知道他自己得了癌症,只是无端地觉得自己应该顺其自然吧。

大姥爷大概没有想到,自己的一次生病竟然会成为这个家庭,乃至于整个家族激发凝聚力的一股绳子,它把我们这些好久不见的亲戚们连接在一起,让我们用同一条心去应对生活中的这些不确定,也同时激发出了许多年埋藏在每个人心中的一种爱——是"能多帮一点是一点",是"我认为我应该拿出来",是……是好多好多。

生活本就像一场搏斗,要知道,人在这场搏斗中是不能总称心如意的,不过有了家人这样强大的、温暖的后盾,你又在畏惧前方的什么呢? 当一只手拍在你的肩膀上,"嘿,别垂头丧气了,看看那儿,充满阳光的啊,你可以的!"你是否又会充满勇气,调整好心态面对人世间的种种冷暖? 我想,应该是吧。

（指导教师：张媛）

# 第四章
## "励志"课程——树立远大志向

　　志不立,天下无可成之事。2020年3月,习近平总书记在给北京大学援鄂医疗队全体"90后"党员的回信中指出:"青年一代有理想、有本领、有担当,国家就有前途,民族就有希望。""青年时代树立正确的理想、坚定的信念十分紧要,不仅要树立,而且要在心中扎根,一辈子都能坚持为之奋斗。"在基础教育阶段,更应该引导学生树立报效祖国的远大志向,为将来能够成长为勇担时代重任的社会主义建设者和接班人奠定坚实的基础。学校要想真正将热爱祖国的种子种在小学生的心田,就不能空喊口号,而必须充分发掘当地教育资源,通过一系列接地气的、符合他们年龄心理的课程实施,让他们在了解家乡、奉献家乡的实践活动和学习革命先烈的爱国精神的过程中,不断培植爱国情怀,树立报国之志。

## 第一节　"海娃访家乡"研学旅行课程

　　研学旅行活动是学生拓展视野、丰富见闻、亲近自然、提升自理自立与创新实践能力的良好载体。为有效发挥研学旅行活动对学生综合素养提升的促进作用,学校组织骨干教师和家委会成员共同研发了《宁海街道中心小学研学旅行工作章程》,对家校协同开展研学旅行活动的组织与管理、内容与形式、安全与服务、经费与保障、评价与管理等方面都做出了明确规定,有效促进了研学旅行工作在全校的科学、规范运行。

　　为将研学旅行工作与学校的整体育人工作有效整合,学校确立了"海娃访家乡"研学旅行品牌课程,将目光聚集在学生的家乡所在地——烟台牟平,准备带领学生有目的、有计划地访遍牟平乃至烟台地区有特色的村庄、景点、名企业等地方，加深学生对家乡的了解，激发学生对家乡的热爱之情，增强他们未来主动建设家乡的主人翁责任感。

## 一、课程的理念与目标

2014 年 10 月 15 日，习近平同志在文艺工作座谈会上发表重要讲话时指出"我们要在全社会大力弘扬和践行社会主义核心价值观，使之像空气一样无处不在、无时不有，成为全体人民的共同价值追求，成为我们生而为中国人的独特精神支柱，成为百姓日用而不觉的行为准则。"作为以养成教育为主要任务的小学阶段，如何采取有效的方式弘扬和践行社会主义核心价值观，让学生不仅仅停留在对社会主义核心价值观文字内容的了解阶段，而是将核心价值观以更加丰富生动的形式内化到他们的思想和灵魂中，是每一个基层教育者都应该深入思考的问题。

我们认为，要想使社会主义核心价值观的弘扬在学校落地，就必须开展相关主题实践活动，让学生在活动中体验，在体验中让核心价值观形象植入灵魂。基于此，我们确定了"海娃访家乡"研学旅行课程的理念，即"发掘家乡魅力，培植家国情怀"。所谓"发掘家乡魅力"指的是引导学生通过研学旅行课程，深度浸润到家乡的每一个角落，去发现家乡的英雄人物、知名企业、特色村镇、秀丽景点、丰厚历史……在各种发现的过程中充分感受到家乡的魅力；所谓"培植家国情怀"指的是引导学生在真切感悟家乡魅力的过程中，重新修正以往对家乡的印象，点燃他们对这片生命诞生热土的热爱之情，进而引导他们树立未来建设家乡、奉献家乡的远大志向，从而培养他们的社会责任感与勇于担当的意识。

学校的研学旅行课程以"学校＋家委会"双轨并行的方式开展实施，引导学生在遍访家乡牟平及烟台的过程中，感受牟平及烟台的丰厚文化底蕴与人文特色，了解牟平及烟台的历史，学习英雄斗争精神，传承中华民族先进文化和优良传统，体验中国共产党的正确领导给家乡带来的各种变化，激发学生们对家乡和对伟大的中国共产党的热爱，培育新的时代精神，增强学生们未来建设家乡、奉献家乡的责任感与担当意识。

## 二、课程的具体实施

### （一）研学组织

为了培养和提高学生的探究意识和实践能力，学校以"学校＋家委会"双轨并行的方式开展了亲子研学旅行系列活动。除了学校要做相应的准备工作外，家委会在这个过程中发挥了巨大的作用:在研学之前,家委会要确定有价值的研学地点并前往考察,准备安全预案以保证孩子们的安全,还要设计活动方案使研学有序进行;研学结束后,家委会还会制作美篇记录研学活动的点点滴滴……学生和家长们在游览中实现了书本知识和生活经验的深度融合,并将社会主义核心价值观逐步浸润到自己的生命里。

在这个过程中,学生需要了解安全规章制度,掌握躲避危险和自救互救知识和技能,进行专题学习,并查询了解与研学主题相关联的资料,做好研学前的知识储备,带着问题去旅行。研学旅行后,学校会举办各种类型的展示、评选、观摩活动,以增强研学旅行课程的育人效果。

图 4-1 "海娃访家乡"研学旅行(一)

### (二)研学内容

结合地域特点和学生实际情况,学校的"海娃访家乡"研学旅行课程主要开展了四大主题的研学旅行活动。

#### 1. 传承篇

文化是民族生存和发展的重要力量。习近平总书记强调:"没有中华文化的繁荣兴盛,就没有中华民族的伟大复兴。"为了传承中华优秀传统文化,我们需要引领学生了解、亲近、体验、感受家乡传统文化,将优秀传统文化的精华要义内化于心、外化于行。

在"海娃访家乡"研学旅行课程"传承篇"中,学生走进牟平区杜木匠木工非遗展示馆,参观各式各样的传统农具和传统房屋结构,感受古人的超凡智慧;在木匠师傅的指导下,学习钉钉子、拉大锯、刨木方、拉墨线等传统木匠工艺,进行鲁班锁组装比赛,学习组装榫卯结构的小板凳、小笔筒,再一次感悟古人精益求精的工匠精神和非凡智慧。在学习、体验的过程中,研究传统木工、传承传统木工的兴趣与种子悄然萌发;学生走进"纸玲珑"四大发明体验基地,学习制作传统玩具纸翻花,体验传统造纸技艺,运用活字印刷术制作自己的诗歌作品,欣赏纸翻花技术与现代设备相融合产生的形式各样的纸工艺品，深切体验祖国"四大发明"的独特魅力；学生走进龙泉镇驻地东南部的河北崖村，了解河北崖村的由来、胡同的特点及变迁、赵氏宗族的渊源等，品味着具有三百多年历史的牟平传统建筑的魅力，感受到家乡历史的厚重；学生走进养马岛，研究养马岛的发展历史和传统建筑，讲述秦始皇东巡养马和一钱太守刘宠的故事，学习做养马岛传统名菜——肉焖子，深切体会养马岛所呈现的中华民族源远流长的传统文化和生生不息的民族精神……

图4-2 "海娃访家乡"研学旅行（二）

### 2. 弘扬篇

"天地英雄气，千秋尚凛然。"英雄是一个国家光辉历史的记忆，是一个民族坚挺不屈的脊梁。青少年阶段是人生观、世界观、价值观形成的关键期，我们要引导学生了解英雄的事迹，感受英雄的品质，更要弘扬英雄的精神，争做新时代的平凡英雄。

在"海娃访家乡"研学旅行课程"弘扬篇"中，学生走进中华老报馆，了解了那段悲壮的历史，弘扬那些为了民族复兴而不屈不挠、前赴后继的仁人志士们的可贵精神；学生走进杨子荣纪念馆，探寻家乡的英雄杨子荣传奇的一生，了解发生在杨子荣身上的精彩故事，充分理解杨子荣精神，弘扬越是艰险越向前的革命斗志；学生走进雷神庙战斗遗址，了解胶东抗战第一枪的奇迹，感受理琪、林一山等革命战士抗日的决心和意志，弘扬革命者大无畏的革命精神……

图 4-3 "海娃访家乡"研学旅行(三)

### 3. 奋斗篇

艰苦奋斗精神是中华民族的传统,也是我们民族精神的重要内容。一个民族只有奋斗,才有希望。我们培养的是祖国未来事业的接班人,学生有了奋斗精神,才能够奋发进取,才能成长为未来能够担当民族复兴大任的时代新人。

在"海娃访家乡"的"奋斗篇"中,我们引导学生走进两类基地开展研学活动。一类是家乡名企基地。学生走进海德专用汽车厂、德合食用菌专业合作社等本土知名企业,参观企业的生产车间,了解企业的利润情况,从家乡名企业为家乡创造的巨大利润中感受家乡工农业日新月异的发展,增强身为牟平人的自豪感。

图 4-4 "海娃访家乡"研学旅行(四)

在此基础上，采访这些企业的企业家，请他们给学生们讲自己的创业奋斗史和人生履历，让学生们在听故事的过程中学会做人做事，受到人生观、价值观的正确引领。二是生态农场基地。学生走进海德农场学习怎样种花生、收地瓜；走进龙泉的德和蘑菇种植基地，学习蘑菇种植等特色劳动技术。学生深刻体验到劳动成果的来之不易，更培育了他们热爱劳动、奋发进取的优秀品质，同时在劳动中体验到家乡的魅力，间接促进乡村振兴政策的落实。

图 4-5 "海娃访家乡"研学旅行（五）

### 4. 创新篇

创新是一个民族进步的灵魂，是一个国家兴旺发达的不竭动力。青少年是祖国的未来，民族的希望，从小培养他们的创新精神和实践能力就能为他们以及国家的未来发展积蓄不竭动力。

在"海娃访家乡"研学旅行课程"创新篇"中，学生走进位于高陵镇瓦屋屯村的烟台新城市市政建设有限公司，认识"海绵城市"系列产品之生态透水砖、利用固体废弃物建模制作而成的砖雕、3D 打印建筑、智慧灯杆等，并亲身体验高科技产品的神奇，深刻明白"科技创造未来，知识改变生活"的道理。学生走进海德专用汽车有限公司，了解国家重点高新技术企业的科研实力，他们为自己的家乡有这样高科技的企业而感到深深的自豪，体验到科技的力量、知识的力量，激发起学知识、爱科学的热情。

　　每次研学活动后,我们都本着"一人研学,多人受益"的原则,尽量指导学生通过数据分析、典型案例搜集与研学成果发布等活动,真切了解家乡牟平,进一步增强学生身为牟平人的自豪感,加强爱国爱党教育,同时进一步激发学生奉献家乡、建设家乡的责任感和强烈意识。

图4-6　"海娃访家乡"研学旅行(六)

### (三)研学策略

　　在"海娃访家乡"过程中,我们探索出了"研——游——做"的研学旅行课程三环节实施策略。第一,"研"是研学旅行的基础。在研学之前,家委会和班主任老师们要确定有价值的研学地点并亲自前往考察。与此同时,学生需要根据下发的"'海娃访家乡'研学旅行活动准备单",通过上网查询、上研学指导课等形式提前了解本次研学的内容和需要关注的地方,做好研学的准备工作。第二,"游"是研学旅行的关键。在研学过程中,学生根据自己之前的准备,有针对性地进行观察和记录,培养和增强了探究意识和实践能力,实现"游"有所获。第三,"做"是研学旅行的总结。学生将自己研学的所见所感,通过研学报告、研学感受、手工作品等形式呈现出来,表达研学活动的收获与思考。

　　比如,我们带领学生到牟平有代表性的地区养马岛进行研学。一是"研"。在正式开展之前,同学们根据"海娃访家乡"研学旅行活动准备单提前调查了解了后海的礁石、养马岛跨海大桥、养马岛的历史等信息,涉及历史、地理、化学等各类知识,为研学旅行做了充分的准备。二是"游"。在研学中,同学们有针对性进行观察游览:在跨海大桥,同学们以蓝天大海为背景,介绍了跨海大桥的修建时间、长度、形状以及修建的意义;在天马广场,同学们介绍了天马苑、秦皇苑等六大景区和马文化长廊、音乐喷泉等八大主要景观；在礁石滩公园，同学们讲解了鹅卵石和礁石形成的原因。大家在认真的观察和交流中深切体会养马岛所呈现的中华民族源远流长的传统文化和生生不息的民族精神。三是"做"。除了研学感受、办小报、展示照片等形式，同学们还在版画课程中，围绕"做有根的中国人，做自豪的牟平人"这个理念主题，将养马岛研学活动中的所见所闻，真实再现到版画作品中。养马岛的历史与人物、美丽与富饶在孩子们的版画《美丽的养马岛》一一展现，这不仅让孩子们进一步感受到了版画艺术的魅力，更让他们对看似平凡的家乡徒增热爱，激发起了他们身为牟平人的自豪感。

实践表明，在"发掘家乡魅力，培育家国情怀"的研学旅行课程理念的指引下，"海娃访家乡"研学旅行课程成为了有灵魂的研学课程，在让孩子们充分感受家乡独特魅力的过程中，已经将未来建设家乡、建设祖国的种子深深地种在了每个孩子的心田。

图 4-7 "海娃访家乡"研学旅行作品展

图 4-7 "海娃访家乡"研学旅行作品展(续)

## 三、课程实施案例

### 昆嵛山森林博物馆探秘+食用菌参观研学方案

#### 牟平区宁海街道中学小学 2017 级 2 班

继第一期海阳地雷战景区研学旅行之后,第二期昆嵛山森林博物馆探秘之旅即将于 6 月 16 日开启。本次研学主要安排两个活动主题:参观昆嵛山森林文化博物馆和德和食用菌种植基地。昆嵛山森林文化博物馆是山东省内首家以森林文化为主题的博物馆,共有六个展厅,介绍中国森林资源的演变,弘扬人与自然和谐相处、揭示生态平衡原理、倡导追求生态安全。位于龙泉的德和食用菌种植基地成立于 2013 年,通过实地参观,同学们可以了解蘑菇的培育、生长环境、营养价值等。同时,我们还安排了制作父亲节感恩卡、和父母体验包包子等项目,让孩子们在出行中收获更多的精彩。

一、研学准备

1. 各位家委会成员分工准备研学材料《致家长的一封信》,6 月 8 日发到班级群,并统计报名人数、收取活动费用。

2. 报名参加研学活动的孩子在家长的帮助下,查阅资料,了解本次研学活动的主题,认真完成研学准备材料。

3. 背诵自己喜爱的诗歌,准备唱歌、朗诵等方便在途中表演的小节目。

4. 6 月 15 日下午放学后,参加研学的同学留在教室,由家委会成员为同学们上研学准备课程,家长自愿参加,5:30 分接孩子。

二、行程安排

表 4-1　"昆嵛山森林博物馆探秘 + 食用菌参观"研学旅行行程列表

| 时间 | 活动安排 |
|---|---|
| 7:00 | 在学校操场集合(由班主任老师帮助提前进行分组,梁宇妈负责) |
| 7:30 | 准时出发,乘车赴昆嵛山景区(车程约 50 分钟)<br>辅导员车上进行:<br>1. 自我介绍。<br>2. 研学的意义,研学的口号。<br>3. 景区简单介绍。<br>4. 发放精美日记本、笔、贺卡,记录研学知识。感恩父亲。<br>5. 安全、文明研学知识的普及。<br>6. 车上《快乐的节日》诗歌大比拼或才艺表演。 |
| 8:30～9:00 | 到达景区。在景区讲解的带领下,走进昆嵛山森林博物馆,切身感受大自然的无穷力量和神奇魅力。(约 2 小时) |
| 11:00～11:30 | 制作父亲节贺卡,感恩父爱如山,拍照留念。 |
| 11:30 左右 | 集合体验包包子 |
| 12:30 | 开始用餐 |
| 13:30 | 乘车赴德和食用菌种植基地(约 30 分钟),14:00 开始参观约 2 小时。每位参与活动的同学可获赠一个可以长出蘑菇的菌棒。 |
| 16:00 | 乘车返回,对景区活动进行回顾总结,提问问题,研学的感悟,颁发奖状。 |

三、研学要求

研学活动中,同学们要听从指挥,在辅导员阿姨和家长们的带领下,文明参观,认真倾听,做好记录。研学活动结束后,同学们要根据所学的知识,仔细观察、记录菌棒的生长过程。期末考试结束后,我们将就这次研学开展系列延伸活动。

四、研学作业

1. 我会写:就本次活动写一篇研学日记。

2. 我会种:记录观察菌棒的生长过程。

活动方式:

(1)写一篇观察日记。

(2)通过画画或拍照加文字的形式记录蘑菇的生长过程。

3. 我会做:跟妈妈学用蘑菇做一道菜,并拍视频留存,根据群通知要求进行展示。

以上作业第 1 项为必做作业,活动结束后的周一作为周末作业上交,第 2 项和 3 项为选做具体活动展示时间另行通知。

五、其他方面

1. 参加活动的所有人员要准时到达集合地点。

2. 提前关注天气,带好雨伞、衣物、帽子,穿舒服的鞋子,带水和适当的零食,注意保持车内卫生。

3. 听从导游和队长的指示,组长随时关注组内成员,以防走散。

4. 所有家长和孩子按照分组就座,参加活动。

5. 旅行社会给每位孩子发放笔本,孩子在需要的时候做好记录。

**学生研学日记**

## 烟台博物馆研学记

### 牟平区宁海街道中心小学  五年级四班  潘威米

周末,春日融融,和风阵阵。我怀着愉悦的心情来到了学校,为啥呢?因为今天我要参加研学旅行,目的地是——烟台博物馆。一路上我们唱着欢快的歌儿,欣赏着海边怡人的景色,一个小时的路程不知不觉就到了。

来到博物馆,首先映入眼帘的是庄严肃穆宏伟的"烟台市博物馆"六个大字。烟台博物馆占地 17 000 平方米,分为地下一层,地上四层,包括文物库房,大厅,展厅等部分,是一座集中反映烟台人文历史和文化艺术的综合型现代化博物馆,并在 2017 年晋级国家一级博物馆。我们排着整齐的队伍,听着老师的指挥依次进入庞大而神圣的博物馆。我们跟着讲解员阿姨来到《山海古韵》的序馆,一进展厅,在一片蓝色的光晕下,给人以步入时空隧道的眩晕,蔚蓝的大海瞬间呈现在眼前,美丽的浪花在欢快地拍打着金色的沙滩。紧接着讲解员阿姨又把我们带到胶东大陆 - "抗日展厅",通过讲解员阿姨细心的讲解,给我印象最深的就是地雷战和雷神庙战役。在抗日战争时期,聪明,勇敢的胶东人民团结一心,制造出各种武器与日寇作着顽强的斗争。雷神庙战役中牺牲了许许多多的抗日英雄,理琪就是里面著名的英雄之一。看着弹孔弥补的铁皮雨搭板,眼前仿佛浮现出战士们冒着枪林弹雨为祖国英勇献身的场景,他们不惜抛头颅,洒热血,用自己的生命诠释了中国人民的坚强与不屈。

通过这次的研学之旅,让我受益匪浅,不仅让我了解了更多的历史文化,开阔了视野,更丰富了我的知识。感叹人类伟大的同时,让我更深刻地体会到我们今天幸福生活的来之不易，我将倍加努力学习，为建设富强和美丽的烟台而尽一份力量。

**教师原创诗歌**

## 家乡的颜色

### 牟平区宁海街道中心小学　费志丽

一

我觉得牟平是蓝色的。

她是黄海之畔一颗耀眼的蓝色明珠。

无垠的大海，辽阔的天空，时刻泛着一抹蔚蓝。

坐在沙滩上，

听海风阵阵，看白云悠悠，

心头荡起的水波都湛蓝湛蓝……

牟平有绵延 65 公里的海岸线，

这是山东半岛蓝色经济区内

极具开发价值的钻石海岸。

蓝色牟平，一见钟情，因海而美，依海而兴。

"蓝色"是牟平的主色调，是牟平未来发展的希望。

二

爸爸说牟平是绿色的。

他说，

牟平是一座生态之城。

绿色环绕的滨海生态城，

林木苍翠的养马岛

碧草如茵的鱼鸟河……

倘徉于河间栈道，

脚下碧波荡漾，远处白鹭翩翩。

好一幅"人在绿中、城在林中"的绿色画卷！

牟平还是希望之城。

里山口的杏花,香飘十里。

龙泉小镇的"神仙温泉",吸引了八方来客。

武宁街道周家庄村盛产的大桃子

让乡亲们的日子比蜜还甜。

随着牟平区乡村振兴战略的实施,

我们牟平

农村更美了、农业更优了、农民更富了!

在区党委党支部的领导下

一幅乡村振兴的美丽画卷

已经展现在我们眼前。

"绿色"是牟平的主旋律,是牟平加速崛起的力量。


三

爷爷说,牟平是红色的。

他说:红色,是我们的精神内核。

红色,

是胶东抗战第一枪枪口的火光,

是这 138 个弹孔背后的勇拼搏、敢担当。

也是雷神庙烈士们身上的斑斑血迹,

更是英雄们坚守初心的赤诚和热烈!

红色,

是深入虎穴的杨子荣的赤胆忠心,

也是他在匪巢的茫茫黑夜中

唯一的寄托。

还是杨子荣的老母亲

在得知儿子牺牲时,泛红的眼窝……

更是"时刻听从党召唤,越是艰险越向前"的杨子荣精神

在照耀你我!

红色基因早已融入了我们牟平人的血液。

所以我们牟平人,在不同的岁月里

涌现出了

许多同样令人敬佩的英雄和楷模!

我们牟平，有观水镇走出的七位共和国将军、

有三万退役军人、三十三位抗战老兵、

还有一百七十名抗美援朝老战士。

这些最可爱的人，

都被这热烈的红色浸润了心窝，

在青春年华，为了民族大义、山河无恙，

他们，都在心底深深埋了一团火。

一百年来，这团火时刻奔腾、时刻热烈！

"红色"是牟平沉淀了百年的底色，是我们牟平人

世代传承、熊熊不息的信仰之火！

四

家乡啊，您到底是什么颜色？

我站在高处眺望

山壮观，海辽阔，岛秀丽，泉清澈，河蜿蜒，

这里，

有无边的绿，辽阔的蓝，缤纷的岛、多彩的河……

这些，都是家乡的颜色。

但是

我们家乡最美的，

还是我们牟平人世代传承、熊熊不息的

信仰的颜色——那就是红色！

红色，才是我们家乡最耀眼的颜色！

### 四、课程实施成效

宁海街道中心小学"海娃访家乡"研学旅行课程，经过几年的实践探索，取得了突出的实施效果。

### （一）提升了学生的核心素养

"海娃访家乡"研学旅行课程是带领学生体验风土民情、历史人文、自然空间、科学探究的综合性实践活动课程，有利于引导学生主动适应社会，促进书本知识和生活经验的深度融合。不仅如此，学校还将研学活动与手工制作相结合，指导学生创作了很多体现家乡特色的手工作品，全面提高了学生的动手实践能力、

探究精神和团队协作精神,提升了学生的核心素养。

### (二)培养了学生的家国情怀

"海娃访家乡"研学旅行课程加深了学生对牟平及烟台的独特资源的深度了解,激发了学生对家乡的热爱之情,增强了学生未来建设家乡、奉献家乡的主人翁责任感,将"爱家乡"的种子牢牢地种在孩子们的心田,促进了社会主义核心价值观的形象化培育与践行,为学生将来成长为能够担当民族复兴大任的时代新人奠定了坚实的基础。

### (三)建立了更加融洽的亲子关系

"海娃访家乡"研学旅行课程,让家长们有机会更深入地了解孩子们的思想动态和行为方式,更让孩子们真切感受到了父母的智慧与艰辛,为他们与父母之间实现有效沟通提供了便利条件。同时,"海娃访家乡"研学旅行课程也在一定程度有效架起了家庭和学校之间相互沟通的桥梁,家校双方真正结成了同盟军,家校协同,相得益彰,共同促进学生的健康成长。

# 第二节 "爱我家乡 贡献力量"主题志愿服务课程

自2015年起,学校围绕"关爱生命、关心生活、关注社会"三个维度开设了三维度综合实践活动课程。在"关注社会"维度,学校开设了"我和农村小伙伴手拉手""我是小小志愿者""社会问题我关注"等课程。2017年,学校又以"学校＋家委会"双轨并行的方式开展了"海娃访家乡"亲子研学旅行系列活动,孩子们的足迹遍布了牟平的各个地区。这两类学校课程以牟平为活动地点,培养和提高了学生的探究意识和实践能力,促进他们深入了解牟平丰富的地域资源和风俗文化,并增强了社会责任感。

2017年10月18日,习近平总书记在十九大报告中指出:"推进志愿服务制度化,强化社会责任意识、规则意识、奉献意识。"考虑到我们的学生将来大多会成长为牟平的建设者,结合习近平总书记的讲话,学校认为在小学时期对学生进行有关奉献社会的志愿服务教育,可以很好地激发他们对家乡的热爱之情,有利于培养面向社会、面向牟平、面向未来的新时代建设者。为了实现这个目标,志愿服务课程需要摒弃以往的教育方式,不是在奉献社会的名言、故事和意义等语言层面上下功夫,而是要把实践性、社会性作为一个总要求,通过实践活动来锤炼学生的奉献品质。

基于以上思考和学校两类课程的成功开展,学校决定也以牟平为活动地点,从"关注社会"维度出发,开设一系列主题志愿服务课程。自2018年起,学校组织孩子们走向社会、走进社区,服务群众、奉献社会,开展"爱我家乡　贡献力量"主题志愿服务系列活动。学生通过实际参与"环境保护""敬老爱老""我是丰金小义工"等活动,获得奉献社会的真切感受。后来,我们又根据时代的要求,增设了"垃圾分类""我是朗读者"等活动,进一步增强学生的社会责任感与奉献社会的能力。

**一、课程的理念与目标**

**(一)总体目标**

"爱我家乡　贡献力量"主题志愿服务课程以"奉献社会"为主题,以"环境保护""敬老爱老""我是丰金小义工""垃圾分类""我是朗读者"等系列活动为载体,让学生在参与丰富多彩的志愿实践活动的过程中,增强社会责任感和主人翁意识,锤炼道德意志,促进德行成长,最终成长为一个有爱心、有担当、有奉献精神的小公民。

**(二)具体目标**

1. 通过"环境保护"活动,培养学生保护环境的意识;

2. 通过"敬老爱老"活动,培养学生尊老、敬老的意识;

3. 通过"我是丰金小义工"活动,培养学生服务大众的意识;

4. 通过"垃圾分类"活动,培养学生爱护环境的意识;

5. 通过"我是朗读者"活动,提高学生的当众言说能力,养成热爱读书的习惯。

**二、课程的具体实施**

**(一)课程内容**

学校各个班级在家委会的组织下,引领学生参加各项活动,形成了较为完整的课程体系结构,内容包括"我是环保小卫士""敬老爱老在行动""我是丰金小义工""垃圾分类宣传员""我是小小朗读者"五个部分,旨在通过参与社会实践活动培养学生的公民意识,增强他们的社会责任感,为将来成长为有理想、有本领、有担当的未来建设者奠定基础。

### 1."我是环保小卫士"活动

保护环境是每个公民的义务。为了引导学生爱护环境,建立起环保意识,初步感受到奉献社会的意义,我们首先发起了"我是环保小卫士"活动,组织学生走向街道清理垃圾和小广告,走进车站打扫卫生,走向沁水河等公共场所清理健身器材等。这项活动的可操作性比较强,对于学生的要求不高,孩子们的参与度很高。学生在家委会成员和老师的带领下,携带相应的工具积极参与,严肃对待,互相

图 4-8 "爱我家乡 贡献力量"主题
志愿服务(一)

配合,互相帮助,真正锻炼了学生的能力。通过"环境保护"活动,同学们用自己的努力美化了城市环境,同时也收获了奉献的快乐,并通过行动带领更多的人参与到美化城市环境的活动中来,为建设美丽牟平贡献了一份力量。每次活动结束后,学生将自己的感受写入当天的日记中,深化奉献社会的感受。

### 2."敬老爱老在行动"活动

"老吾老,以及人之老。"为了弘扬"尊老、爱老、敬老"的中华民族传统美德,老师组织学生志愿者走进牟平敬老院,用实际行动体现奉献社会的精神。在整个志愿活动开展期间,大家首先认真听取老人的要求,随后便分组行动起来:有的同学细致地帮助老人叠被子、扫地、打扫庭院;有的同学将自己三维度课程制作的衍纸、丙烯浮雕、不织布、水影画等精美的手工作品送给老人;有的同学为老人阅读

图 4-9 "爱我家乡 贡献力量"主题
志愿服务(二)

书籍,做他们的小广播;有的同学表演自己在"三维度"课程中学到的绝活,抖空竹、评书、京剧、花样跳绳等;有的同学边和老人聊天边帮老人揉揉肩、捶捶背;临走时,老人们亲切地与同学们合影留念,依依惜别……尊老、敬老、爱老、助老,并不会随着活动的结束而停止,回到学校后,我们通过"敬老院的故事"活动,号召学生将自己的所见所闻所感用文字和绘画的方式记录下来,把这种传统美德融入到每个孩子们的血液里。

### 3."我是丰金小义工"活动

"我是丰金小义工"活动是继"环境保护"活动和"敬老爱老"活动后的又一

重要举措。牟平丰金素食餐厅于 2016 年成立，它为社会大众尤其是社会的弱势群体，如农民工、残疾人、下岗职工等，提供免费的素食午餐，是一个给人们带来温暖和关爱的地方。我们带领孩子们走进丰金素食餐厅，做小义工为社会大众服务。活动前，孩子们专心听工作人员做讲解，明白工作的分工和要求；迎宾时，他们真诚地向来往宾客鞠躬行礼，以示欢迎；清理卫生时，他们不放过地面上的一点残渣；择菜、洗菜时，他们瞪大眼睛，一丝不苟……孩子们各司其职，相互配合，为前来吃饭的大众提供了一次次美味而又难忘的午餐。活动结束后，孩子们在"我是丰金小义工"座谈会上交流自己做义工的感受，在思维的碰撞中来实现了奉献社会的教育目的。

图 4-10 "爱我家乡 贡献力量"主题志愿服务（三）

### 4."垃圾分类宣传员"活动

为了响应时代的要求，增强居民家庭环境保护意识，助力垃圾分类知识深入千家万户，学校还开展了垃圾分类活动。在社区管理人员的帮助下，学生们从垃圾分类的意义、垃圾分类的好处、垃圾减量做法等方面为居民们展开讲解，使他们更直观了解如何进行垃圾分类，明白垃圾分类的意义。接着，社区工作人员还带学生们来到小区垃圾桶处，孩子们不顾垃圾的脏乱和刺鼻气味，现

图 4-11 "爱我家乡 贡献力量"主题
志愿服务（四）

场指导居民如何对生活中的垃圾进行分类，孩子们的真挚表现让居民很感动，大家都表示要向孩子们学习，认真做好垃圾分类，为保护环境尽自己的一份绵薄之力。同时，学生们还走访社区开展垃圾分类调查，走进公共场所当小小宣传员，走上街头与路人交流分享……这项活动不仅让孩子们感受到垃圾分类对环境的重要性，还锻炼了他们的社会实践能力。

### 5."我是小小朗读者"活动

书籍是人类进步的阶梯。为响应国家的精神文明建设要求,我们组织学生开展"我是朗读者"等系列读书宣传活动。学生走到沁水河公园、龙湖广场、鱼鸟河公园等公共场所,携带相应的扩音设备,大声朗诵自己喜爱的文章,琅琅的读书声吸引着周围的民众,他们在孩子的热情邀请下参与到朗读展示、诗词竞赛等活动中,营造了一个轻松愉悦的读书氛围。这项活动不仅丰富学生的课余生活,展示了同学们的综合素质,还在牟平营造了浓厚的读书氛围,形成良好的读书风气,学生们为建设书香牟平贡献了自己的一份力量。

图 4-12 "爱我家乡　贡献力量"主题志愿服务(五)

### (二)课程学习及评价

志愿实践性活动不同于学科课程,它的评价不能用一次考试的分数或等级评定来衡量,必须采取过程性评价与发展性评价相结合的方式来进行。我们主要采取以下两种形式进行评价:

一是建立个人活动过程档案。这是学生活动过程的档案记录,里面记录着学生参与志愿活动的时间、次数、内容和行为表现;也留有学生的日记、绘画、文章等作品,力求充分体现学生参与活动的过程,展示个人独特的风格。学生成长档案袋使他们获得满足感,也为师生对活动进行调整和反思提供依据。

二是建立"小组—班级"二级评价体系。教师将学生每次参与活动的情况分小组和班级两个层面及时评价总结,在此基础上,评出每月的班级明星。评价过程中,除了颁发奖状以外,还奖励校园币,以此鼓励更多学生积极参与到志愿实践活动中去,将奉献精神内化于心。

### 三、课程故事

本活动实施以来,各班家委会成员和老师精心策划,学生们积极热情参与,学生们奉献社会的优秀品行得到有效培养,在当地取得了较大的社会影响。

1. 我和小广告的故事(2014 级学生　王紫臣)

我家门前的街道很美丽,马路宽敞,绿树成荫,人们常在这里散步,但在这美好之中,却有一些不和谐、不文明的现象——电线杆上有横七竖八的小广告。今天早晨,同学们来到这条街道,放眼望去,广告密密麻麻,内容五花八门:有换煤气的、租售房子的、办证的、疏通管道的……我们第二小组来到了一处贴满了广告的电线杆旁,曲家均和于艺等几位同学拿着蘸了水的抹布负责把广告擦湿,他们一遍遍地洗抹布,想快点浸湿广告,而我和赵国言则拿起铲子"哼哧哼哧"使劲地铲。有的广告仿佛是"502"胶粘的一样,抹布擦了好几次,铲了好多遍才清理干净。一上午过去了,我们终于把小广告都清理完了。大家头上冒着细细的汗珠,胳膊更是酸溜溜的,抬也抬不起来。但是,当看到变得干干净净、焕然一新的电线杆时,我们的心里特别高兴,像吃了蜜一样甜。路边的行人见了,竖起大拇指对我们说:"这条街变美了! 这些孩子可真能干!"晚上回到家,奶奶对我说:"瞧你这一身,又脏又臭的。"我挺起胸膛骄傲地对奶奶说:"虽然今天有点累,但我感觉很光荣,我为文明牟平贡献了自己的一份力量。以后我还要继续清理小广告呢!"在此我要呼吁全社会:文明你我他,城市靠大家!

2. 我和敬老院的故事(2015 级学生　唐佳颖)

8 月 24 日下午,我们班"敬老爱老小分队"来到我区社会福利综合服务中心,给敬老院的老人们带去关怀。每个同学手里都提着自己为敬老院的爷爷奶奶准备的月饼、蛋糕、花生油、大米、水果等礼物。全班分为四个小队,我光荣地成为了一队的队长。一进大门,便遇见一个正在打太极的老奶奶,她的动作行云流水,十分气派。随后我们来到大堂,为敬老院的老人表演了三维度课程上精心准备的节目:宋江滢和纪艾佳将评书选段《桃园三结义》讲得有声有色,他们配合默契,爷爷奶奶听得津津有味;王永春和初正赫则将空竹抖得炉火纯青,那变幻多端的花样看得大家拍手叫好;尹然和李阳则为大家唱了一曲京剧《红灯记》,字正腔圆、有板有眼……节目表演结束后,我们一边和爷爷奶奶聊天,一边帮他们揉揉肩、捶捶背。一位老爷爷年纪很大但精神矍铄,给我们讲了他年轻时的故事:他是一名参加过抗美援朝战争的老兵,战争是十分残酷的,我们小学生要珍惜如今的美好生活……临行前,我们将自己在三维度课程所做的手工作品拿出来送给爷爷奶奶,那精致好看的不织布、衍纸、丙烯浮雕、水影画作品代表了我们对他们的敬爱。树敬老之风,促社会文明,让我们共同来关爱爷爷奶奶吧。

3.我和丰金素食餐厅的故事(2014级学生 吴锐雯)

今天我们来到丰金素食餐厅做义工,大家鞠躬迎宾、收拾卫生,忙得不亦乐乎。义工活动结束后,我们举行了一个交流会,分享今天的收获。赵国言说:"'行礼迎客'尽管很容易,可一站要两个多小时,并且不停地鞠躬,说:'欢迎您!'这可不是一件简单的事,以前不知道工作人员是如此辛苦,今天我才真正体会到劳动的不易。"丛瑞说:"看见有人吃完饭,我就跑过去收拾,这样跑过来,跑过去,脚跟生疼,但这样的活动我不能说累,这是一种锻炼,只有这样的锻炼才能让我们变得有担当。"肖鹏宇说:"经过今天的义务劳动,我认为义工不仅仅是为了干活而干活,更重要的是为社会尽一份责任,为人们做贡献,做到人人为我,我为人人!"尹然同学更是下定决心要回家学习擀饺子皮帮妈妈做饭!此次义工活动已经在我们心中生根发芽,也是我们生命中一笔宝贵的财富。我们懂得了,付出比收获更快乐,给予比接纳更心安!

4.我和垃圾分类的故事(2016级学生 曲宸)

今天老师向我们宣传垃圾分类,让大家行动起来,从我做起,共建绿色家园。通过老师的讲解,我明白了垃圾分类是人们文明程度的表现,对城市进行垃圾分类有效处理,既可以改善环境,也可以将垃圾废物利用!在日本垃圾分类已经成为每个人的一种习惯,因此日本的环境有很大的提高。可是在我国垃圾分类没有得到人们足够的重视,垃圾分类刻不容缓。在回家路上,我默默盘算着:垃圾分类,从我做起。该怎样开始呢?虽然老师大致给我们讲了一下垃圾的分类,可是家里扔垃圾从未分过呀,我该怎样来影响大人呢?吃过晚饭,全家人一起坐在沙发上看电视,妈妈习惯性地把饮料盒往垃圾桶里扔,我大喊一声:"等一下!"妈妈诧异地回头望着我,我笑着对妈妈说:"妈妈,我考你个问题,你手里的垃圾是可回收的还是不可回收的?""这还不简单,当然是可回收垃圾喽!"我见妈妈很感兴趣,便对妈妈说:"既然是可回收垃圾,那你为什么扔掉呢?保护环境,人人有责!"

"哦，原来我女儿做了环保小卫士呀！那好，你来教教妈妈吧。"于是，我帮着妈妈分类收拾家中的垃圾。

第二天早晨，我们在老师的带领下来到社区。在社区工作人员的帮助下，我将自己知道的垃圾分类知识告诉叔叔阿姨和爷爷奶奶，因为有昨天的经验，我的讲解十分清楚流畅，大家都听得津津有味。随后，我们来到垃圾箱旁边，虽然垃圾散发出阵阵难闻的气味，但我还是戴着手套，为大家演示如何进行垃圾分类。垃圾桶的垃圾有很多：塑料、报纸、铁块、过期药品、烟头、香蕉皮、废旧电池、玻璃等。我信心满满，快速地把垃圾分好类。社区的阿姨一看，点点头说："不错，我以后要向你学习，为环境贡献自己的一份力量。"周围的大人们都露出赞许的微笑，此时我心里特别自豪！大家快点行动起来吧，从我做起！小手拉大手，一起参与到垃圾分类活动中，我相信我们的家乡会变得更美丽！

5. 我和朗读的故事（2017级学生　汪海峰）

"万般皆下品，唯有读书高。""书中自有颜如玉，书中自有黄金屋。"古往今来，读书为人们所重视。但是，在社会发展日新月异的今天，依然不乏对读书缺少兴趣的人。最近我们班举行"我是朗读者"等系列读书宣传活动，要求我们走到沁水河公园、龙湖广场、鱼鸟河公园等公共场所，携带相应的扩音设备，大声朗诵自己喜爱的文章，通过自己的朗诵吸引大众参与到活动中去，号召全民阅读。我十分喜欢读书，并且我声音洪亮、口齿清晰，是班级的朗读小明星。听了这个消息后，我当仁不让，马上报名参加。8月3日晚上我们随老师来到沁水河公园，首先我们身穿校服、佩戴绶带给公园里散步的人们发放《全民阅读倡议书》。6:50,大家慷慨激昂地齐诵一首《满江红》开启了朗读活动。在个人展示环节，同学们都不太好意思，我也有点忐忑。老师鼓励我们说："同学们，读书是一件美好的事情，将自己喜爱的文章朗诵给大家听，更是一种特别的分享，是大家奉献社会的一种新的方式。"听了老师的话，我鼓起勇气，大胆站了出来，第一个拿起话筒，站在高台上，朗诵艾青的《我爱这土地》，我那饱含深情的诵读，马上吸引了周围散步的居民，他们停下脚步，将我围住，表情凝重，似乎和我一同走进诗句中感受文字的魅力。朗诵结束，大家为我鼓掌。接着，其他同学也依次上台朗读，《过零丁洋》《春望》《囚歌》……聚集的人越来越多，同学们的表现也越来越好，有的叔叔阿姨更是加入进来，和我们一起朗读。为活跃现场气氛，激发更多市民的朗读兴趣，活动还专门设计了观众朗读、知识问答环节，我们充好的气球就是参与活动的小礼品。虽然夜色渐浓，现场的气氛却越来越欢快和热烈。个人诵读、亲子朗读、师生共读，精彩的朗读节目引得大家不时传出阵阵掌声和叫好声，全场齐诵更是将现场氛围推向高潮。这次的活动真是新奇又有意义！读书可以提高生活的质量,填补我们人生中的空白,汲取成长所需的营养。所以,我们要认真读书,号召更多的牟平人读书,建设书香牟平。

**四、课程实施成效**

"爱我家乡,贡献力量"主题志愿服务课程实施以来,对学生们产生了很大的影响,他们积极参加各种活动,提升了与人沟通的能力和社会实践能力,增强了社会责任感,真正体会到奉献社会的意义,并有了好好学习将来努力建设家乡的强烈愿望。同时课程增强了学生奉献社会的能力,进一步弘扬了"奉献、友爱、互助、进步"的传统美德,营造了文明、和谐的社会氛围,培养了孩子们心中有他人,心中有大爱,服务群众,奉献社会的大格局和家国情怀。具体来看,该课程实施有以下两点成效:

**（一）从内容上看,志愿服务课程是一项立足实践的体验式学习**

加强奉献精神教育,建设社会主义核心价值观体系,是丰厚学生人生根基的重要途径。学校各项奉献社会的志愿者活动特别重视体验式学习,注重引导学生参与活动,在活动中实践,在实践中体验,在体验中成长。活动中,学生积极参与"我是环保小卫士""敬老爱老在行动""我是丰金小义工""垃圾分类宣传员""我是小小朗读者"等各项活动,丰富情感,加深感悟,在实践中做出判断,引发对奉献社会精神的思考,升华道德素养。活动中真实的体验带给孩子的心灵震撼,胜过千百次的空洞说教。这些体验活动中的认识与感悟,将伴随着孩子们的成长,浸润到他们的生命里,涵养他们的品行,为他们的人生奠基。

**（二）从价值上看,志愿服务课程培养了学生勇于担当的优秀品质**

学校开展志愿服务活动,目的是让学生从小就认识到自己作为公民的义务和人生的价值的所在。教师通过指导学生参与各项志愿活动,能有效提升学生对奉献社会的认识,培育和弘扬学生的人性中善良的一面。"爱我家乡 贡献力量"志愿服务活动是由具体的感性体验达到理性思考的、逐层有效提升思想认识的教育过程。学生在活动中,会逐渐产生强烈的责任感、坚定的信念、奉献社会的情怀。同时能有效提升自身道德水准,全面提高各方面素质,逐步确立正确的世界观、人生观、价值观,成为有责任感、有担当的人,为将来尽己所能建设国家奠定坚实的基础。

# 第三节　传承红色精神　做新时代奋发少年

巍巍中华，百年党史，悠悠岁月，革命传承。红色精神是中国共产党领导中国人民在革命、建设、改革各个时期所形成的伟大革命精神，在中国共产党 100 年的历史中，形成了很多可歌可泣的"红色精神"，可以说，红色精神已经深深融入中华民族的血脉和灵魂中，成为鼓舞和激励中国人民不断攻坚克难、不断前进的强大精神动力。

青少年作为祖国的未来和民族的希望，引导学生了解中国共产党建党历程，学习中国共产党优秀品质，提高思想境界，延续建党精神，弘扬党的光荣传统，赓续党的红色血脉是基层学校义不容辞的责任。为了实现这个目标，我们决定开设"传承红色精神　做新时代奋发少年"校本课程，编写校本教材，并采取各种措施促使课程扎实实施，激励学生传承红色精神，做新时代奋发少年！

## 一、课程的理念与目标

"传承红色精神　做新时代奋发少年"课程，根据本校学生实际和未来社会的发展需求，确定了"热爱祖国、敢于担当、勇敢顽强、团结协作、自强不息、艰苦朴素、谦虚谨慎、开拓创新"八大红色精神，作为课程实施的根基和校本教材编写的纲领。本课程主要通过实施红色校本教材、举行红色研学活动、阅读红色经典、开展军事拓展活动、举行"红领巾礼赞祖国"项目化学习等渠道，让学生在丰富多彩的实践活动中，深刻理解每一种红色精神的内涵，铸牢"请党放心　强国有我"

图 4-13　"传承红色精神 做新时代奋发少年"校本课程教材

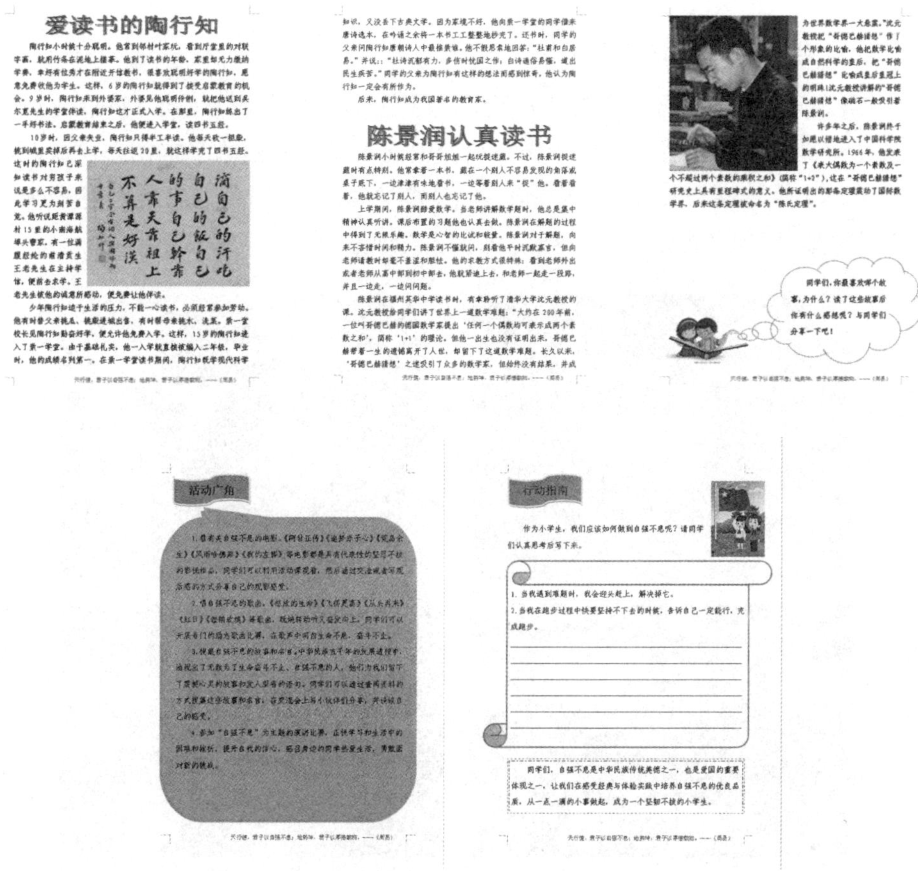

图 4-13 "传承红色精神 做新时代奋发少年"校本课程教材(续)

的担当责任意识,增强"传承红色基因 赓续革命血脉"的中华民族意识,树立正确的国家观、民族观、文化观,促使他们努力成长为未来能够担当民族复兴大任的时代新人。

## 二、课程的具体实施

### (一)编写红色校本教材

学校组织骨干教师编写了《传承红色精神 做新时代奋发少年》校本教材,包含"热爱祖国、敢于担当、勇敢顽强、团结协作、自强不息、艰苦朴素、谦虚谨慎、开拓创新"八大红色精神,班主任老师利用班会时间带领学生一起学习,对学生进行红色教育,引导学生了解八大红色精神的深刻内涵,传承红色文化,赓续红色血脉,从思想上深刻认识到中国共产党的艰辛和伟大,更产生了未来建设伟大祖国的责任感与使命感。

## （二）开展红色研学活动

红色基因的传承离不开实践体验。为了让学生在实践体验的过程中进一步形象了解中国共产党的艰辛奋斗历程和为中国人民谋幸福的坚定初心使命，学校先后组织学生走进台儿庄、杨子荣纪念馆、雷神庙战斗遗址、胶东红色纪念馆、初心学堂等地，感受革命历史，追寻红色记忆，实现红色基因的薪火相传。

图 4-14 "传承红色精神 做新时代奋发少年"红色研学

## （三）阅读红色经典

学校以"阅读红色经典 致敬百年征程"为主题，提倡学生阅读红色经典，以学校立体化阅读的形式整体推进，根据各个版块内容逐步推进：举行"春天送你一首诗"诗词朗诵创作活动，抒发对党的热爱之情；开展"听党史 强信念"党史

图 4-15 "传承红色精神 做新时代奋发少年"阅读红色经典

学习活动,感受党的英雄儿女的伟大精神;举行红色经典诗词朗诵、立体化阅读、阅读晋级等活动,进一步促进学生阅读兴趣的提升与阅读潜能的激发,真切感受到了中国共产党经历的革命、建设、改革时期的长期考验和艰难历程,再一次认识到"没有共产党就没有新中国",从而激发他们祖国、建设祖国的决心。

### (四)开展军事拓展活动

结合《传承红色精神　做新时代奋发少年》校本课程实施,学校与校外培训机构合作,定期开展相应的军事拓展活动,让学生从真实的训练和对抗中,感受团队合作的强大力量,体验革命胜利的艰辛不易,促使学生更加深刻理解八大红色精神,从而磨炼其坚韧不拔的信念,激发其努力奋斗的热情,让他们从小学习相互团结合作,加强团队间的向心力与凝聚力,人人争做新时代的奋发好少年。

图 4-16　"传承红色精神 做新时代奋发少年"军事拓展活动

### (五)举行"红领巾礼赞祖国"项目化学习

为了让学生们感受到祖国在各个方面的巨大变化,学校组织学生们分别从文化繁荣的中国、科技腾飞的中国和经济强盛的中国三个方面探究祖国,开展"红领巾礼赞祖国"项目化学习,引导学生从经济、文化、科技等多个方面开展调查研究与数据梳理,通过数据分析、典型案例搜集与项目研究成果的发布,让学生们深刻感受到了祖国各个方面的迅猛发展,在为祖国感到骄傲的同

图 4-17　"传承红色精神　做新时代奋发少年"项目化学习成果

时,更产生了强烈的报国意识,纷纷写下报国誓言,决定用实际行动练就本领,将来好报效国家。

## 《热爱祖国》教学设计

牟平区宁海街道中心小学　董艳艳

【教学目标】

1.学习故事中英雄人物的爱国精神,正确认识个人前途与祖国命运的关系,懂得维护祖国尊严、关心祖国命运。

2.利用教材提供的爱国故事,在分享交流中培养学生的探究学习能力、合作学习能力和语言表达能力。

3.在红色故事与实践活动中培养学生的爱国情怀,从小立下报效祖国的志向,将爱国落实到实际行动之中。

【教学重难点】

通过爱国故事的学习,培养学生热爱祖国的情感,从小立下报效祖国的志向,将爱国落实到实际行动之中。

【教学过程】

一、导入新课。

歌曲导入激趣。(播放歌曲《国家》)同学们,正如这首耳熟能详的歌曲中唱的"一心装满国,一手撑起家,家是最小国,国是千万家",祖国就是我们的家,爱国是我们永远不变的情怀,那我们应该怎样热爱自己的祖国呢?

二、教学新课

(一)爱国故事谈感受

自主阅读爱国故事,你最喜欢哪个故事,为什么? 与同学们分享一下吧!

1.教学《面向祖国而死》

(1)读《面向祖国而死》,文天祥给了你怎样的触动? 小组交流讨论,派小组代表上台汇报交流成果。

(2)师小结:"人生自古谁无死,留取丹心照汗青"文天祥是这样说的,更是这样做的,他一心装满自己的祖国,即使是死,也要面向祖国所在的方向,也要死得有价值、有尊严,这样的人永远活在人们心中。

2.教学《饿死不吃救济粮》

(1)读《饿死不吃救济粮》,朱自清又给你留下了怎样的印象? 小组交流讨论,派小组代表上台汇报交流成果。

（2）师小结：他宁肯挨饿而死，也不肯领带侮辱性的"救济"，表现了一个中国人应有的尊严。是啊，无论什么时候，什么地方，我们都不能做有损祖国尊严的事，朱自清先生就是我们的楷模。

3.教学《回到祖国去》

（1）钱学森为什么一定要回到祖国？谈一谈你心目中的钱学森。学生交流自己的想法。

（2）是啊，因为他心中有着对祖国炽热而真挚的爱，因为有爱，即使被监禁也不屈服，因为有爱，他为新中国的发展做出了巨大的贡献。热爱祖国，不仅仅是说说而已，他身体力行。

4.教学《保护火炬》

（1）金晶保护火炬的背后代表的是什么？换作是你，你会怎么做？

（2）"那位姑娘把后背留给了暴徒，暴徒拼命打她，拉她的手，但她就是把火炬死死保护住。"多么坚定的举动啊，令我们感动与敬佩，金晶保护的是火炬，彰显的是爱国心。

5.教学《航天英雄》

（1）从航天英雄身上你能学习到什么？故事中哪里给你留下了深刻的印象？

（2）航天英雄们扛起为祖国出征太空的光荣与梦想，付出常人难以想象的艰辛，把党和国家的事业看得比天还高，把飞天的使命看得比生命还重，用铁血豪情一次次创造飞天壮举。致敬，航天英雄。

（二）爱国故事我来讲

1.你还了解哪些爱国故事？给同学们讲一讲吧。

2.爱国人士许许多多，爱国故事每天都在发生。在刚举行的冬奥会开幕式上，国旗入场仪式期间，有记者记录下这感人的一幕：升旗手庄严肃穆，目送国旗升起，同时眼角流下了一行热泪。这张摄影作品让无数人泪目，他在无人注视的角落里用一滴滑落脸颊的热泪表达了这一夜所有的骄傲与热爱，饱含对国家的忠诚、骄傲与自豪，滴在了我们所有中国人的心里。

（三）小小讨论话爱国

1.读了这么多爱国故事，请同学们想一想，作为一名学生，我们应该怎样爱国？小组内进行讨论。

2.爱国不是一句口号，而是要付诸行动。说说你是怎样爱国的？

3.其实同学们，爱国就在我们身边。爱国是无声的，是不在乎任何形式的，爱国之情是无处不在的,它是浸润在每一个生活细节之中的,爱国行为更是一种深入人心的自觉行为。

爱国无大小,处处是爱国。革命英烈抛头颅、洒热血,为革命事业献出自己宝贵的生命,是爱国;解放军高度警惕地守卫在祖国的边防、海疆,保卫国家和人民的生命财产安全,是爱国;体育健儿英勇顽强、奋力拼搏,为国争光,让五星红旗一次次飘扬在国际体坛的上空,这也是爱国。作为学生的我们认真学习,团结同学,尊敬师长,节约水电,爱惜粮食,保护环境,节能减排等等,这都是爱国。

（四）热爱祖国在行动

1. 看爱国电影。《建党伟业》《上甘岭》等电影都是具有代表性的爱国影视作品,通过交流或者写观后感的方式分享自己的观影感受。

2. 唱爱国歌曲,《保卫黄河》《歌唱祖国》等歌曲,既婉转动听又饱含爱国深情,同学们可以开展专门的爱国歌曲比赛,在歌声中增强爱国情感。

3. 搜集爱国故事和爱国名言。同学们可以通过查阅资料的方式搜集爱国故事和名言,在交流会上与小伙伴们分享,并谈谈自己的感受。

4. 实地参观。在很多地方都有爱国主义教育基地,同学们可以观看近现代中国百姓的水深火热和浴血奋战,感受今天幸福生活的来之不易,增强爱国情;也可以参观历史博物馆,感受中国古代文化的博大精深,激发爱国情感。在牟平,同学们可以参观雷神庙和杨子荣广场,感受牟平英雄的风采。

（五）爱国永远伴我行

同学们,中华民族五千多年的发展进程中,涌现了无数爱国人士,他们为我们留下了震撼心灵的故事。我们的国家经历了无数的艰难险阻,经过几代人的斗争拼搏才有了今天的繁荣富强,不容任何人小觑,我们无论走到哪里都有一个坚强的后盾,那就是祖国。

我们生在国旗下,长在春风里,人们有信仰,国家有力量。作为小学生的我们要好好学习,了解祖国悠久历史,学习祖国灿烂文化,热爱祖国大好河山,以"振兴中华,建设祖国"为己任,将爱国真正落实到行动中。


## 《团结协作》教学设计

### 牟平区宁海街道中心小学　孙轩玲

【教学目标】

1. 知道团结协作就是在大家合干一件事时,心往一处想,劲往一处使,互相信任,互相支持,互相配合,互相帮助。

2.懂得在做很多事情时都需要团结协作,尤其是现代社会更需要团结协作的精神,愿意与人团结协作。

3.与人合作时,能听取别人意见,不固执己见。

【教学重点】

帮助学生树立团结协作的思想。

【教学难点】

使学生亲身体会到团结协作的重要性。

【教学过程】

一、创设情境,导入主题

1.师:同学们你们看过中国女排打比赛吗? 这就是 2019 年中国女排在女排世界杯中打比赛的情景。(播放中国女排在女排世界杯中的比赛视频片段)

2.师:经过激烈的比拼,中国女排最终以 11 战全胜且只丢 3 局的成绩成功卫冕世界杯冠军。你觉得中国女排能够获得世界冠军最关键的因素是什么呢?

预设:坚持不懈的训练、勇于拼搏的精神、教练的指导到位、团队的密切配合等等。

3.师:刚刚同学们说的这些因素都是取得胜利必不可少的,我们知道排球是一项团体运动项目,比赛能否成功很大程度上取决于队员们是否相互配合,这种队员之间的相互配合也就是我们常说的团结协作。(板书:团结协作)

4.过渡语:中国女排的拼搏精神激励了历代中国人,让我们一起来读一读中国女排的故事吧。

二、阅读故事,感悟合作

1.师:请同学们自主阅读课前下发的《中国女排》的故事,读完以后谈一谈你的感受。

2.指生畅谈读后感悟。

3.师做小结:女排姑娘在比赛的过程中,心往一处想,劲往一处使,充分发挥每一个人的优势,在队长的带领下密切配合,彼此谅解、互相帮助,取得了一次又一次的胜利。女排姑娘的事迹可以充分证明团结协作是取得比赛胜利的保证。

4.过渡语:在历史长河中团结协作的故事比比皆是,让我们再来一起读一读《谁的医术最高明》和《平型关大捷》的故事吧。

(播放 PPT,展示故事内容)

5.师:同学们,哪一个故事令你印象深刻呢? 说一说为什么。

指生谈自己的想法。

6.师小结:无论是治病救人还是作战打仗,要想取得成功就离不开每个人之间的配合,离不开团队之间的协作。

7.过渡语:在我们现代社会生活中的许多事情也都需要团结协作。随着科学技术的发展,社会分工越来越细,团结协作精神也显得更加重要。在现代社会中,科学上的每一项重大突破,大多是团结协作的产物。2019年1月3日,嫦娥四号成功着陆,实现了人类探测器首次在月球背面软着陆,同时也意味着中国成为世界上首个在月背实施软着陆的国家。下面,我们来读一读《嫦娥四号研发团队获"影响世界华人大奖"》的故事,看一看当今科技社会中,人们是怎样团结协作的。

8.师:故事读完了,故事中有哪些令你印象深刻的内容呢?指生谈感受。

9.师小结:正是因为嫦娥四号探月工程各个团队的团结协作,嫦娥四号才能成功地在月球背面实现软着陆,让我们的国家的探月工程更上一层楼。

三、分享名言,深入感悟

1.师:同学们,上节课老师让大家回去查找有关团结合作的名言或者谚语,请同学们先在小组内分享并进行汇总,一会儿请小组长来分享。

2.指小组长分享,重复的名言或谚语无须再次分享。

(1)人心齐,泰山移。——谚语

(2)人拾柴火焰高,齐心协力金不换。——谚语

(3)一个篱笆三个桩,一个好汉三个帮。——谚语

(4)能用众力,则无敌于天下矣;能用众智,则无畏于圣人矣。——孙权

3.师小结:在同学们分享的名言和谚语中蕴含了智慧的中国人对团结协作重要性的认知。

4.过渡语:在我们的生活中不仅有很多有关团结协作的名言和谚语,还有很多歌颂团结精神的歌曲,下面让我们一起欣赏歌曲《团结就是力量》。

四、观赏歌曲,情感升华

1.师:歌曲里说:"团结就是力量,这力量是铁,这力量是钢,比铁硬,比钢强……"如果我们在平时的生活、学习中团结友爱、齐心协力、互相合作、热爱集体,相信我们班在任何方面都能取得更大的进步,让我们一起说:团结就是力量!

2.师:请同学们回去学唱这首歌,下节课咱们来进行小组合唱比赛,看看哪个小组能唱出这首歌蕴含的铿锵之力。

3.过渡语:这节课同学们表现得非常好,为了奖励大家,老师要让你们做一个小游戏。

五、游戏竞赛,体验合作

1.师:这个游戏的名字叫做《胜利大逃亡》,假设我们的教学楼着火了,而出口只有一个,大家纷纷逃亡,在灾难面前,应该怎样逃跑才能使大家都逃出来呢?游戏规则:每组派8人参加,其中有2人扮演小孩,2人扮演老人,4人扮演青壮年。限时3分钟逃出教学楼,逃出获胜。

2.师:游戏玩完了,恭喜成功逃出的小组,请小组代表来说一说你们能这么快逃出来的秘诀和感受。

3.师小结:通过这个游戏可以看出大家真正懂得了团结协作的内涵,老师给你们点赞。

4.过渡语:这节课我们知道了团结协作的重要性,作为小学生,在日常生活中我们该如何做到团结协作呢?

六、小组讨论,明确方向

1.师:请同学们以小组为单位,讨论刚才的话题,并将你们的想法写下来。

2.小组代表上台展示讨论结果。

预设:(1)当同学遇到困难的时候,我们要积极予以帮助。

(2)小组成员应该互相合作,共同完成学习任务。

(3)班级组织集体活动时要让所有的同学都参与进来。

(4)要看到每一个同学都有优点,在活动中要让每个同学的优点都发挥出来。

3.师小结:同学们总结出来的这些做法都有助于咱们做到团结协作,如果每个同学都能做到这些,那我们的班级一定会成为一个团结友爱的、有无穷力量的、积极向上的班集体。

七、课堂总结,布置作业

1.师:共同的理想、共同的奋斗目标,要求我们必须具备合作意识。人与人之间要互相学习,互相尊重,互相帮助,团结协作,形成一种积极进取,奋发向上的社会氛围。要关心他人,愿与他人合作,虚心学习他人长处,主动帮助他人解决困难。这是社会主义公德的重要内容之一,也是我们从小要养成的优良品德。

2.课后作业:《足球少年》《冲出亚马逊》《中国合伙人》《老井》《少林足球》《集结号》等电影都是具有代表性的影视作品,同学们回去后选一部观看,然后写下自己的观影感受。

## 三、课程故事

### 台儿庄之旅

宁海街道中心小学　　五年级三班　　高圣凯

在春暖花开的三月，我和同学们跟着"大师兄"来到了享有江北水乡的台儿庄，了解了"一幅清明上河图，十里画廊卷不住"的古城历史。

晚霞渐渐升起，我和同学们坐着长达 10 多个小时的火车前往枣庄。当我准备睡觉时，来往匆匆的行人使我寝食难安，再加上列车的咚咚声与不断地晃动，让我辗转难眠。我无奈地靠着窗，望着外面黑漆漆的夜晚，想起了经常出门奔波的爸爸。爸爸常常都要坐长时间的火车，我顿时感受了爸爸的辛苦。爸爸为了让我过上更好的生活，在一种快乐的氛围中学习，在外面受这么大的苦，回去后一定要好好孝敬爸爸。也是在列车上这段不宁静的夜晚，让我体会到了家的宁静、家的温暖。

走进古城风景区，被美丽的景色迷住了。跟随导游的讲解，仿佛穿越到远古时代。1938 年 3 月 24 日，著名的台儿庄战役在飞火连片的炮火声中彻底打响了，被称为'天下第一庄'的台儿庄顿时成了'天下第一废庄'！在漫长无边的日子里，台儿庄的战士们浴血搏杀，守住了台儿庄，打破了日军不可战胜的传言。在这喜悦的瞬间背后，战士们付出了惨重的代价。

上半夜几点，日军突如其来的攻击，让台儿庄的战士们没有时间布阵，更没有任何遮挡与防御，于是乡亲和村民们就通通把粮食都拿了出来，建成了一堵食墙，粮食越来越多。等战争结束后，台儿庄地上是米，河里也是米。乡亲们用特别的方式去保护国家，为国家效力。尽管有乡亲们的粮食帮助，但还是抵挡不住日军强大的炮火，被炸碎的瓦片在空中随风飘舞。台儿庄在炮火声中一点一点儿被日

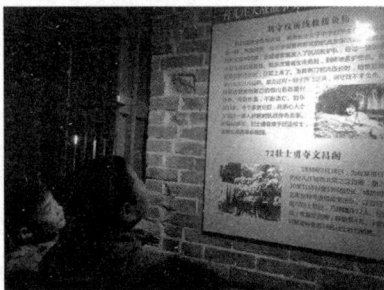

图 4-18　"传承红色精神　做新时代奋发少年"台儿庄红色研学

军占领，战士们见状，临时组成了个 57 人的敢死队，司令官给他们每人发了 30 块大洋，他们却通通全都扔在了地上，他们说："司令官我们连命都不要了，要钱干什么？我们只希望死后立一块碑，让人们知道我们是为国家而死的。"说罢便冲进炮火中。战士们为了拯救自己的国家，把自己珍贵的生死与金钱抛于脑后，不畏

艰险,冒着敌人的炮火勇敢向前。最终 57 人里只幸存了 13 人。

国旗是红色的,红领巾也是红色的,一眼望去十分喜庆,但这次研学告诉我这抹红色与我的想象恰恰相反,它时刻提醒着我们要铭记是战士们在战场上浴血搏杀,献出了无数鲜血为我们得来了现在的美好生活,当战士们拿着步枪向前冲杀时,敌人开着坦克坐着飞机,我知道要想不挨打,就要发展科技;要想发展科技,就要发愤图强。在国家危难之际,不做李有才那样的逃兵,要像李宗仁一样挺身而出,保卫家园。

战士们用自己的鲜血为我们开创这么一个良好的学习环境,在这来之不易的美好生活中,难道我们有理由不好好学习吗?让我们记住历史的耻辱,记住战士们为我们付出的一切,从现在起好好读书,振兴中华!

### 追寻红色印记
#### ——参观雷神庙战斗纪念馆有感

宁海街道中心小学四年级二班　勇一源

二〇二一年是伟大的中国共产党建党一百周年。我们学校宁海街道中心小学发扬红色精神,传承红色基因,开展了丰富多彩的红色教育活动。我也追寻红色印迹,重温红色记忆,参观了胶东抗战第一枪纪念馆。胶东抗战第一枪纪念馆也是雷神庙战斗纪念馆。雷神庙原本是我的家乡牟平的一座普通的小庙,但是一九三八年的一场激烈的战斗让雷神庙载入史册。

牟一九三八年二月五日,牟平城被日军占领了。二月十三日,为了打击日寇的嚣张气焰,中共胶东特委书记、山东人民抗日救国军第三军司令员理琪,带着一百多名战士在凌晨向牟平城发起了猛攻,一举将平城解放。战斗结束后,理琪带着部队向南转移,经过雷神庙时,理琪让大部队先行,领导干部和部分战士一共只有二十几个人,就停在雷神庙召开会议,研究下一步的行动方案。不久,从烟台赶过来的一百多个日本人包围了雷神庙,并向雷神庙发起了一次又一次的攻击。理琪他们和日军进行了英勇的斗争。

雷神庙纪念馆是四合院的建筑,其中的一间屋子里有雕塑和绘画,惟妙惟肖地还原了当时的战斗场面。走进这间屋子,我仿佛听见了枪声……纪念馆里还保存着当时东厢房外窗上的一块面积仅零点八平方米的铁皮,它的上面就有一百三十八个弹孔,可见当时的战斗是多么的惨烈。现在这块儿薄薄的铁皮就静静地躺在这里,它在跟我诉说着几十年前的那一天都发生了什么……纪念馆现存的石碑、石板上也都是弹痕累累，今天这石碑也安静地耸立在这里，它告诉我不能忘记那一段岁月。

理琪司令带领我军战士英勇杀敌，奋不顾身，顽强激战了七八个小时，终于打退了日军，取得胜利。然而，年仅三十岁的理琪同志却血洒疆场，牺牲了。他用他的鲜血和生命，诠释了为民族独立和人民解放事业勇往直前、不怕流血牺牲的革命先行者的精神。解放牟平城和雷神庙战斗，点燃了胶东抗日战争的烽火，打响了胶东抗日战争的第一枪。

今天的雷神庙纪念馆整洁而宁静，我怀着肃穆敬仰的心情，重温那一段光辉的红色革命历史。这里记录了一个又一个朴实、平凡、有血有肉、伟岸高大的英雄，这里讲述着胶东人民团结一心、浴血奋斗的革命事迹。在这里我切实地感受到老一辈共产党人为了共产主义理想抛头颅、洒热血的革命精神，也深刻地认识到，我们这一代少年要学习、继承、发扬这种精神。就像习近平爷爷说的："人民有信仰，国家有力量，民族有希望。"

我们宁海街道中心小学的红色教育活动，让我了解了中国共产党，让我更加热爱我的祖国。红色革命精神和思想像种子一样播撒在我幼小的心田，我要珍惜现在的幸福生活，好好学习，不忘责任，勇于担当，传承红色基因，发扬红色精神，我要树立崇高而远大的理想，并为之不懈奋斗。今天是芬芳的桃李，明天要长成国家的栋梁。我要脚踏实地，用实际行动为我的祖国贡献力量。

# 第五章
## "弘毅"课程——锤炼坚强毅力

《论语·泰伯章》中曾子曰:"士不可以不弘毅,任重而道远。"作为祖国未来的建设者,孩子们肩负着重大的使命,在遥远而又艰难的行进路途中,只有能够拥有坚持不懈的韧劲,才能从容应对奋斗过程中的挫折和挑战,不断突破自我,实现自我的超越。

决定一个人未来能够取得成功的重要品质,就是"坚毅"。同理,在"致远教育"体系中,恒心与毅力是影响一个人未来能走得多远、飞得多高至关重要的因素。因此,宁海街道中心小学立足学生的现实情况和未来成长需求,开设"我是家庭小成员""阅读明星闪闪亮""体育天天练"等课程,着力锤炼学生的坚强毅力。

## 第一节 "我是家庭小成员"课程

"衣来伸手,饭来张口、自理自立能力差、不能体谅父母工作的辛苦、缺乏家庭责任感、不具备担当意识"等是目前相当一部分学生存在的共性问题。相关调查结果表明,能够从小在家里坚持做家务活的孩子,长大以后发展得都非常好,甚至有不少人成了业内的精英。基于此,秉承"教孩子一年,为孩子想终生"的工作原则,从 2017 年 9 月开始,宁海街道中心小学就开设了"我是家庭小成员"主题劳动课程。

## 一、课程的理念和目标

责任心是一个人安身立命的基础，它对于一个人日后立足社会、获得事业上的成功以及家庭幸福都有巨大的帮助。人只有有了责任心，才能具有驱动一生都勇往直前的不竭动力，才能感受到自我存在的价值和意义，也才能将来成长为"有担当"的祖国建设者。"我是家庭小成员"主题劳动课程秉承学校"为儿童的未来发展积蓄力量"的办学理念，引导学生摒弃传统"'帮'家长做家务"的偏颇观念，树立"是家庭的一员，就应该为做家庭做贡献"的责任意识，引导各个年级段的学生尽己所能，长期承担力所能及的家庭劳动，将劳动教育在家庭落到实处，让他们在坚持做家务的过程中练就坚强毅力，体会父母的辛劳，进而形成一定的家庭责任感和勇于担当的意识。

## 二、课程的具体实施

### （一）构建系列课程内容体系

结合低、中、高年级学生的不同年龄特点，遵循家庭生活的需求，学校设计了适合不同年龄段学生的六个类别的"我是家庭小成员"家庭劳动清单。在劳动清单中以对不同年龄段的学生应自理自立完成的项目和应长期承担的家庭劳动项目进行了相对固定化的设计，体现了培养的阶梯性和全程性。

表5-1　牟平区宁海街道中心小学"我是家庭小成员"家庭劳动清单

| 类别 | 低年级 | 中高年级 |
|---|---|---|
| 清洁类（我是小小保洁员） | 扫地 | 洗内衣 |
| | 擦桌椅 | 收拾房间 |
| | 倒垃圾 | 刷鞋 |
| | 洗袜子 | 换床单、被套 |
| | 拖地 | 擦玻璃 |
| 收纳类（我是小小整理师） | 整理书包 | 整理衣柜物品 |
| | 叠被子 | 整理书桌 |
| 厨艺类（我是小小美食家） | 煮鸡蛋 | 煎牛排 |
| | 洗水果 | 热饭菜 |
| | 洗蔬菜 | 蒸米饭 |
| | 择芹菜 | 拌凉菜 |
| | 择芸豆 | 家常炒菜 |

| 类别 | 低年级 | 中高年级 |
|---|---|---|
| 厨艺类（我是小小美食家） | 削土豆 | 擀饺子皮 |
| | 制作果蔬拼盘 | 包饺子 |
| | 煎鸡蛋 | 烤面包 |
| | 学做面点 | 做花样面点 |
| 待客类（我是小小礼仪官） | 迎客问好 | 泡茶、奉茶 |
| | 为客人准备拖鞋 | 为客人准备水果 |
| 自理类（我是小小自理者） | 剥鸡蛋 | 收拾自己的房间 |
| | 摆放餐具 | 独立乘坐公交车 |
| | 收拾清洗碗筷 | 自己洗头、洗澡 |
| | 独立穿衣服 | 自觉更换衣物 |
| | 系鞋带 | 独立梳头 |
| 采买类（我是小小理财师） | 在大人陪同下购物 | 根据需要独立列购物清单 |
| | 根据需要挑选物品 | 挑选菜、水果等日用品 |
| 其他类（我是小小全能手） | 定期给绿植浇水 | 喂、遛宠物 |
| | 自觉关闭电源 | 学习使用简单的家用电器 |
| | 拿快递 | 照顾有需要的家人 |

### （二）实施家校联合评价

构建课程内容是课程实施的基础,但再完善的课程内容,如果不能真正落实到学生的实际行动中去,那么就都会成为形式。为让学校精心设计的课程内容真正在学生们的家庭生活中落地,首先,我们统一家长认识,在召开家长会的时候,专门就"我是家庭小成员"劳动课程的设计与实施进行培训,让家长们真正明白学校开设这门课程的目的以及课程实施对孩子未来发展的重要意义。其次,指导学生掌握一定的劳动技能,利用学校编写的校本教材《生活课》,教给学生学会整理书包、洗袜子、擦玻璃、择菜、包饺子等自我服务性劳动和家庭劳动,为学生提高家庭劳动能力创造学习锻炼的良好机会。第三,精心设计了"'我是家庭小成员'家校评价卡"。评价卡要求家长要针对学生一周内参与家庭劳动的情况进行真实客观的评价,教师再利用每周班会对上周的家庭劳动清单落实情况进行及时总结,表扬坚持参与劳动者,鞭策"三天打鱼两天晒网"者,以此督促学生按照不同的劳动清单要求,坚持参与力所能及的家务劳动。

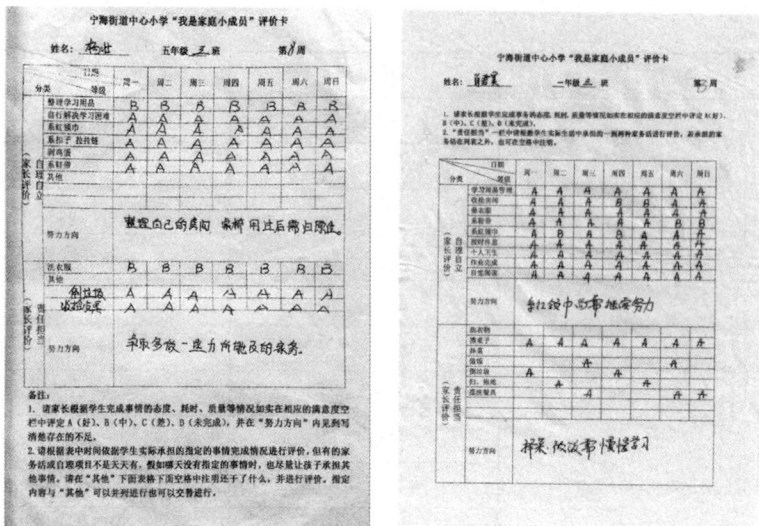

图 5-1 "我是家庭小成员"评价反馈表

## （三）举行生活技能大赛

为避免部分家长进行虚假评价,学校每学期都会按照劳动清单中规定的内容,组织学生进行生活技能大赛,以此督促学生要"真"劳动。为检验学生们的真实劳动情况,生活技能大赛采取随机抽签的方式进行,这样每位同学都有被选中的机会,以此打消学生们的侥幸心理。比赛的内容,都从不同年段的劳动清单中随机确定,以此督促学生全员参与、全部参与。比赛一般分初赛和决赛两个阶段进行:初赛以班级为单位,根据学校随机确定的比赛内容,全员参与比赛,选拔出优胜者代表班级参与级部决赛;决赛以级部为单位,级部内所有班级的初赛优胜者进行终极比赛,选拔出每个项目的级部"劳动小达人",全校进行总结表彰。实践证明,这种随机确定比赛内容、定期举行的生活技能大赛,有效促进了"家庭劳动清单"的真正落地,在检验学生们的意志力与恒心的同时,也促进了学生家庭劳动技能水平的提升。

图 5-2 "我是家庭小成员"生活技能大赛

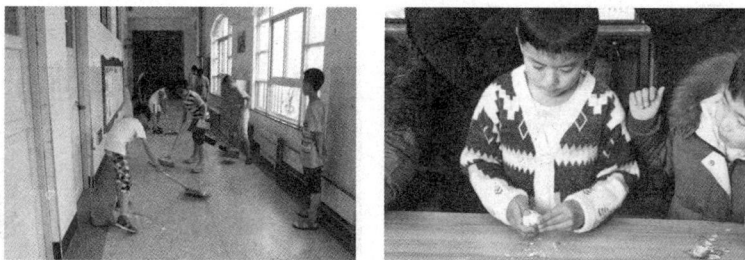

图 5-2 "我是家庭小成员"生活技能大赛(续)

### (四)开展家庭劳动主题实践活动

为激发孩子们参与家庭劳动的兴趣,让他们逐步养成自觉为家庭做贡献的良好习惯,我们经常利用"五一"劳动节、"十一"国庆节和寒暑假等较长的假期开展家庭劳动主题实践活动。如在"创意厨艺我来秀"主题实践活动中,分别给不同年级确定了不同的主题,一年级为"水果拼盘我来秀",二年级为"蔬菜拼盘我来秀",三年级为"可口凉拌菜我来秀",四年级为"鲜味蘑菇我来秀",五年级为"创意面点我来秀"。把活动重点放在引导学生创新创造上,孩子们在不同小主题内容范围内,"八仙过海,各显神通",纷纷表现出了超凡的想象力与创造力,制作出来的作品精彩纷呈。再如在"今天我当家,感悟父母恩"主题劳动实践活动中,各年级的主题也各不相同,一年级为"我是小小收纳官",二年级为"我是洁净小能手",三年级为"我是采买小行家",四年级为"我是烹饪小高手",五年级为"我是创意面点师"。这次活动的重点放在学生自理自立能力的培养上,孩子们展现了让家长们意想不到的超强自理能力,不仅如此,还培养了孩子们热爱生活、积极劳动的热情,增强了他们对父母的感恩意识,促进了家庭的和谐发展……这些主题劳动实践活动的开展,促使学生们以更积极的状态投入"我是家庭小成员"系列活动中,为成长为一个有家庭责任感又富有感恩心与创造力的未来家庭主人翁奠定了坚实的基础。

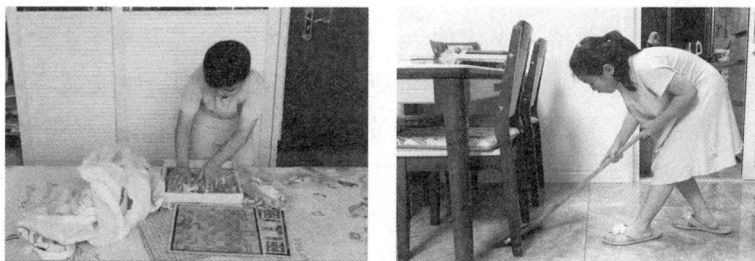

图 5-3 "我是家庭小成员"学生劳动展示

图5-3 "我是家庭小成员"学生劳动展示（续）

## 三、课程故事

### 我是家庭小成员啦

**宁海街道中心小学 四年级一班 孙艺菲**

第一次意识到我是家庭小成员、应该承担家中力所能及的家务时，是为了完成学校布置的"我是家庭小成员"活动任务。

刚开始，我就是为了完成任务，才去干一些家务的，总是带着一丝的不情愿，但过了几天以后，我就越来越爱劳动了，因为我发现劳动其实是一件很有乐趣、很有成就感的事。比如，我觉得自己动手包的饺子格外好吃，能比平时多吃好多个呢，把肚子都撑得圆鼓鼓的！比如，穿着自己洗的袜子、衣服，觉得格外舒服和喷香，虽然没有妈妈洗得干净。比如，看着自己打扫的干净明亮的房间、整理得整整齐齐的课桌，心里觉得格外敞亮，而且维持的时间更长，毕竟是自己辛苦劳动的成果。再比如，每次我出门前，我都会检查一下家里的煤气灶、饮水机、微波炉、热水器和一些插座是否关闭，这样既可以省电，也大大提升了安全系数。慢慢的，"我是家庭小成员"的意识在我心中扎根，我养成了主动承担家里一些家务、关心家中事务的好习惯。

而且，我还懂得了要尊重别人的劳动成果。以前，我总是随手乱放东西，拿完东西也从来不知道放回原位，不一会儿功夫就把妈妈收拾好的房间弄乱了，对妈妈的数落也不放在心上。通过"我是家庭小成员"活动，我体会到妈妈又要上班又要做家务，还要照顾我的辛苦。所以我主动洗碗、扫地、擦桌子，多做一些简单的家务，让妈妈多一点休息和陪我的时间。妈妈直夸我长大了，有家庭成员的担当啦！我听了，心里别提有多高兴！

现在，我已经认识到出生在这个幸福的家庭，在这个家庭中长大，我就是这个家中的小成员，我要对自己的家庭负起责任，多多承担家务劳动，这都是我应该做的，而不是"帮爸爸妈妈做的"。以后，就算没有"我是家庭小成员"的这个活动，我也要把这良好的习惯坚持下去！

## 我不想再当"小公主"了

**宁海街道中心小学 四年级一班 孔筱乐**

这个学期，学校开展了"我是家庭小成员"活动，我夸下海口，决定从做饭下手，开始学习做家务。

以前，我总是在爸爸大厨旁边打下手，可遇到我当大厨，还真是有些心中没底。看着架子上、冰箱里一袋袋的菜，我有点手足无措。我从电饭煲里取出米盆，舀了满满一勺米，把米洗了又洗，并按照爸爸的嘱咐，加了没过手掌的清水，放进电饭煲里煮。又拿出两个大西红柿，用刚烧的热水烫掉了皮，然后像拿木棒一样以非常别扭的姿势拿着刀，笨拙地一点一点把西红柿切成小块备用，结果弄得西红柿的汤水流得到处都是。接着，我还算顺利地打散鸡蛋，准备上锅。我不敢用灶台，只好用电磁炉和平底锅炒菜……好不容易把饭做出来，我只是匆匆吃了几口。待爸爸妈妈吃完，我又忙着去刷碗。望着油乎乎的碗盘，我叹了口气，拖着劳累的身子，到水池边把它们一一洗干净……

洗完碗盘，我倒在沙发上，腰、背、腿、手……几乎浑身都在隐隐作痛。平常看爸爸做饭挺轻松的呀，怎么到我这里就这么难呢？

一日三餐，我们的饭菜总是多种多样，父母总是想尽办法变着花样给我们做饭哄我们吃下去，可我们总是一扭头不理不睬就是不吃，像个贪心的小皇帝一样不满足，让父母对我们的爱随着被浪费的美味饭菜，一起倒进垃圾桶里。难道就该这样吗？父母的爱，哪怕是一丁点儿，就可以弃之不受吗？不，父母为我们付出了那么多，我们应当珍惜他们的劳动成果，并尽一己之力，回报他们。而不能只一味地接收爱、不付出。我已经五年级了，已经长大了，并且已经可以承担家务，真正成为能为家庭付出的一分子，我不会再依赖爸爸妈妈，我会做到"自给有余"。

从今以后，我不要再当只吃不做、心安理得的"小公主"，我也要撸起袖子加油干，为爸爸妈妈、为家庭出一份力。

这样想着，我又来了精神，去帮妈妈做家务了。

## 劳动使我快乐
### ——我的家务劳动感悟

**牟平区宁海街道中心小学 五年级一班 曹瑞言**

我的父母从小就不惯着我，不会让我做一个饭来张口衣来伸手的"公主"。从小，妈妈就让我做一些力所能及的事，渐渐地，随着年龄的长大，也学会了不少家务活。

疫情防控期间，我们居家隔离，为了提高我的生活技能，妈妈教我做红柿炒鸡蛋，虽然我不相信我能做得很好，但是踏入厨房的那一刻，我还是充满了信心。我把三个西红柿洗好后，仔细看着妈妈的动作：把西红柿切成两半，将蒂和它周围切除，剩下的西红柿肉则要切成不大不小的碎块。到我了，我模仿着妈妈的刀法小心翼翼地切着，但我总觉得刀有些钝，心里很纳闷，妈妈似乎看穿了我的心思，说："应该既向下又向前地用刀，手指也不要畏缩。"我照妈妈的话做，果然好切多了。切完西红柿，我又剥了葱，切葱的时候我的眼睛直流泪，真不知道爸爸妈妈平时是怎么挺过来的。接着我打了鸡蛋，我心想：终于有一个我会的了，不过，事情好像并没有我想得那么简单——鸡蛋浪费了一个。我点了火，倒了油，壮着胆子把鸡蛋放进去翻炒几下，赶快盛了出来，其实也不难炒，我心想。但令我最担心的时刻到了——爆锅。我看着妈妈的眼，犹豫不决，不敢下锅，但妈妈告诉我要敢于尝试，我的手在颤抖，几次想要放下葱花却又收住了手，最终，经过一系列挣扎后，我一闭眼一撒手，葱花落到了油锅里，发出"滋滋"的声响，我的手立刻被烫了一下，我没办法，做了个鬼脸又继续干。紧接着，我把西红柿块放进去翻炒，有了先前的经验就没有那么难了，然后我放进去已经炒好的鸡蛋，加入了盐，最后综合在一起翻炒。大功告成！

这道菜无疑吃着比平常更美味，因为这是我亲手劳动后得到的成果，我看着爸爸妈妈欣慰的样子，心里像灌了蜜一样甜。哎呀，我不禁感叹，做饭，真的没有我想象当中那么难。

父母一整天都在为我们操劳、奔波，作为家庭里的一位小成员，平时我们也要多做一些自己力所能及的家务劳动来报答他们，减轻他们身上的负担，这不仅是责任，也是义务，我们应当从小养成热爱劳动的好习惯，因为劳动不仅能够锻炼我们自己，还能陶冶我们的性情，给我们带来乐趣。

不管未来的科技到底有多么发达，社会发展到什么时代，我们一定都要保持热爱劳动的好习惯，因为劳动永远都是人类生存的最基本技能。没有劳动就没有幸福和快乐,没有劳动就没有这个崭新的世界!

# 第二节　"阅读明星闪闪亮"课程

当今社会的高度信息化,使阅读成为个体生存与发展的必备技能。阅读,不仅是学生获取知识的重要途径,提高学生学习能力的重要前提,更是影响学生未来发展方向的必备条件。近几年,高考试题趋向于"情境化"的命题导向,更将"阅读力"推向了前所未有的高度。一道物理试题,题干的文字往往都在三四百字甚至五六百字以上,读不完题目要求,读不懂题目指向,再烂熟于心的公式和定理也无任何用武之地。更关键的是,"一个人的阅读史就是一个人的精神发展史"。持续的阅读可以影响一个人的精神发育,从而改变人生的宽度和厚度。一个人可以相貌平平,但是长期的阅读可以让他具有坚强的毅力,魅力四射,充满智慧。因此,遵循学校的"致远教育"整体课程体系安排,我们创建并实施了"阅读明星闪闪亮"课程,倡导学生天天坚持阅读,拓宽阅读的内涵与外延,给学生终身受用的阅读力,促使学生在持续的阅读中不断锤炼恒心与毅力,同时让学生从中获得深厚的人文积淀、强烈的学习欲望及灵活的学习方法,在未来社会中获得长足发展,为自身的未来发展积蓄力量。

## 一、课程的理念和目标

"阅读明星闪闪亮"课程践行"阅读丰富精神,阅读积蓄力量"的设计理念,以培养学生恒心和毅力、点燃学生的自觉阅读兴趣为导向,引导学生坚持天天阅读。本课程的目标主要体现在以下三个维度。一是培养学生坚持不懈的学习毅力。通过天天阅读,养成学生持续阅读、博览群书的好习惯,同时培养他们学习和做事坚持不懈的意志力,让学生在亲身体验中磨炼自己的意志品质,练就排除干扰、持之以恒、克服惰性、不怕困难的意志力,最终形成自身坚强的学习毅力。二是点燃学生的自觉阅读兴趣。兴趣是最好的老师,在天天阅读中努力激发学生对祖国语言文字的亲近、热爱之情,对阅读产生浓厚的兴趣,达到会阅读、想阅读、爱阅读,享受自觉阅读的乐趣。三是积累学生丰厚的文化底蕴。引导学生不断扩大自己的阅读量,开拓视野,发展智力,陶冶情操,为终身学习奠定坚实的基础,为自身的未来发展不断积蓄力量。

## 二、课程的具体实施

为了使"阅读明星闪闪亮"课程能够更加规范、有效实施,学校主要从以下几方面着手。

### （一）确定阅读书目

面对浩如烟海的书目,"读什么"是令很多家长头疼的问题。在多年执着于儿童阅读推广的王振华校长的带领下,全校语文组的教师们在调查了学生已有阅读情况、查阅了众多名校阅读书目的基础上,共同制定阅读实施方案,分年级分种类进行阅读研究,不断修改和完善适合各个年龄段孩子阅读的重点必读书目和延展选读书目,为"阅读明星闪闪亮"课程的规范开展和深入实施奠定了坚实的基础。

阅读书目分为文学、科学、人文三个维度,共设七个等级,其中有五个基础等级,由低到高依次是小书生、小秀才、小举人、小贡士、小进士。有三个挑战等级,分别是小探花、小榜眼、小状元。每一本书看似简单又很深刻,不仅生动又有趣味,为孩子们打开了一扇扇窗,透进童年的生动趣味和生命力量。

表 5-2 牟平区宁海街道中心小学"读以致远"阅读考级必读书目

| 学段 | 类别 | 书名 | 作者（译者） | 出版社 | 出版时间 |
|---|---|---|---|---|---|
| 小书生<br>（5） | 文学 | 《小猪唏哩呼噜》 | 孙幼军 著<br>裴兆明 图 | 春风文艺出版社 | 2008 年 11 月 |
| | | 《蝴蝶豌豆花》 | 金波 编<br>蔡皋等 画 | 河北教育出版社 | 2010 年 4 月 |
| | | 《不一样的卡梅拉》<br>（我想去看海） | （美）乔安娜·柯尔 著<br>（美）布鲁斯·迪根 绘 | 二十一世纪出版社 | 2006 年 10 月 |
| | 科学 | 《一粒种子的旅行》 | （德）安妮·莫勒 著<br>王乾坤 译 | 南海出版公司 | 2010 年 11 月 |
| | 人文 | 《小牛顿科学馆》<br>（货币的历史） | 台湾牛顿出版股份<br>有限公司 | 接力出版社 | 2017 年 4 月 |
| 小秀才<br>（5） | 文学 | 《犟龟》 | （德）米切尔·恩德 | 二十一世纪出版社 | 2017 年 10 月 |
| | | 《月光下的肚肚狼》 | 冰波 著 | 湖南少年儿童出版社 | 2014 年 1 月 |
| | | 《了不起的狐狸<br>爸爸》 | （美）罗尔德·达尔 著<br>代维 译 | 明天出版社 | 2009 年 1 月 |
| | 科学 | 《鼹鼠博士的<br>地震探险》 | （日本）松冈达英 著<br>浦蒲兰 译 | 二十一世纪出版社 | 2008 年 10 月 |
| | 人文 | 《中国古代神话<br>故事》 | 童趣出版社有限公司<br>编著 | 人民邮电出版社 | 2018 年 7 月 |

续表

| 学段 | 类别 | 书名 | 作者（译者） | 出版社 | 出版时间 |
|---|---|---|---|---|---|
| 小举人（10） | 文学 | 《鼹鼠的月亮河》 | 王一梅 著 | 江苏凤凰少年儿童出版社 | 2015 年 10 月 |
| | | 《大脚丫跳芭蕾》 | （美）埃米·扬 著 | 河北教育出版社 | 2010 年 4 月 |
| | | 《乌丢丢的奇遇》 | 金波 著 | 北京教育出版社 | 2016 年 1 月 |
| | | 《吹小号的天鹅》 | （美）E·B·怀特 著 任溶溶 译 | 上海译文出版社 | 2010 年 4 月 |
| | | 《时代广场的蟋蟀》 | （美）赛尔登 著 傅湘雯 译 | 河北教育出版社 | 2010 年 4 月 |
| | | 《淘气包埃米尔》 | （瑞典）阿斯特丽德·林格伦 著 | 中国少年儿童出版社 | 2018 年 5 月 |
| | 科学 | 《微生物:看不见的魔术师》 | （英）尼古拉·戴维斯 著 陈宏淑 译 | 明天出版社 | 2016 年 12 月 |
| | | 《神奇校车》（奇妙的蜂巢） | （美）乔安娜柯尔 著 | 贵州人民出版社 | 2006 年 10 月 |
| | 人文 | 《林汉达讲中国历史故事》（春秋战国故事） | 林汉达 著 | 中国少年儿童出版社 | 2009 年 2 月 |
| | | 《黑白——书的故事》 | （苏联）伊林 著 董纯才 译 | 浙江文艺出版社 | 2008 年 4 月 |
| 小贡士（10） | 文学 | 《阁楼里的秘密》 | （美）沃伊特 著 | 暂无出版社消息 | 2013 年 3 月 |
| | | 《听见颜色的女孩》 | （美）莎朗·德蕾珀 著 | 接力出版社 | 2012 年 8 月 |
| | | 《宝葫芦的秘密》 | 张天翼 著,丁武 图 | 新蕾出版社 | 2005 年 9 月 |
| | | 《夏洛的网》 | （美）E·B·怀特 著 任溶溶 译 | 上海译文出版社 | 2014 年 8 月 |
| | | 《稻草人》 | 叶圣陶 著 | 希望出版社 | 2009 年 7 月 |
| | | 《特别女生萨哈拉》 | （美）爱斯米·科德尔 著 海绵 译 | 湖南文艺出版社 | 2017 年 3 月 |
| | 科学 | 《昆虫记》 | （法）法布尔 著 陈筱卿 译 | 人民文学出版社 | 2010 年 8 月 |
| | | 《山居鸟日记》 | （日本）铃木守 著 | 贵州人民出版社 | 2010 年 4 月 |
| | 人文 | 《孔子的故事》 | 李长之 著 | 二十一世纪出版社 | 2011 年 7 月 |
| | | 《给世界一个微笑》 | （美）刘墉 著 | 接力出版社 | 2017 年 7 月 |

续表

| 学段 | 类别 | 书名 | 作者（译者） | 出版社 | 出版时间 |
|---|---|---|---|---|---|
| 小进士（10） | 文学 | 《长袜子皮皮》 | （瑞典）阿斯特丽德·林格伦 著 | 中国少年儿童出版社 | 2018 年 3 月 |
| | | 《一百个中国孩子的梦》 | 董宏猷 著 | 长江少年儿童出版社 | 2016 年 4 月 |
| | | 《烟囱下的孩子》 | 常新港 著 | 天天出版社有限公司 | 2014 年 9 月 |
| | | 《诸葛亮传》 | 陈文德 著 | 天地出版社 | 2019 年 10 月 |
| | | 《草原上的小木屋》 | （美）怀德 著 | 北京教育出版社 | 2015 年 4 月 |
| | | 《第十一根红布条》 | 曹文轩 著 | 少年儿童出版社 | 2017 年 6 月 |
| | | 《森林报》（春） | （苏联）维·比安基 著 王汶 译 | 二十一世纪出版社 | 2007 年 11 月 |
| | | 《101 个神奇的实验》 | （德）安提亚·赛安艾克·冯格 著 | 湖北美术出版社 | 2011 年 2 月 |
| | 人文 | 《希利尔讲世界史》 | （美）希利尔 著 陈维华、刘埔 译 | 贵州教育出版社 | 2010 年 4 月 |
| | | 《少年读史记》（帝王之路） | 张嘉骅 著 | 青岛出版社 | 2015 年 2 月 |
| 小探花（15） | 文学 | 《海底两万里》 | （法）儒勒·凡尔纳 著 陈筱卿 译 | 浙江工商大学出版社 | 2017 年 9 月 |
| | | 《蓝色海豚岛》 | （美）斯·奥台尔 著 | 新蕾艺出版社 | 2017 年 5 月 |
| | | 《老人与海》 | （美）海明威 著 张炽恒 译 | 时代文艺出版社 | 2019 年 7 月 |
| | | 《绿山墙的安妮》 | （加拿大）露西·蒙哥马利 著 马爱农 译 | 浙江工商大学出版社 | 2017 年 4 月 |
| | | 《荒野的呼唤》 | （美）杰克·伦敦 著 | 人民邮电出版社 | 2013 年 7 月 |
| | | 《小狗钱钱》 | （德）博多·舍费尔 著 | 四川少儿出版社 | 2018 年 4 月 |
| | | 《布罗镇的邮递员》 | 郭姜燕 著 | 少年儿童出版社 | 2016 年 8 月 |
| | | 《嘭嘭嘭》 | 童喜喜 著 | 春风文艺出版社 | 2017 年 12 月 |
| | | 《肯定自己》 | （美）刘埔 著 | 接力出版社 | 2013 年 7 月 |
| | | 《红瓦黑瓦》 | 曹文轩 著 | 江苏少年儿童出版社 | 2016 年 4 月 |
| | | 《西奥，加油！》 | （法）克罗蒂娜·勒·古伊克-普雷耶多 著 | 湖北少年儿童出版社 | 2012 年 2 月 |
| | 科学 | 《超新星纪元》 | 刘慈欣 著 | 重庆出版社 | 2009 年 4 月 |
| | | 《菌儿自传》 | 高士其 著 | 中国国际广播出版社 | 2017 年 7 月 |

| 学段 | 类别 | 书名 | 作者(译者) | 出版社 | 出版时间 |
|---|---|---|---|---|---|
| 小探花<br>(15) | 人文 | 《少年读资治通鉴》<br>(统领天下的王者<br>风范) | 吉林大学出版社 | 吉林大学出版社 | 2018年9月 |
| | | 《传家》(春) | 姚仁祥 著 | 新星出版社 | 2019年9月 |
| 小榜眼<br>(20) | 文学 | 《影之翼》 | 童喜喜 著<br>爱心树童书出品 | 北京联合出版有限<br>公司 | 2019年2月 |
| | | 《城南旧事》 | 林海音 著 关维兴 图 | 中国青年出版社 | 2007年4月 |
| | | 《超越自己》 | (美)刘墉 著 | 接力出版社 | 2013年7月 |
| | | 《麦田里的守望者》 | J·D·塞林格 著<br>施咸荣 译 | 译林出版社 | 2018年10月 |
| | | 《窗边的小豆豆》 | 黑柳彻子 著<br>岩崎千弘 绘<br>赵玉娇 译 | 南海出版公司 | 2011年1月 |
| | | 《童眸》 | 黄蓓佳 著 | 江苏少年儿童出版社 | 2016年6月 |
| | | 《门缝里的童年》 | 林彦 著 | 浙江少年儿童出版社 | 2018年9月 |
| | | 《俗世奇人》 | 冯骥才 著 | 人民文学出版社 | 2018年4月 |
| | | 《狼图腾》 | 姜戎 著 | 长江文艺出版社 | 2014年11月 |
| | | 《青鸟》 | (比利时)莫里斯·梅特林<br>克 著 | 浙江工商大学出版社 | 2017年4月 |
| | | 《撒哈拉的故事》 | 三毛 著 | 北京十月文艺出版社 | 2017年4月 |
| | | 《草房子》 | 曹文轩 著 | 江苏少年儿童出版社 | 2009年6月 |
| | | 《秘密花园》 | (美)弗朗西斯·霍奇森·博<br>内特 著 | 北京联合出版公司 | 2016年11月 |
| | | 《呼兰河传》 | 萧红 著 | 人民邮电出版社 | 2013年2月 |
| | | 《绿光芒》 | 梅子涵 著 | 明天出版社 | 2016年7月 |
| | 科学 | 《叶永烈讲述100个科<br>学家的故事》 | 叶永烈 著 | 湖北少年儿童出版社 | 2009年1月 |
| | | 《男孩的冒险书》 | (英)康恩·伊古尔登 著 | 广西科学技术出版社 | 2008年6月 |
| | | 《万物简史》(少儿版) | (英)布莱森 著<br>严维明 译 | 接力出版社 | 2009年7月 |
| | 人文 | 《老子说 庄子说》 | 蔡志忠 编绘 | 生活 读书 新知三联<br>书店 | 2001年1月 |
| | | 《诺贝尔奖获得者与儿<br>童对话》 | (德)贝蒂娜·施蒂克尔 编<br>张荣昌 译 | 生活 读书 新知三联<br>书店 | 2005年7月 |

| 学段 | 类别 | 书名 | 作者（译者） | 出版社 | 出版时间 |
|---|---|---|---|---|---|
| 小状元（30） | 文学 | 《再见零》 | 童喜喜 著 爱心树童书出品 | 北京联合出版有限公司 | 2019 年 1 月 |
| | | 《大地的儿子》 | 苏书阳 著 | 长江文艺出版社 | 2019 年 11 月 |
| | | 《十二岁的旅程》 | （美）赖清河 著 | 晨光出版社 | 2017 年 4 月 |
| | | 《王子与贫儿》 | （美）马克·吐温 著 张友松 译 | 浙江工商大学出版社 | 2018 年 3 月 |
| | | 《山羊不吃天堂草》 | 曹文轩 著 | 江苏少年儿童出版社 | 2016 年 4 月 |
| | | 《繁星·春水》 | 冰心 著 | 浙江工商大学出版社 | 2017 年 3 月 |
| | | 《奇迹男孩》 | （美）R·J·帕拉西奥 著 | 上海文艺出版社 | 2018 年 1 月 |
| | | 《星期三的战争》 | （美）加里·施密特 著 | 百花文艺出版社 | 2008 年 5 月 |
| | | 《汤姆叔叔的小屋》 | （美）比切·斯托夫人 著 | 时代文艺出版社 | 2017 年 5 月 |
| | | 《四世同堂》 | 老舍 著 | 北京十月文艺出版社 | 2012 年 7 月 |
| | | 《火印》 | 曹文轩 著 | 天天出版社有限公司 | 2015 年 5 月 |
| | | 《风之王》 | （美）玛格莉特·亨利 著 | 新蕾文艺出版社 | 2011 年 12 月 |
| | | 《第七条猎狗》 | 沈石溪 著 | 浙江少年儿童出版社 | 2018 年 7 月 |
| | | 《将军胡同》 | 史雷 著 | 天天出版社有限公司 | 2015 年 7 月 |
| | | 《背影》 | 朱自清 著 | 安徽教育出版社 | 2015 年 5 月 |
| | | 《长腿叔叔》 | （美）简·韦伯斯特 著 | 人民邮电出版社 | 2016 年 9 月 |
| | | 《芒果街上的小屋》 | （美）希斯内罗丝 著 潘帕 译 | 接力出版社 | 2012 年 1 月 |
| | | 《放慢脚步去长大》 | 章红 著 | 江苏少年儿童出版社 | 2015 年 10 月 |
| | | 《假如给我三天光明》 | （美）海伦·凯勒 著 吴君芳、王一凡 译 | 安徽教育出版社 | 2015 年 1 月 |
| | | 《品中国文人》 | 刘小川 著 | 上海文艺出版社 | 2019 年 4 月 |
| | | 《追梦的孩子》 | 帕姆·穆尼奥兹·瑞恩 著 | 晨光出版社 | 2019 年 1 月 |
| | | 《小海蒂》 | （瑞士）约翰娜·斯比丽 著 | 浙江工商大学出版社 | 2017 年 12 月 |
| | 科学 | 《星星离我们有多远》 | 卞毓麟 著 | 商务印书馆 | 2017 年 9 月 |
| | | 《给孩子讲时间简史》 | 李淼 著 | 民主与建设出版社 | 2018 年 8 月 |
| | | 《时节之美》 | 朱爱朝 著 | 百花文艺出版社 | 2017 年 9 月 |
| | | 《数理化通俗演义》 | 梁衡 著 | 北京联合出版有限公司 | 2018 年 1 月 |

| 学段 | 类别 | 书名 | 作者(译者) | 出版社 | 出版时间 |
|------|------|------|-----------|--------|----------|
| 小状元<br>(30) | 人文 | 《莎士比亚戏剧故事集》 | (英)查尔斯·兰姆 玛丽·兰姆 改写 萧乾 译 | 人民文学出版社 | 2004 年 7 月 |
| | | 《希利尔讲艺术史》 | (美)希利尔 著 李爽、宋玲 译 | 贵州教育出版社 | 2010 年 4 月 |
| | | 《上下五千年》 | 林汉达 著 | 少年儿童出版社 | 2011 年 7 月 |
| | | 《红星照耀中国》 | 埃德加·斯诺 著 | 人民文学出版社 | 2008 年 6 月 |

### (二)共建阅读网络

运用班级 QQ 群和学校微信公众号等渠道,积极开展学生阅读打卡及亲子阅读活动,共建家校一体化阅读网络,促进书香校园氛围的日渐浓厚。学生阅读打卡主要是学生根据自己想申报的等级,从必读书目中选取书籍进行阅读,每天上传一小段阅读的音频或者视频,还可以将自己当天的读书感悟或者疑问发到班级阅读群中,共读同一本书的同学们可以相互交流,教师也会进行适机的引导和解答,让每天的阅读高质量实实在在地进行,从而培养了学生天天坚持阅读的意志力。

亲子阅读活动主要采取两种方式进行:一是共读名家名篇。结合学校的"朗读金话筒"争霸赛,我们开展"亲子共读金话筒"比赛,家长和孩子提前选定感兴趣的篇目,精心练习后录制成音频并发送到指定位置,学校组评委按照"班级——级部——学校"层面进行逐级评选,评出全校的"亲子共读金话筒"奖,统一进行颁奖。二是共读整本书。为营造浓厚的亲子共读氛围,同时检验共读的效果,我们还定期举行亲子共读交流会。在交流会上,运用抽签朗读、问题抢答、情景剧表演、创编绘本等多种形式,引导家长和孩子们共同参与,交流读书收获,点燃读书热情。在此基础上,我们还专门举行了亲子阅读读书节,请在亲子共读过程中表现突出的学生和家长一起上台主持,一起表演情景剧,一起朗诵经典诗文,将学校的亲子阅读工作推向了一个新高潮。

### (三)开展阅读记录

根据学生的阅读方式不同设计了"天天阅读记录卡"和"立体阅读记录卡"。"天天阅读记录卡"是针对纸质阅读的形式设计的。主要分为摘抄型、概括型和感想型记录卡。其中,摘抄型记录卡是对阅读过程中的好词、好句、好段进行积累,概括型记录卡是对读的内容进行简要总结概括,感想型是记录读书感悟、收获。"立体阅读记录卡"是针对通过视频、音频、电影、电视节目等多种形式进行立体化阅读活动设计的。学生将观看的立体阅读内容吸收内化,把观看的内容、观看后的感受记录在立体阅读记录卡上,在开阔视野的同时丰富人生体验。各种形式的阅读记录卡,可以及时了解学生的阅读情况,对学生进行监督和引导,使学生实现从最初的"被动阅读"到后来的"自觉阅读"的转变,从而促进其语文综合学习能力的提高。

**（四）发布阅读成果**

对于在天天阅读中表现突出的学生及家庭,我们主要通过以下形式展示他们的阅读成果:一是借助"校园读书节""阅读考级""书香家庭评选"等机会,开展丰富多彩的阅读比赛和阅读考级活动,检验学生天天阅读的情况,激发学生"你追我赶争上游"的好胜心,点燃学生及家长的阅读热情。二是通过学校微信公众号中的《阅读启航——朗读》专栏,将优质的书籍片段朗读音频和学生、家长交流的读书感悟等进行适时发布,激发学生的阅读兴趣,提升学生的阅读技巧,促进学生阅读能力的发展。

**（五）进行成果评价**

为充实学生文化底蕴,培养学生浓厚的阅读兴趣,使其形成良好的阅读习惯,提高其综合素质,学校会定期评选"阅读小明星""习作小达人",每学期会举行一次"阅读考级",举行"读以致远"阅读工程颁奖典礼仪式,不断激发所有学生的阅读积极性,引导学生在大阅读中为未来发展积蓄力量。阅读晋级成功的小书生、小秀才、小举人、小贡士和小进士们,会身着学校专门为学生定制的古时的文人长袍,由校长依次为其颁发相应级别的晋级证书,进行鼓励表扬,并在学校营造浓厚的阅读氛围。

**三、课程故事**

"阅读明星闪闪亮"课程让学生在读中收获、读中成长,他们以随笔的形式记录下自己阅读中的点滴成长,阅读的魅力和天天阅读课程带给学生的影响不言而喻。

## 读书让我茁壮成长

### 宁海街道中心小学 五年级一班 古灏羽

"三更灯火五更鸡,正是男儿读书时。"大家好,我叫古灏羽,是宁海街道中心小学五年级学生。我喜欢读书,读书让我学会了感恩、自信、坚强、独立……

我喜欢读书,要感谢妈妈的引导。记得《朗读手册》中的一句话:"你或许拥有无限的财富,一箱箱的珠宝与一柜柜的黄金,但你永远不会比我富有——我拥有一个讲故事给我听的妈妈。"是的,我拥有一个讲故事给我听的好妈妈。从我牙牙学语时期,妈妈就开始为我读书。慢慢地,书成了我的伙伴朋友,我经常缠着妈妈给我讲故事。长大一点后,我认字了,就自己读书。妈妈给我买了好多书,只要有空闲时间,我就会拿起书,沉浸到书的世界中。上学后,在老师的指导下,我又开始了更广泛的阅读。随着认识的字越来越多,我阅读的广度和深度都有了很大的提升。

我非常喜欢战争爱国题材的书籍。一、二年级时,和妈妈共读了《苦菜花》《小兵张嘎》《铁道游击队》等书籍,还在学习强国平台上收听了很多与抗战有关的音频和广播剧等。这些学习让我坚定了热爱祖国保卫祖国的信念。我最喜欢历史方面的书,三年级时,我读完了林汉达和雪岗的《中国历史故事集》,对中国历史有了初步的了解,随后,我又读了《明朝那些事儿》和《半小时漫画中国史》全套书。书中的人物成了我的好朋友,我和他们对话交流,由此我对中国历史充满了好奇和热爱之情。

除了读自己喜欢的书,我还积极阅读学校老师推荐的书目。在语文老师的指导下,从一年级开始,我坚持每天背诵诗词。我喜欢李白"黄河之水天上来,奔流到海不复回""大鹏一日同风起,扶摇直上九万里"的豪放,我喜欢苏轼"大江东去,浪淘尽,千古风流人物"的恢宏气势,我感叹杜甫"国破山河在,城春草木深"的忧国忧民的情怀。在背诵的过程中,我不但体会到了诗词的韵律美,也从诗中感受到了诗人的性格特点,了解了他们所生活的那个时代背景,因而更加热爱中国传统文化,并乐于做一个传播传统文化的小使者。

"纸上得来终觉浅,绝知此事要躬行。"我不仅喜欢读书,从书中学习做人做事的道理,还积极参加读书分享推广活动,做好读书笔记。我在讯飞语记上记录了近百万字的读书感悟,在喜马拉雅电台录制了将近50集个人诵读作品。我参与了班级家委会组织的《朗读手册》《中国历史故事集》《听见颜色的女孩》《少年读史记》等多部书的分享,带动同学加入共读一本好书的行列。

2019年暑假我参加了学校组织的"我是朗读者"志愿服务活动。我们在沁水河畔诵读诗歌，鼓励更多的人爱上读书。活动中，我还给贫困山区的小朋友送去20多本心爱的图书，希望能和他们一起多读书、读好书、好读书。我还是学校每年"读书节"活动的主持人，舞台上的我尽情挥洒读书带给我的自信和光彩。我获得过学校举行的"亲子诵读比赛"一等奖，"品红色达人""语文小明星"等称号。学校的各种锻炼使我更加有了自信，并在更高一级的平台上展示自我。我先后获得过烟台市第九届烟台市民读书朗诵大赛中荣获集体组三等奖、烟台市"金牌小小红色讲解员""中华少年说"语言艺术大赛全国比赛个人组金奖等荣誉称号。2020年被评为烟台市读书明星。读书让我自信地站上舞台绽放自我，我要继续努力，读更多好书，用更美的声音传递书香之美。

书山有路勤为径，学海无涯苦作舟。但我认为，热爱读书，学海无涯就是乐作舟！热爱读书，让我快乐茁壮成长！

## 和妈妈一起读书

**宁海街道中心小学　三年级一班　孙艺菲**

"读万卷书，行万里路。"我喜欢读书，更喜欢和妈妈一起读书。从我记事起，妈妈便时常陪着我一起读书，尤其是上了小学之后，在学校的号召下，妈妈注重起亲子阅读来，几乎每天晚上都会陪我读一读书。这些数不清的亲子共读时光，就像一颗颗五颜六色的宝石镶嵌在我成长的路上，那么美好、又那么珍贵……

和妈妈一起读书，有时是妈妈读给我听，有时是我读给妈妈听，有时会分角色朗读，绘声绘色地把书中情节演绎出来。读完之后，我们还会讨论一下读书心得，标注一下精彩的词句，妈妈也会做一些启发式的提问，让我带着问题到书中寻找答案，加深对书中内容的理解。不管是什么阅读的方式，我都很享受依偎在妈妈身边共读一本书的感觉。我总觉得，那一张张书页，就像一叶叶船帆，而妈妈像一艘温暖的船，载着我遨游在书籍的海洋之中。

在亲子阅读的时光里，我和妈妈一起走进过奇妙无比的童话世界，为丑小鸭历尽艰辛变成白天鹅而开心雀跃，为卖火柴的小女孩冻死在平安夜而难过流泪，为多萝茜和伙伴们经历种种惊险后实现愿望而欣慰感动，为皇帝的新装里敢说真话的小孩拍手称快……在亲子阅读的时光里，我和妈妈一起领略过中国诗词文化的巨大魅力，为"忽如一夜春风来，千树万树梨花开""春蚕到死丝方尽，蜡炬成灰泪始干""人生自古谁无死，留取丹心照汗青"等千古名句而陶醉和震撼……在亲子阅读的时光里,我和妈妈一起走进过风起云涌、金戈铁马的历史长卷,了解了揭竿而起的陈胜、背水一战的韩信、完璧归赵的蔺相如、四面楚歌的项羽、卧薪尝胆的勾践、三顾茅庐的刘备、草船借箭的诸葛亮等一个个生动的人物形象和精彩的历史故事……

妈妈总对我说"读书长智慧。"和妈妈一起读书,我不仅增长了知识,开阔了眼界,学到了可贵的品质,懂得了人生的道理,更感受到了妈妈对我温暖的爱和陪伴。而且,共同读书,让我和妈妈有了更多共同的话题,总觉得我们的心灵是相通的,所以,亲子关系也更加融洽了。这些日积月累的收获,让我爱上了亲子阅读,从最初的被动变成了主动,在妈妈想偷懒的时候,我会主动要求妈妈陪我读书,亲子阅读已经成了我们家必不可少的一项活动。

我想,我和妈妈会继续将亲子阅读坚持下去,而且,我还会把爸爸也拉入亲子阅读阵营,我们一家人共同感受读书的魅力!

**四、课程实施成效**

"阅读明星闪闪亮"课程近几年来在学校的顺利实施,取得了显著的成效,学生在课程中的成长是显而易见的。

**(一)培养了学生坚强的毅力**

小学生缺乏自律性,坚持长期做一件事情对他们来说是较为困难的,而"阅读明星闪闪亮"课程正是培养学生坚持不懈的意志力和行动力的良好平台。原来做事情缺乏耐心不能坚持到底的孩子在一点一点地改变,坚持阅读给他们带来的自信和底气让他们尝到了甜头,天天阅读的劲头更大了。

**(二)营造了浓厚的阅读氛围**

"阅读明星闪闪亮"课程充分地调动了孩子和家长们的阅读热情,人人参与其中,乐在其中,从而营造出了浓厚的书香校园阅读氛围。很多家长在孩子的影响下,放下手机,推掉应酬,天天陪孩子阅读,家长和学生共享阅读的幸福,形成了学校、家庭共生共长的校园生态。

**(三)强劲了学生未来发展的动力**

几年来,学校贯彻立体化大阅读理念,在纸质阅读与立体阅读多种阅读方式的浸润与影响下,学生不断积累文化底蕴,开阔视野,增长见识,获得了精神和心灵的成长,更促进了自身综合素养的全面提升,为未来成长为更好的自己提供了强劲的动力。

# 第三节 "争当体育小达人"课程

让每一个孩子健康成长，是基层教育工作者的头等大事。推进学校体育发展，落实"健康第一"的教育理念，在教学实际中还有很多难点等待破题：怎样才能打破以往运动会少数孩子"奔跑"、大部分学生沦为"看客"的陈规，让每个孩子都动起来？怎样才能让孩子们养成终身运动的意识和习惯……为进一步提高学生体能，增强学生体质，锤炼学生毅力，同时激发学生参加体育锻炼的积极性和自觉性，学校创建了"争当体育小达人"课程。学校立足学生的生命成长需求，在充分发掘已有体育优势资源的基础上，不断探索创新，创设了多元的体育课程，将育体与育心、育德相结合，培育出了一批批具有一定终身健身意识与能力的奋进者。

## 一、课程的理念和目标

"争当体育小达人"课程以增强学生体质、锤炼学生的意志力、培养学生的终身健身意识与习惯为理念，以国家体质健康测试项目和测试标准为指引，以学生的年龄和生理特点为依据，充分发掘牟平当地的体育教学资源，分别设计了种类不同、形式各异的训练方式激发学生的体育锻炼兴趣，点燃学生的体育锻炼热情，引发学生挑战自我、战胜自我的信心与勇气，让学生们在各种体育锻炼、尽情地享受体育锻炼的艰辛与快乐的过程中，张扬自我个性，培养坚强意志，从而以更积极向上的心态面对学习和生活中的各种挑战。

## 二、课程的具体实施

学校根据学生的不同年龄段，结合国家体育锻炼标准，设立了武术、跳绳、踢毽、仰卧起坐、体前屈、足球、篮球等项目的体育小达人课程。并充分利用体育课、大课间、活动课及双休日等时间积极开展各项体育活动。

### （一）统筹规划课程内容

在国家课程实施过程中，除了不同年级段学生应该掌握的运动知识、技能和方法之外，我们重点进行了足球、篮球和武术运动项目的教学，并且不同的年级做出了不同的规划和设计。一、二年级主要进行武术项目，三、四、五年级主要进行足球和篮球，三项内容分别从每周的体育课中安排一节课进行专项教学。在大课间体育课程实施过程中，始终以武术学练为核心，根据学生的年龄特点，定期变换穿插各种形式的体能训练项目,让学生在提升体质健康水平的同时培养自强不息的武术精神。

### 1.足球、篮球——发掘学生个性

为让学生在小学阶段就能确定一项自己感兴趣的运动项目,我们给学生提供了多种选择,其中将足球和篮球作为国家课程中的重点推介项目。我们主要采取了三个层面的措施:一是"请进来"。学校长年聘请专业足球与篮球教练各一名,对学生进行篮球与足球的专项教学和训练,同时对体育教师进行相应教学、训练方法的培训,破解教师专业指导性不强的难题,充分保障篮球与足球运动在学校的正常开展。学校还聘请原中国男篮著名国手、原国奥男篮主教练范斌老师做学校的篮球顾问,亲自指导孩子练球,在学校掀起了篮球训练的热潮。二是"走出去"。学校积极创造机会让体育老师外出学习,参加烟台市骨干体育教师培训班、烟台市校园足球师资置换培训班、各级篮球与足球夏令营等各级各类培训,让所有的体育老师都具有相应的运动专项知识和技能,为全面普及创造条件。三是"挖下去"。这里的"挖",主要指的是挖掘足球和篮球运动的育人功能。我们经常抓住平常训练和各级比赛过程中出现的典型事件,及时组织学生开展"面对面"或者"写活动感悟"等形式的座谈和研讨,在讨论交流中引导学生认识到团队合作、遵守规则的重要性,体验到"世界上没有天才,只有百分之一的天赋加百分之九十九努力"的深刻内涵,帮助他们养成积极向上、永不服输的精神。

图 5-4　范斌教练指导学生

图 5-5　"我与足球同成长"座谈会

图 5-6　首届"校长杯"校园足球赛

### 2. 武术——健全学生人格

牟平区是武术之乡，习武风气浓厚，学校有许多学生从小就在各类武校习武，他们对武术有着特殊的情感。因此，学校就根据这个实际情况，将武术确定为学校的特色运动项目，三方联动，在国家课程、大课间体育课程和拓展性课程中合力推行。在国家课程中，一、二年级每周拿出一节体育课，聘请校外武术专职教师进行武术基本步法、意拳基本拳法等武术常识的普及训练，主要目的在于让学生初步感悟武术的基本内涵。在大课间体育课程中，根据学生的年龄特点，先后创编并推行了多种武术学练方法。2021年又借助体操棒，创编了器械武术操《英武少年》。武术操以弓步、马步、并步为主要步伐，融合了刀法的劈、棍法的扫、枪法的挑、剑法的刺等多种技法，既简单易学，又刚劲有力。孩子们通过对武术基本功的学练培养了自身"夏练三伏，冬练三九"的坚强意志力和自强不息、坚毅开朗的精气神，通过对武术一招一式内涵的理解感受祖国优秀传统文化的博大精深，增强了学生们的民族自豪感，提升了学生们的民族自信心，有效激发起了他们为祖国振兴而立志奋发图强的内驱力。在拓展性课程中，主要针对爱好武术且有一定武术天赋的学生进行强化训练，让学生在武术专职教师规范而又严格的指导与训练下，提升武术运动技能，进一步深入感悟武术文化的精髓。三类课程的组合发力，进一步培养了学生不屈不挠的精神和积极向上的意志品质，促进了学生身体、心理和精神等各方面的协同发展。

图 5-7　学生武术操及柔韧操展示

### 3. 家校联动——培养学生坚强毅力

"争当体育小达人"课程内容，不管是哪一类，要想在零点起步的基础上学有所得，都必须具有不怕失败的精神和坚韧不拔的品质。在教学中，我们抓住学生训练与成长中的每一个点滴，进行适机指导与教育，引领学生克服自己成长过程中的一个又一个困难，让他们真切体会到"欲学惊人艺，须下苦功夫"的深刻内涵。

家校联动课程指的是在"大体育"教学理念的指引下开设的学生家庭体育锻

炼课程,主要在节假日和双休日进行。学校根据不同年级学生的年龄特点,设计了跳绳、踢毽、仰卧起坐、体前屈等规定内容以及跑步、篮球、足球、武术、游泳、骑车、爬山等自选内容,每位学生一张课程实施表格,表格采取学生自我评价和家长督促检查相结合的方式进行。这对于相当一部分学生来说,是意志品质方面的一个不小的挑战,特别是在天气炎热的暑假,要想做到坚持天天锻炼,没有坚强的毅力做支撑,是根本没有办法完成的。但在学校科学有效的评价体系的引领下,绝大多数学生都能做到假期健身不断线,锻炼标准不降低,这让孩子们从小培养了自己坚韧不拔、奋勇向前的意志和健康向上的心理状态,为养成终身健身的良好习惯打下了坚实基础。

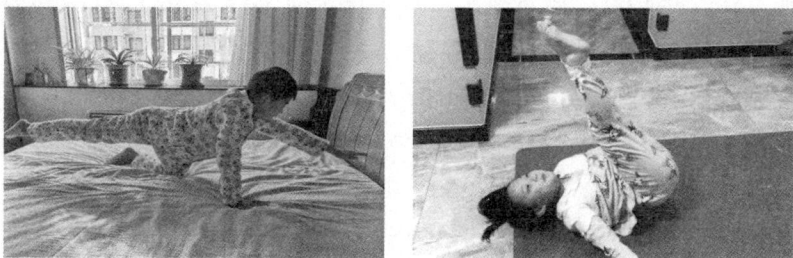

图 5-8 学生假期"体育天天练"展示

### (二)强化督查评估考核

国家课程重点在开齐、开足和开好上下功夫:教导处每周至少进行三次不定期抽查,凡是发现有其他学科教师挤占体育课、体育课教师不按时上课或者不认真上课的情况,一律列入个人考核,确保体育课在学校各年级的"刚性化"实施。每个学期末,学校都要根据不同年级段学生的体质监测标准,对每个班级选定的抽查学生进行体质监测,并以此作为评定体育教师课堂教学效果的依据之一。大课间体育课程重点督查学生的动作规范和参与秩序,拓展性课程重点督查教师的课堂组织与实施效果,此两项督查结果也分别列入班级考核和体育教师个人考核。

### (三)以赛促练,多元评价

实践表明,竞赛是促进运动技能水平提高的重要手段。基于学生好胜心强的心理特点,适当引入竞争机制,可以有效激发他们的体育训练热情。因此,我们非常重视开展各种形式的比赛活动,以赛促练,多元评价,促进课程体系得到长足发展。学校建立起各年级、各项目的校园三级联赛体系,不管是足球、篮球还是武术校本项目,不管是抖空竹、花样跳绳还是踢毽子、仰卧起坐,都要经历"班级——级部——学校"的三级联赛过程,在这个过程中培植学生们你追我赶的训练兴趣与热情,营造浓厚的校园体育锻炼氛围,挖掘各方面有潜力的学生,为学校参加全区乃至全市的各项比赛活动储备人才。

对在平日体育活动和竞赛活动中涌现出来的某一方面表现突出的学生,学校主要采取三种方式进行评价:一是颁发"校长奖章",这是由校长亲自颁发的纸质奖章,凡是在学校举行的各种体育运动项目中取得突出成绩的学生,或者是在各种体育课程实施过程中特别认真的学生,都有可能获得"校长奖章",获得奖章的学生将取得跟校长共品甜点、促膝谈心的机会;二是颁发"体育小达人"证书,根据学生平日在学校举行的各项竞赛和每学期开学后举行的家校联动课程检测竞赛成绩,颁发各个项目类别的"体育小达人",有效促进了学生鲜明个性的培养;三是颁发"小海娃"奖章,根据学生平日上体育课、参与体育大课间、参加体育竞赛、参与拓展性课程和家校联动课程等方面的班级积分情况,每月和每学期定期评选"健康的体魄"小海娃,被评上的学生将获得绿色的小海娃卡片和小海娃挂牌一枚。到五年级毕业的时候,如果能攒够十枚绿色小海娃挂牌,还将获得一个立体的绿色小海娃,作为永久的纪念。多元评价体系的构建及实施,有效激发起了学生们参与体育运动项目训练的热情,全面促进了学生运动技能水平的提升。

图 5-9 "我是体育小达人"明星榜

### 宁海街道中心小学关于体育寒假作业的说明

一、体质测试项目

1.体质测试项目可根据自己的测试成绩有选择地进行练习:各项成绩都是优秀的,可少练或不练;良好等级的要向优秀等级努力;不及格和及格的同学对自己的弱势项目要有针对性的练习。

二、体能项目

1.速度练习:① 徒手摆臂练习,② 仰卧双脚蹬车轮练习,③ 原地高抬腿,

④ 弓箭步交换跳。

2.有氧练习:① 长于2分钟的原地小步跑或高抬腿跑,② 长于2分钟跑家中的院子,③ 有条件地进行25米×8往返跑。

3.灵敏练习:① 呼啦圈,② 踢毽子,③ 跳皮筋,④ 跳绳。

4.柔韧练习:① 柔韧操,② 横叉、纵叉,③ 下腰。

5.力量练习:① 俯卧撑,② 小哑铃,③ 提重物,④ 蹲跳起,⑤ 单脚跳,⑥ 蛙跳,⑦ 跳台阶。

三、自主锻炼项目

篮球、足球、乒乓球、羽毛球、武术、跑步、健走、爬山、轮滑、滑雪等自己喜欢或擅长的运动项目。

以上三个项目学生可根据自己的实际情况最少选择1项练习内容,自定完成数量。

四、体育与健康作业

做一期手抄报,内容是如何预防近视眼、如何预防龋齿、如何预防肥胖、如何预防传染病,开学后学校要进行检查和评比。

五、注意事项

1.家长注意在每次练习时督促孩子做好准备活动,并为孩子选择好练习场地,最好家长能和孩子一起练习。最后根据孩子练习的情况给出等级(ABCD)并签字(只要孩子比上一次完成的好即可得A)。孩子根据家长的练习情况也可给家长给出相应的(ABCD)等级。

2.星期一至星期五练习时间最少20分钟,星期六、日练习时间最少30分钟,春节期间可以适当调整。

3.每天练习前做适当的准备活动,练习完成后注意及时做放松练习。

4.请家长在有时间、有条件的情况下将孩子锻炼活动的视频或照片上传至班级QQ群或微信群。

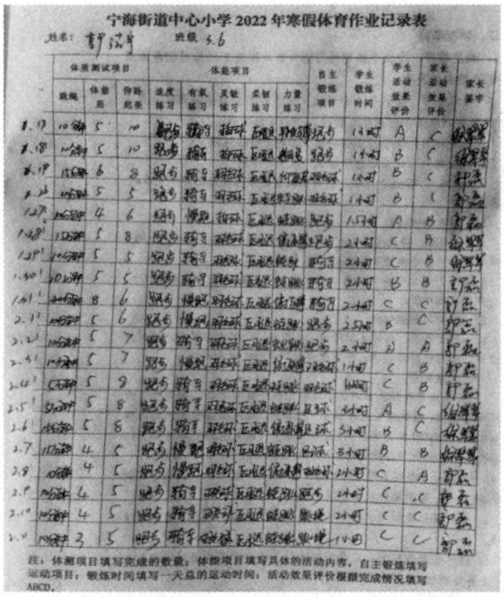

图5-10 假期"体育天天练"评价表

## 三、课程故事

篮球让我成长

宁海街道中心小学 四年级五班 张艺格

唉！我和妈妈又大吵了一架，为什么呢？就是因为学校开设的三维度课程。我呢，一眼就盯上了篮球社团，当我用期待的眼光看向妈妈时，我的母亲大人用坚定的语气对我说："篮球一定会影响学习，你坚决不能报！"我听了很失落，但为了自己的爱好，我还是寸步不让。妈妈为了把这水火不容的大战停止，只好对我说："行，如果你的学习成绩退步了，就立刻停止打篮球。"好不容易有一丝希望，我只能硬着头皮答应了。

刚开始，我只是羡慕那些打比赛后能站在领奖台上的大哥哥和大姐姐，可当我真正决定学习篮球时，感觉真的不容易，每天都要进行刻苦的练习，练习拍球、运球，还要学习其他一些篮球技术。虽然每天训练感觉很累，但是我也在一点点地进步，更收获到了很多快乐。当我在学校有不高兴的事埋藏在心里时，放学后与那些最真挚、最开朗的队友酣畅淋漓地训练一会儿，我的心情一下子就轻松了，这就是运动带给我的快乐。当我在课堂上感受到学习压力时，训练的时候参加了一场的激烈的比赛后，我会感到没有什么能打败我。我坚信，只要在生活中像在球场上一样拼搏，我的一切都会好起来。

还有当我第一次投进球时，第一次相互打配合时，第一次防守成功时，第一次出校比赛时，我的心情都无比激动。这一次次的超越自我，让我感到无比的骄傲，这也是我越来越自信的起源。

自从练习篮球后，我为了让妈妈放心我的学习，每天在学校我都做到认真地听讲，晚上做作业更仔细。果然在学期末的检测中，我的成绩有了明显的提升！感谢篮球，让我成长！

我最喜欢的运动——足球

宁海街道中心小学 三年级六班 孙圣霄

生活能够带给我们快乐的事有很多。比如，获得一件自己期盼已久的礼物，吃到一道可口的菜肴，在考试中取得好的成绩……而我认为带给我快乐最多的就是我的"宝贝"——足球。

足球,我非常热爱这项运动。从小学二年级开始,我就和足球交上了朋友。经过一年的加强训练,三年级的时候,我如愿进入了校足球队,成了球队中最小的一名球员。每当我穿上校队队服的时候,心中就无比兴奋,我感到这是至高无上的荣耀!

在很多人看来,足球训练是令人痛苦的,而在我眼里,足球训练是让人快乐的。我能在训练中提高技能,强壮身体,并从中领悟足球的真谛。足球还能愉悦我的身心,磨炼我的意志,培养我的团队精神。

在刚刚结束的"区长杯"足球赛中,我们遇到了很强大的对手——姜格庄中心小学,这个学校曾经是上一届"区长杯"的冠军,球队队员的技术都很高,而且普遍长得也比我们的队员壮。我们的比分咬得很紧,同学们踢得很艰难,到了最后一场比赛,对方的防守更厉害了,眼看比赛结束时间就要到了,但是我们仍然踢不进球去,大家都有些泄气了。这时候,体育老师和女队队员们在赛场外大声为我们加油,我们又重新鼓起了勇气,终于成功踢进一个球,打败了这个强敌,取得了区长杯第一名的好成绩。队友们拥抱在一起欢呼雀跃,校长也来给我们呐喊助威。那时那刻,我的心情无法用语言来形容。那一幕幕你追我赶的奔跑,一个个巧妙的配合,一粒粒精彩的进球……让我回味无穷!

足球让我变得自信,变得强健,让我学会勇敢,学会坚持,让我生活变得如此精彩!足球给我带来的快乐还在继续……

### 四、课程实施成效

喜看稻菽千重浪,欣听桃李做涛声。几年来,在体育工作方面坚持不懈的努力,让学校发生了显著变化。

一是从整体上改变了学校的办学氛围。独具特色的课程体系的实施和丰富多彩的体育活动的开展,让所有的学生、老师和家长们都动了起来,学校处处充满活力。孩子们的精神面貌也发生了很大的变化,不再胆小羞涩,而是个个都刚毅开朗、积极阳光。

二是全面提升了学生们的体质健康水平。学生的身高和肺活量等各项数据都呈现逐年攀升态势,跳绳、坐位体前屈、仰卧起坐、50米跑等项目监测中的优秀率和良好率也都呈现较为明显的上升趋向。

三是全面提升了学校的知名度,让学校屡获殊荣。在 2017 年全国小学体育"活力校园"优秀案例征集评选活动中,学校的武术特色大课间案例被评为课外体育活动创新奖，并在烟台市骨干教师培训班上做交流。"我运动 我健康 我快乐"校园体育节案例在 2016 年山东省中小学课外体育活动优秀案例评选活动中，被评为小学组阳光体育运动会特别奖。学校的足球队和篮球队先后获得牟平区"区长杯"男足冠军和女篮冠军，学校男子足球队在烟台市青少年足球邀请赛中获得亚军。学校足球训练方面的突出做法也在山东教育台体育频道做过专题报道。

# 第六章
# 学校课程的综合化实施——项目化学习

　　长期以来,学科教学受课程内容编排及学习方式的影响,学生的学习过程存在重知识轻素养、重分科轻整合的普遍问题,很难使学生学习走向学科深处。随着国家基础教育课程改革的不断深入,教育逐步趋向于学生核心素养的培养。而要想真正实现核心素养培养的落地,就必须进行学习方式和教学模式的改变,教学活动必须回归学习的本质,也就是说,"学习不再只是把外部世界的知识装进脑袋里,而更应该是学习者在持续地自我发现问题和自我解决问题中,探索世界,认知自我,发展理性"。项目化学习能够引导学生在真实情境中发现问题、解决问题,又能够在解决问题的过程中发现新问题,呵护和点燃学生的学习热情。更关键的是,项目化学习能够引导学生探究并体验包括学科知识在内的外部世界,发展对学科以及外部世界的内在兴趣。因此,项目化学习是促进学生核心素养提升的最有效的学习方式之一。

## 第一节　项目化学习的整体构建

　　近年来,项目化学习作为培养学生核心素养的重要途径,在各中小学校得到了较为广泛的实践探索,但同时也出现了项目化学习实施零散化、浅表化,为项目而项目等问题。对于项目化的研究,学校从 2017 年就已经开始进行研究,我们引导学生从大自然、家庭生活或社会生活中选择自己感兴趣的内容进行项目化学习,老师们掌握了一些基本的方法,学生们的研究意识和研究能力也有了一定的发展和提升。但在实践中我们发现,由于学生受自身年龄、认知水平等因素的制约,选择的主题要么过于宽泛,要么可操作性不强。于是,我们的项目化学习由开始的"粗放式"向"集约式"转型,由学生天马行空地自由选择项目主题调整为选择与学科内容相关联的内容作为项目主题,促使学生在学习过程中自然而然地提升学科核心素养。

## 一、课程的理念与目标

课程强调引导学生真实经历学习过程,并在学习过程中,学习如何发现问题、解决问题,更关键的是,让他们在发起项目并解决问题的过程中,学习关注真实的世界,学会做人做事,体验到自主探究的新奇与团队合作的力量,学习敬畏自然与生命,增强社会责任感,最终实现个人心智的自由。

课程学习的目标主要体现在以下四个方面:一是学生具有在生活实践中发现问题的敏锐性,善于观察,善于思考,能针对生活中的相关现象产生问题意识;二是学生在学习过程中能通过协作的方式展开学习,使学生在学习过程中形成团队意识,产生观点和思想的碰撞,实现学习能力的跨越式发展;三是学生的系统思维能力得到有效提升,项目化学习注重培养学生对知识融会贯通的能力,形成系统思维。由此引导学生打通不同学科之间的知识壁垒,实现文理相通、整合共融的学习状态;四是学生学习力的综合提升,通过一个又一个项目的实践与历练,学生们深度学习的能力与品质逐渐形成,从而促进学生学习力的整体提升。

## 二、课程的主题构架

结合学校"致远教育"的办学理念和"致远"课程体系,我们创建了"致远"项目化实践研究的主题框架,确定了"孝、诚、爱、律、礼、志、毅"七个大主题,下设二十一个项目小主题和六十三个项目小专题,通过多个项目主题的学习,引导学生拥有真实的问题解决经历,使学生能够创造性地运用学科知识进行新实践,并在项目实践的过程中对学生进行潜移默化的德育教育,提升德育实效。

表6-1 牟平区宁海街道中心小学"致远"项目化学习实践研究项目主题

| 项目大主题 | 项目小主题 | 项目小专题 |
|---|---|---|
| 孝 | 让孝走进心灵 | 经典中的孝 |
| | | 名人中的孝 |
| | | 身边中的孝 |
| | 寻找爱的印迹 | 父母的爱 |
| | | 老人的爱 |
| | | 我为父母献爱心 |

| 项目大主题 | 项目小主题 | 项目小专题 |
|---|---|---|
| 孝 | 我是家庭小成员 | 我是小小清洁员 |
| | | 今天我当家 |
| | | 我是自理小能手 |
| 诚 | 我眼中的诚信 | 诚信守则我遵守 |
| | | 诚信意义我知晓 |
| | | 诚信在我心 |
| | 诚信的足迹 | 经典中的诚信 |
| | | 生活中的诚信 |
| | | 商业中的诚信 |
| | 诚信伴我行 | 诚信进校园 |
| | | 诚信进家庭 |
| | | 诚信待他人 |
| 爱 | 人 | 成长的秘密 |
| | | 至爱亲朋 |
| | | 不同岗位上的"他" |
| | 物 | 走进动物王国 |
| | | 走进植物乐园 |
| | | 走进静物世界 |
| | 境 | 拒绝乱砍滥伐 |
| | | 抵制环境污染 |
| | | 垃圾分类在行动 |
| 律 | 我的情绪我做主 | 情绪类型 |
| | | 情绪晴雨天 |
| | | 摆脱不良情绪 |
| | 行为约束我最棒 | 学习自律进行时 |
| | | 生活自律进行时 |
| | | 举止自律进行时 |
| | 健康饮食从我做起 | 健康饮食的智慧 |
| | | 晒晒我的食谱 |
| | | 拒绝垃圾食品 |

| 项目大主题 | 项目小主题 | 项目小专题 |
|---|---|---|
| 礼 | 彬彬有礼 | 见面时的学问 |
| | | 谈吐间的分寸 |
| | | 做合格的小公民 |
| | 节日礼仪 | 共品中国年 |
| | | 端午粽飘香 |
| | | 月下话中秋 |
| | 识礼传家 | 会客的礼节 |
| | | 餐桌上的文明 |
| | | 尊老爱幼 |
| 志 | 有国才有家 | 勿忘国耻 |
| | | 国强则少年强 |
| | | 少年兴则国兴 |
| | 童眼看世界 | 世界究竟有多大 |
| | | 走近一带一路 |
| | | 全球发展知多少 |
| | 小肩膀担中华 | 我是文化传播者 |
| | | 社区义工在行动 |
| | | 小小创客展风采 |
| 毅 | 名人观照促成长 | 身边榜样 |
| | | 名人故事 |
| | | 名言警句 |
| | 目标坚定不动摇 | 制定目标 |
| | | 确定目标 |
| | | 执行目标 |
| | 坚持成就精彩 | 不做小胖墩 |
| | | 我的才艺成长记 |
| | | 家务劳动天天做 |

# 第二节 项目化学习的实践路径

项目化学习是一种把学习置于有意义、真实的问题情境中,让学生通过合作解决真实问题,来学习隐含于问题背后的科学知识,形成问题解决的技能,并发展自主学习能力的一种教与学的方式。它是有思维含量和思维发展意义的学习,能够让学生热情而有创意地生活,让学生真正感受到学习的意义。在教育教学实践中,我们从学科项目化实践、班级项目化实践和活动项目化实践三个方面引领学生开展项目化学习。

## 一、在学科教学中进行项目化实践

### 1. 在教学过程中生发项目化实践主题

在学科教学中我们强调"学者,贵于行之,而不贵于知之",意思是学习知识的目的是付诸实践,如果学习了许多知识却一点不会运用,那么,这种"知"再多也没有用。

如在教学五年级下册数学《圆的认识》一课时,突然有一学生提出"生活中哪些地方可以用到圆形呢?为什么要把它们设计成圆形呢?"由此我们提出了"观察大自然和生活中的圆,研究一下这些圆是怎么形成的?"这一驱动问题,开启了《圆来如此》这一数学项目化学习,确立了"寻找生活中的圆、设计成圆形的缘由、圆的历史文化和用圆形装点生活"四个子项目,接下来学生进行了自由分组、制定方案、查阅资料、调查对比、整理数据、分析数据、撰写项目报告等一系列活动。

学生对"探究设计成圆形的缘由"这一子项目非常感兴趣,有的学生将同样长的铁丝做成长方形、正方形、三角形和圆形车轮,在相同时间内滚动这些图形,利用列表记录的方式,记录它们转动的圈数,并计算它们行驶的路程,在对比中发现,相同的时间内圆形车轮转动的圈数最多,跑得最远。一次的数据计算并不能说明问题,学生们为了证明结论的准确性,又进行了多次的反复验证,最终得出车轮设计成圆形的可以使车的速度快、行的路程远这一结论。

但是探究并没有结束,还有的学生发现当物体在地上滚动的时候,要比在地面上拖着走省劲多了,这是因为滚动摩擦阻力比滑动摩擦阻力小的缘故,在此基础上,学生又展开了对摩擦力的研究……还有的学生选择利用计算对比的方式去探究植物的根、茎横切面为什么是圆形的，最终得出在周长相同的情况下，圆形的面积最大这一数学结论，知道了植物的根茎长成圆形的样子，是为了更多地吸收水分和养料来供自身的生长，感叹大自然万物生长的奥妙。

这样，我们利用课堂生成资源，生发了项目化实践主题，激发了学生学习的内驱力，促进了数学思维的发展，形成了规范化思考问题的品质，养成了一丝不苟、严谨求实的科学精神，学生的数学学科素养在学习过程中逐渐形成和发展。

### 2. 整合单元教学内容确定项目化实践主题

例如部编版五年级上册第四单元"心系家国"这一单元，本单元的语文要素之一是"结合资料，体会课文表达的思想情感"。为了更好地落实教学目标中的德育目标，在单元教学结束后，我们在整个年级组织了一次"爱国情强国志"项目式学习，指导学生围绕"查什么""怎么查""如何整理"等要点确定"爱国情怀"的子项目，学生依据课文内容及自己的兴趣，自主选择或自行设计难度适当的子项目，如"古诗文里的爱国情""圆明园的前世今生""戍边战士的报国心"等。在子项目确定之后，学生自由组合小组，教师根据学生知识水平、学习能力的强弱进行微调，引领学生制订详细的任务规划与实施方案，学生根据方案，运用各种方法展开对子项目的研究活动，有的小组在研究《圆明园的前世今生》这一子项目时，就在父母的带领下，走进烟台博物馆，借助馆内收藏的历史资料，了解到烟台作为一个港口城市，在八国联军往外输送文物时也被撕开了一个口子；有的通过上网查阅资料、向年长的前辈请教等方式了解古代文人墨客的爱国情怀与当代戍边战士的报国之志……在开展项目期间，教师及时了解进程，适当指导，帮助解决实际困难。

孩子们对这样贴近课文内容的项目式学习兴趣盎然，"脑洞"大开，他们将思维、知识、行动、文字和情感表达等有机结合在一起，完成了一份份浸润着他们的思考与创造的项目式学习报告。学生在实地走访和查阅资料的基础上，进一步感受到了中国人至死不渝的爱国情，增强了对祖国的热爱之情。

### 3. 基于学科性质确定项目化实践主题

《道德与法治》课程是学校德育教育的主阵地，当下我们生活的时代是网络时代、信息时代和大数据时代，在手机、电视、网络媒体的影响下，我们的孩子已不再是"两耳不闻窗外事，一心只读圣贤书"了，他们的视野变得更加开阔，形成了初步的辨别事非的能力。

如学校一位五年级的道法老师李老师刚刚踏进教室门口，就听到学生们在谈论"新疆棉"事件，于是李老师放弃了原来的教学计划，设计了驱动性的问题

"H&M 集团以所谓的'强迫劳动'为借口,提出'抵制新疆棉花和纺工厂'的口号,你是如何看待这件事情的",引领学生开始了《新疆棉事件面面观》的项目化学习,围绕"走近新疆棉""童眼观新疆棉""'大美'新疆不容造谣抹黑"和"新疆棉事件的幕后黑手探寻"四个子项目展开了学习。学生在项目化实践的过程中通过网上查阅认识了新疆棉,开拓了自己的视野;在对数据的对比、调查中了解到,截至 2020 年底,新疆单是纺织服装产业就累计吸纳就业人员约 60 万,其中棉纺行业直接就业人数约 11.5 万,改善约 40 万人的生活,但是学生对如此巨大的数据似乎没有什么感觉,于是李老师让学生算一算以学校 1 300 人为例,60 万相当于我们多少个学校的人数,学生通过计算发现 60 万人大约相当于 46 个学校的人数那么多,进而体会到新疆棉解决了很多百姓的就业问题,确实对当地经济有着巨大的贡献;接着学生们产生了进一步的思考:如果新疆棉的销售链条断了,会给当地的经济、百姓生活、社会稳定等带来多大的影响啊,进而探寻了新疆棉事件的本质,当然也许学生看到的只是冰山一角。

通过该项目学习,我们旨在引导学生形成基本的道德观、价值观和初步的道德判断能力,让学生在实践中体会到只有祖国强大起来,人民团结起来,才能不惧外来势力对我们的各种打压,激发了学生好好学习本领、将来报效祖国的决心。

### (二)在班级活动中进行项目化实践

在开展主题班会层面的项目化学习过程中,我们改变以往"教师讲,学生听"的传统班会模式,引导学生在参与项目化学习的过程中受到深层次的体验与教育。

#### 1. 根据学生的互动交流确定班级项目化学习主题

比如,"小犟龟"班的学生在疫情返校后,大家聚在一起交流在家期间的学习和生活情况,在交流中发现同学们有很多突然变胖,于是就联系班级文化"坚持不懈"决定实施减肥健身行动,从饮食和健身等角度实施计划,开展以"做坚持不懈的小犟龟"为主题的项目化学习。在项目化学习中,学生自由分组,自主查阅钟南山等名人坚持锻炼的故事,计算最喜欢的巧克力所含有的热量并转换成米饭的量,制定每天坚持慢跑 30 分钟的计划,每天坚持慢跑打卡等。经过两个多月的锻炼,同学们进行体重、肺活量、50 米跑步等体能检测。通过与之前各项数据比较发现,全班学生的平均体重从 42 千克降低到 37.2 千克,肺活量平均成绩从 1 000 毫升变为 1 720 毫升,50 米跑步平均成绩从 10.5 秒变为 9.1 秒。在项目化学习中学生们坚持锻炼,真正减轻了体重,增强了体质,培养了恒心与毅力。

再比如"小船长"班的学生在班会课上交流自己的烦恼，大家发现很多同学的烦恼和自己相似，做作业要大人守着；周末电脑一玩一整天；不能坚持每天晚上阅读；睡觉、吃饭、上学需要爸爸妈妈催促……总之大家不能有效管理时间。于是同学们就联系实际情况，以"如何才能做到坚持每天阅读 30 分钟"作为驱动性问题开展"在阅读中绽放精彩人生"的项目化实践研究，自由分组，学习名人自律故事，查阅管理时间的方法，制定阅读计划，记录阅读时间，总结项目成果。两个月之后，学生主动要求利用班会时间举行"每天坚持阅读 30 分钟"阅读成果展示会，大家通过朗读喜欢的段落、背诵经典段落、交流最喜爱的人物、交流阅读感受等环节，展示自己阅读的成果。同学们的阅读速度整体提升了，语言表达更加流畅完整了，真正养成了每天阅读的习惯。在项目化学习中学生增强体验，寻找动力，深化认识，改变行为，坚持阅读，语文核心素养明显提升，从一件小事出发，规范了自己的行为，增强了自律性。

**2. 根据学生的动手实践确定班级项目化学习主题**

比如"爱心树"班的同学们根据学校"我是家庭小成员"评价表，回家认真完成各项劳动任务，洗袜子、浇花、倒垃圾、收拾碗筷、叠衣服、扫地、抹桌子、择菜等，在这个劳动实践的过程中同学们觉得特别累，他们由此想到了爸爸妈妈平时有条不紊地进行家务劳动，任劳任怨，不辞劳苦。于是决定开展以"体察辛劳　感恩父母之爱"为主题的项目化学习，驱动性问题为"在成长过程中，父母为我们付出了多少？"在这个过程中，同学们自由分组、自主探究，品读感恩小故事，观察父母在家为自己做的事情，并且进行相应的记录，计算成长过程中父母为自己付出的时间，写活动感受。一段时间之后，同学们自发给自己的爸爸妈妈写了一封感谢信，感谢爸爸妈妈对自己的养育之恩，同时表示自己在今后的生活中，将会主动承担更多的家务劳动，为爸爸妈妈减轻压力。在项目化学习中学生变得懂事了，更加体谅父母，培养了孝心、善心、爱心，成为懂得感恩的好孩子。

在班级项目化实践中，学生主动参与到信息搜集、数据计算、计划制定中，经历了计算、分析、感悟、创造等过程，自主解决问题，提升了分析问题的能力，同时学生的学习的主动性和实践性增强，促进他们解决问题，真正做到了知行合一。

**（三）在实践活动中进行项目化实践**

开展丰富多彩的项目化实践活动，以灵活的形式、真实的体验、充分的参与，有效推动德育教育落地落实。

### 1. 在三维度课程问题探究中确定项目化学习主题

在种植课程中,收获地瓜时,有的学生发现种植园的地瓜与超市里的地瓜截然不同,不由得发出"种植园里的地瓜为什么这么丑"的疑问,于是产生了"种植园里的丑八怪"的项目化实践研究。孩子们自由分组,有的上网查阅资料,有的调查访问身边的农民伯伯,还有的走进种植园实地考察寻找答案。经过半个月的探究,孩子们终于找到了地瓜变丑的原因。第二年,孩子们又自发分组,设计观察量表,改变地瓜生长时的水分,分别进行观察记录,科学地验证了结论的准确性。在项目式实践活动中,孩子们走进田间地头,分工合作,深入研究,科学验证,自主探究意识得到提升。

### 2. 在亲子研学具体情境中确定项目化学习主题

三年级的灏羽同学在餐桌上向妈妈提出"为什么小麦是黄色,馒头却是白色"的问题,开启了"餐桌上的奥秘"项目实践活动,确定了"麦粒公主的旅行""花生王子的旅行"和"美丽的遇见"三个子项目。在这小小的3分地里,2斤多小麦种收获了140多斤小麦,2斤的花生种竟然收获了六七十斤花生,学生们沉浸在丰收的喜悦中,同时也为生命的神奇而感到震撼;在面粉厂和油坊里,学生们目睹了小麦和花生的蜕变,140多斤小麦磨出了110斤面粉,六七十斤花生最后只炼出了20多斤花生油,这一串串数字更是让他们感受到了"粒粒皆辛苦"的深刻含义。在项目实践活动中,学生的劳动技能得到提升,创造能力得到培养,自主探究能力得到进一步提高,真正体验到劳动的艰辛与收获的快乐,也更加懂得"一粥一饭,当思来之不易"。

### 3. 在少先队活动中确定项目化学习主题

在每天中午《百年瞬间》的收听中,学生纷纷议论"要是当时有现在的新式武器,红军就不用长征了""要是当时有高铁,红军就不用那么辛苦地日夜赶路了"……学生对祖国科技如此关注,因此"红领巾礼赞祖国"的项目实践活动产生了。学生们自由分组查阅科技发展的相关资料。从阅兵仪式上飞机展示的数量上发现,1949年开国大典,只有17架飞机,仅隔70年,2019年的大阅兵仪式上飞机展示数量翻了接近10倍;至今中国战机数量已经超过了1 700架,歼-20战机数量都已经超过了20架,它最大飞行速度是每秒680米,4.4个小时就能飞完从祖国最北端到最南端5 500千米的距离,科技的发展令学生感到震惊。作为共产主义事业的接班人,学生们责任感爆发,纷纷写下爱国誓言,要用实际行动践行对祖国的爱。

在活动项目化实践中,学生自主发现、主动质疑、合作探究,提升了动手实践能力,在灵活多样的活动体验中重塑了价值观念,懂得了责任担当,也更加明白作为祖国未来的建设者,需要不断提升自我,用实际行动践行对祖国的热爱。

## 二、项目化课程实施案例

### 学科案例:校园绿化的设计和建构

#### 牟平区宁海街道中心小学　宫明霞

【项目简介】

绿化对环境和生活的影响很大,绿色植物对空气中的灰尘有良好的过滤和吸收作用。面对我们熟悉的校园,以及校园里的一草一木,我们又了解多少呢? 怎样才能最大限度地利用校园绿地产生最大生态价值? 为进一步帮助学生了解自然,爱护校园,树立保护环境的意识和可持续发展观,本项目应运而生。

项目时长 8 课时;本项目以自然科学为依托,融合美术、数学、科学等多学科知识;涉及年级:5 年级。

【驱动性问题】

如何利用有限空间,使校园绿化产生最大生态价值?

【学习目标】

1. 学生经历测量、访问、查阅资料等调查活动,了解学校现有的绿地率、绿化率以及产生的生态价值;培养学生有条理的评价、整理、分析和选取各种信息的能力。

2. 通过小组合作探究,提升学生获取有效信息的能力,学会用算式、平面图形等正确、清晰地表达思考的过程。

3. 通过测量、设计、创造,发展空间观念。

4. 在具体情境的问题解决中培养学生学以致用的能力,初步形成良好的学习品质。

5. 在项目实施过程中了解自然,树立环保意识,培养社会责任感。

【项目评价】

本项目除了评估学生获取、整理有效信息的能力,还需要客观的评价其他小组的作品,这就引发学生思考:我们怎么来评价一幅作品呢? 由此确定了"校园绿地设计"评价量规(图 1)。

表 6-2　数学项目化学习"校园绿地设计"评价量规

| 评价维度 | 一级指标 | 二级指标 | 分值(1～5)分 |
|---|---|---|---|
| 艺术 | 美感 | 工艺良好,外观精致 | |
| | 设计 | 绿植搭配协调、自然、突出绿色理念 | |
| 数学 | | 计算准确,图形以及相应的数学知识运用恰当合理 | |
| 人文 | 需求 | 又能实现生态价值的最大化 | |
| | 功能 | 保证应有的活动空间(上学、放学、课间) | |
| 创意 | | 有小组独特想法与原来的设计不同 | |

【项目实施】

项目实施环节(图 6-1)。

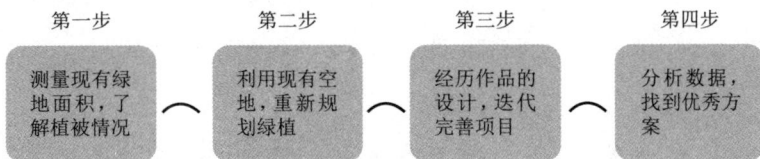

图 6-1　数学项目化学习"校园绿地设计"项目实施环节

一、测量现有绿地面积,理解植被覆盖情况。(2 课时)

1. 学习目标:学生经历了解、测量、访问、查阅资料等调查活动,了解学校现有的绿地率、绿化率以及产生的生态价值;培养学生有条理的评价、整理、分析和选取各种信息的能力。

2. 核心问题:了解什么是绿地率、绿化覆盖率? 现有植物产生的生态价值?

3. 学习活动:真实情境因复杂性、综合性与灵活性更适合跨学科解决问题的项目化学习。项目伊始,学生通过测量、计算出现有的绿地面积以及绿化覆盖率。再通过网络了解并计算出现有的绿植对校园生态的价值。(图 3)

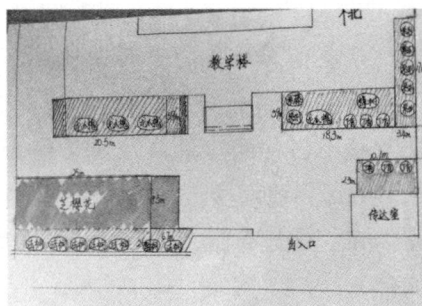

图 6-2　"校园绿地设计"学生测量绘制现有植被平面图

二、利用有限的空间,重新规划植被。(2 课时)

1. 学习目标:根据有限空间,初步学会为自己的项目制作和学习设定目标,了解设计植被的前期筹划内容;发展对资源的识别和配置的能力。

2.核心问题:怎样有效提高现有绿化面积的利用率? 在兼顾目标评价以及美感的前提下,怎样整合资源进行植被的重新规划?

3.学习活动:根据上一环节掌握的信息,在考虑美观、实现价值最大化的前提下,深入了解项目内容,规划项目进程。同时借助网络搜索信息,了解植被的种类,利用现有的空地进行设计,做好记录和预设,实现生态价值最大化(图6-3)。

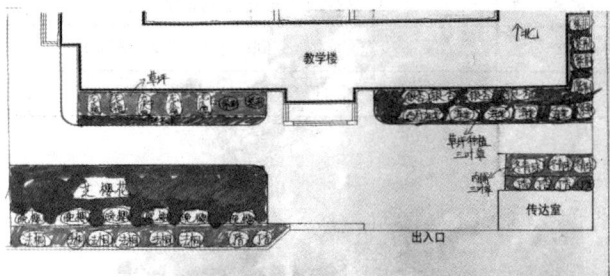

图6-3 "校园绿地设计"学生初次优化设计平面图

三、经历作品的设计,迭代完善项目。(2课时)

1.教学目标:借助前面的经验,在实践的过程中不断加以改进,形成更为优秀的作品。

2.核心问题:哪些因素会对空气质量产生较大的影响? 哪些部分的改变可以帮助完成项目的迭代?

3.学习活动:学生根据上面环节形成的方案和设计图,通过比较,进行方案优化,设计出新的作品。

学生经历绿植的重新设计,以及绿地的重新规划,经过计算,前后形成对照。对比种植不同的绿植对空气质量的影响,积累解决问题的经验(图6-4)。

四、分析数据,找出较优的方案。(2课时)

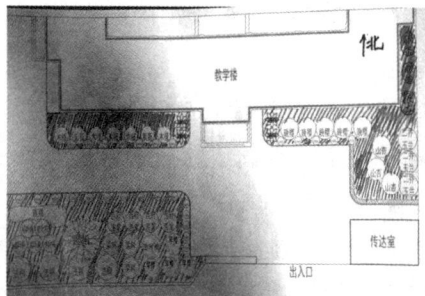

图6-4 "校园绿地设计"学生二次优化设计平面图

1.学习目标:初步养成探究习惯,学会从数据对比中发现问题、解决问题,并得出较理想的结论;在信息归纳整理中了解学科知识与身边事物间的关系。由此激发学生爱学校、爱自然、爱社会的人文关怀的核心素养。

2.核心问题:通过几组数据对比、分析,你有什么结论? 在整个项目实施的过程中,你有什么收获?

3.活动过程:通过数据展示和对项目化学习过程的梳理,让学生对解决问题的方法进行归纳总结,使学生真切感受到,校园绿地的设计需要综合考虑若干因素,在保证美的前提下,还要充分利用已有的空间,实现生态价值的最大化(图6-5)。

图6-5 "校园绿地设计"项目化学习
成果分享会

【项目成效】

本项目通过需求分析、创造性地解决问题,为学生埋下了关心学校,关爱自然、开展人文关怀的种子,学生的创作能力得到提高。

1.提升了学生分析问题,解决问题的能力。

面对学校的真情实境,从对学校的关心,对自身身体健康出发,学生发现植被对我们日常生活的影响。发现问题后,我们将项目拆分为:如何利用现有空地,在兼顾美观的情况下,进行绿植的重新规划。如何充分利用空地,进行绿地的重新规划。在完成子项目的过程中,学生利用调查、网络等工具,进行分析问题,解决问题,项目化学习开展得有声有色。

2.发展学生的创新能力。

学生在分析项目必要条件、影响因素、矛盾挑战以及现实所具备的条件,并据此激活已有的认知经验,选择合适的素材资源、恰当绿植进行重构、论证,最后合并形成解决问题的方案的过程中,学生所掌握的不仅仅是学校绿化的设计,更是在这一过程中拓展了自己的课外视野,还锻炼了学生利用所学知识创造性解决问题的能力。

3.增强了教师的项目好课程实施能力。

在此次项目化实施的过程中,教师将各阶段学习进程匹配的评价量表前置,突出各阶段的自主评价,支持学生的前期准备,过程中给予学生反馈指导,促进学生开展讨论、展示、协作等学习活动,保证跨学科学习的自主性和流畅性。同时在关键环节中的即时评价,指导研究方向,激发学生的学习动力。指导学生项目化学习的过程中,这一过程,教师需要不断地学习和提高自己,增强了教师的项目化课程实施能力。

【项目反思】

"校园绿地的设计"项目实施取得了较理想的效果,学生出色地完成了项目化学习的任务,运用工程设计思维完成校园绿化的设计,实现了利用有限的空间,让学校的绿化呈现出最大的生态价值。

21世纪是一个网络化、智能化与数字化的时代,教育的目的之一就是让学生在未来社会具备解决复杂问题的能力。但学生的学习通常是单一的、封闭的,而真实世界中的问题往往是开放的、综合的,因此,促进学生真实学习与深度学习是我们未来努力的方向。

真实学习注重真实情景、真实任务、真实体验和真实评估。在项目化学习的过程中,学生通过调研、思考植物的布局,绘制设计草图,经历后期的计算,实现了知识和技能的跨学科、跨领域的转移。在项目化学习的过程中,学习目标的设计,体现了以学校为中心,学生在关心学校、关爱生命的过程中感受爱护环境的责任心和使命感;在项目实施的过程中,学生经历了方案和作品的设计失败,在失败的过程中通过反思,借助有效失败,学生收获了克服困难的意志品质;学生在设计、查阅资料、相互交流中,多种思维碰撞,跨学科、跨领域的综合素养得到有效发展,项目化学习让学习真正发生。

在开放综合的项目化学习的过程中,需要教师根据具体的情境提高恰到好处的脚手架支持学生成功解决问题,脚手架的搭建需要更多的相关的专业知识,我们将在这一领域不断完善和提高自己,让项目化学习走向深入。

## 班级活动案例:做坚持不懈的小犟龟

### 牟平区宁海街道中心小学    曲立燕

【项目缘起】

作为班主任,我发现班上的"小胖龟"多了起来,孩子们的身体素质差,在每周的升旗仪式上,有的孩子一会儿就头晕恶心站不住。在大课间跑步时,有的孩子经常找借口请假偷懒,有的孩子跑了几步气喘吁吁落在队伍后面……针对这些情况,我多次对孩子们讲坚持锻炼身体的好处,但是效果不佳。有的学生还对我说:"老师,我一跑步就喘不上气了,我真跑不动。"孩子们是真跑不动了吗,这不禁引发了我的思考。他们懒于运动的背后是不想挑战自己,不能持之以,恒缺乏坚定的意志,欠缺不懈奋斗的体育精神。所以根据这样的现状,我决定开展一个以"行为坚持"为主题的项目式学习,帮助学生树立正确的健康观。锻炼身体的方式有很多,而跑步是最好的锻炼方式,因此我将本次项目的驱动性问题设定为:每天坚持慢跑30分钟。

【项目目标】通过每天30分钟的慢跑,强健身体,磨炼孩子们的意志。通过每天慢跑 30 分消耗的卡路里的计算,体会坚持锻炼对提高身体素质的重要作用,培养学生坚持不懈、永不放弃的精神。

【项目准备】搜集资料,调查数据

【项目实施】

一、情境再现

在班会课上,我把学生带到操场上进行 1 000 米的跑步测试。经过测试,能坚持跑完不掉队的有 28 人,中途放弃的 10 人,7 人落在队伍后面跟着步行。看到这样的状况,我查阅了大课间请假记录表,观察了一下这些同学基本是平常锻炼不认真、不坚持,经常给自己找各种理由偷懒的孩子。

表6-3 "做坚持不懈的小犟龟"大课间请假记录表

| 姓名 | 周请假次数 | 请假理由 |
|------|-----------|---------|
| 曲茜琳 | 7 | 肚子疼,腿疼,感冒 |
| 韩昱琦 | 7 | 脚扭了,头痛 |
| 林昊菲 | 6 | 咳嗽,脚疼 |
| 刘天宇 | 5 | 鞋子不合脚,感冒 |
| 于智轩 | 8 | 头痛,腿痛,咳嗽 |
| 杨一凡 | 5 | 嗓子疼,肚子不舒服 |

孩子们请假的理由五花八门,但究其根本,就是缺乏坚定的毅力。

二、榜样引领

步入老年阶段,大部分老年人进入人生最安逸的时期,一个勤劳一生后享受生活的时期。我对老年人的生活现状分年龄段进行了一个小调查。

表6-4 "做坚持不懈的小犟龟"老年人生活现状调查表

| 年龄段 | 生活现状 |
|--------|---------|
| 60～70 | 养花草,看书,练书法,抚养孙子辈,享受退休生活 |
| 70～80 | 钓鱼,下棋,享受天伦 |
| 80～90 | 生活基本不能自理,缠绵病榻,养老院颐养天年 |

而钟南山院士却能在 84 岁的年纪再次扛起国家交付的重任,这与他平时锻炼身体离不开关系。他曾说过,"运动和吃饭一样,同样是体能需要,同等重要"。钟南山院士几十年如一日地坚持锻炼。在他家里有一个小的健身房,里面有跑步机,只要有时间,院士就会坚持跑步半小时。据研究表明,每天坚持慢跑 40 分钟,

寿命提高 20%，锻炼身体才能实现自己的梦想。学生有了榜样，以其为镜，关照自身，便会思考如何和钟南山爷爷一样坚持不懈地锻炼身体。

三、数据计算

通过计算分析每天慢跑 30 分钟消耗的卡路里，折算成孩子们喜欢的巧克力的块数以及熟知的米饭的碗数。这样计算出的数据更能打动孩子，触动学生的心灵，从而培养坚持不懈、永不放弃的精神，并运用到自己的生活中。

呈现数据：慢跑 30 分钟可以燃烧 374 卡路里。一个周下来消耗 2 618 大卡，一个月呢（11 220 大卡），一年呢（136 510 大卡），136 510 大卡是什么概念呢？

问题计算：

师：大家都喜欢吃巧克力，咱们就以一块 50 克的巧克力为例，它的热量是 260 大卡，请计算 136 510 大卡相当于多少块 50 克的巧克力？

生：$136 510/260 = 525.038$，也就是说每天坚持慢跑 30 分钟，一年竟然能消耗掉 525 块巧克力的热量。

师：我们每天都吃米饭，下面再以米饭为例，一碗 100 克的米饭热量是 116 大卡，请大家算算 136 510 大卡相当于多少碗 100 克的米饭？

生：$136 510/116 = 1 176.8$，坚持慢跑能消耗掉 1 176 碗米饭。

师：减掉一斤脂肪需要消耗 3 850 大卡的热量，请计算 136 510 大卡能消耗掉多少斤脂肪？

生：$136 510/3 850 = 35.45$。我们一年消耗的热量相当于 35 斤的脂肪。

学生看到这个计算结果感觉十分吃惊，原来日复一日地坚持跑步训练，一年下来，坚持慢跑的同学竟然可以减掉 35 斤的脂肪，可以消耗 525 块 50 克巧克力产生的热量。

四、析数明理

通过科学严密的计算，每天坚持慢跑 30 分钟，坚持一年而产生的数据极大地震撼到孩子们，他们明确地明白坚持锻炼对提高我们的身体素质起着至关重要的作用。那么，怎样才能做到每天坚持慢跑 30 分钟呢？学生自主以小组的形式去研究讨论，整理坚持不懈的方法。最后通过每个小组的交流发言，我们确定了坚持不懈的四个步骤。步骤一有动力，大家要明确每天锻炼 30 分钟的好处，给自己一个动力，有了动力才能更加努力地坚持下去；步骤二有鼓励，来自老师、父母以及同学的鼓励，才会更加坚持不懈；步骤三有目标，有目标才会使坚持不懈有意义。每个同学要给自己定个目标，比如减重 4 千克，提高自己的心肺能力，每天多跑 300 米等；步骤四有抗压能力，一个坚持不懈的人一定要抗压能力强，不要轻易地因为外物所动摇,比如天气寒冷、懒惰等。

五、以知导行

在确定了坚持不懈的四个步骤基础上,小组成员一起安排每天跑步时间计划,制定时间表,将锻炼时间严格规定下来。

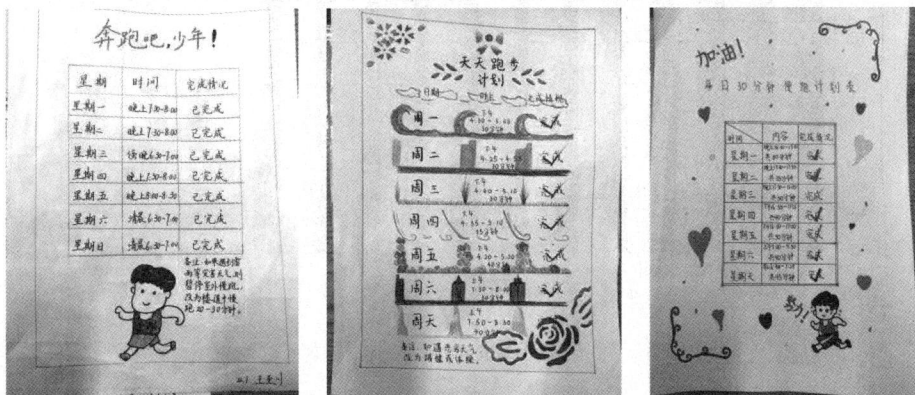

图 6-6　"做坚持不懈的小犟龟"每天慢跑 30 分钟计划表

第一阶段我进行了为期 30 天的锻炼计划。我利用微信的"打卡功能"进行"每天慢跑 30 分钟第 $N$ 天"的打卡计划。若能按照自己的计划严格执行则打卡一次。大部分同学都能坚持跑步,完成打卡。在这个过程中,我注重对整个项目期间学生的表现进行评价,也发动家长们支持和配合孩子们的跑步计划,以带动孩子坚持不懈地把计划执行下去。

图 6-7　"做坚持不懈的小犟龟"项目化报告

【项目成效】

1. 学生体能明显提升

在项目实施一段时间后,在上下午大课间跑操时,基本没有请假的孩子了。即使有的孩子累得气喘吁吁也能紧跟大部队跑满全程。我还发现平常几个经常有点风吹草动就感冒的孩子,感冒次数少了,体质好了很多,一些"小胖龟"的小肚腩缩小了一些。

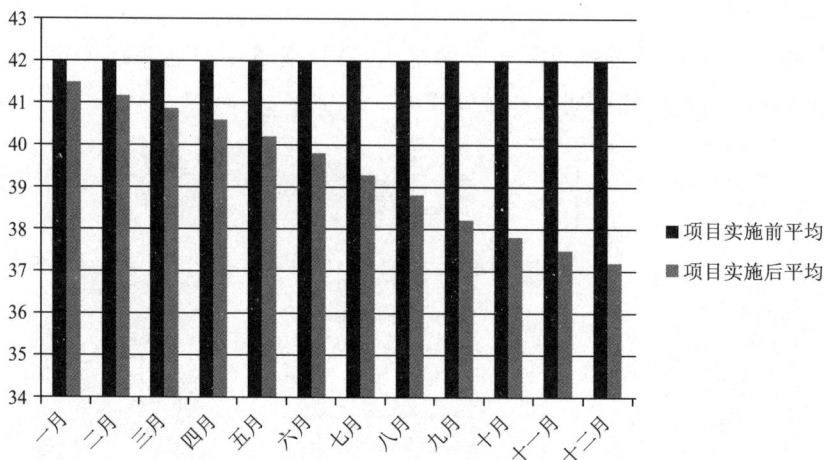

图 6-8 "做坚持不懈的小犟龟"学生体重对比表

项目实施前,测得全班学生的平均体重为 42 千克,学生按照自己制定的计划表进行活动,之后,每月测一次体重并记录,经过一年的项目实施,全班平均体重降到了 37.2 千克,比项目实施前降了 4.8 千克,通过统计图可以明显看出在项目实施后,学生体重逐月下降,说明学生的身体素质正在逐步提高,效果非常明显。

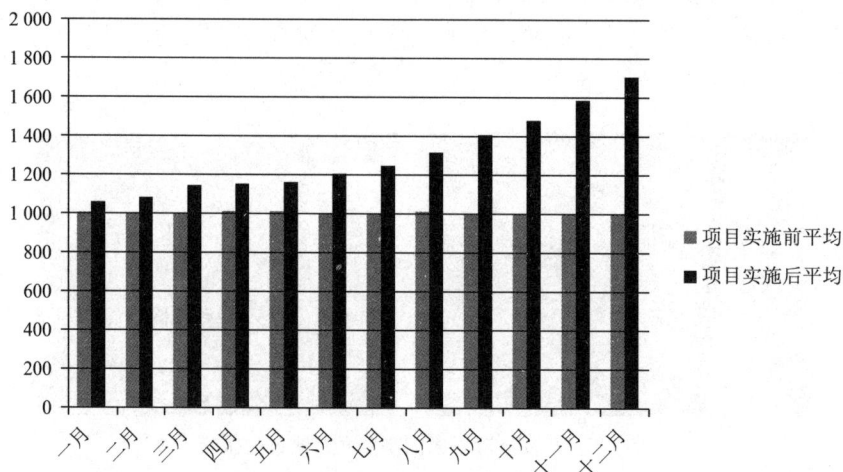

图 6-9 "做坚持不懈的小犟龟"学生肺活量对比表

在项目实施前,我统计了全班学生的肺活量,折算出全班学生肺活量平均成绩为 1 000 毫升,在开始项目实施后,我每月测试一次学生的肺活量,直到最后一个月肺活量水平达到顶峰,全班平均 1 720 毫升,比项目实施前,全班平均增长了

720毫升,由统计图可以看出项目实施后,学生的肺活量成绩逐步上升,达到了非常理想的效果。

2.学生的毅力得到提升

学生每天坚持慢跑30分钟,孩子们觉得自己的生活能够更加合理地规划和安排,毅力上提升了很多,对待事情来说,也会有恒心与毅力。我发现每天中午的午读情况越来越好,孩子们每天中午到校后,都会安静地拿出自己的阅读书目认真阅读,以前教室里嘈杂的现象不见了,特别是书写,同学们进步很大,期末质量检测,我们语文、英语、数学的卷面分都是级部第一名。

本次项目式学习我用数据展现了每天坚持锻炼的情景,真实而具体地激发了学生的思考。数据成为说理的最有力的方式,没有动情的话语,学生在科学严密的计算中完成价值判断,从而在亲身经历中实现了价值践行,因此本次项目式学习取得了较为理想的效果。

## 实践活动案例:在自律中绽放精彩人生

牟平区宁海街道中心小学　孔　颖

【项目背景】

作为班主任,我经常听到一些家长抱怨:"孩子做作业要大人守着,电脑一玩一整天,睡觉、吃饭、上学都得催,报的各种兴趣班也是三天打鱼两天晒网,爱偷懒还拖延。"因此,我针对家长的反馈对学生进行了批评教育,但是效果不佳。有的学生还对我说:"老师,我管理不好自己的时间呀,该怎么办呢?"根据学生的困惑和家长之间的交流,我决定开展一个项目式学习,帮助学生正确管理自己的时间,成为自律小达人。

学生管理时间的方面有很多,比如,在规定的时间内高质量地完成家庭作业,早晨按时起床、合理安排假期生活等。从哪个方面进行项目式学习呢?我联想到之前在课堂上进行的调查,班上每天坚持阅读的学生人数只有9人,其他35个同学都不能坚持每天阅读。针对这一现象,我确定了一个与语文学科教学相结合的切入点,将项目式学习的驱动性问题设定为:如何能坚持每天阅读30分钟?

【项目目标】

1.学生能认识到管理时间的重要性,并掌握正确管理时间的方法。

2.学生能坚持做到每天读书30分钟,养成良好的读书习惯。

3.学生从读书这件小事出发,规范自己的行为,从而增强其他方面的自律性,成为自律小达人。

【项目准备】

搜集资料、调查数据、制定表格。

【项目实施】

一、创设情境，引发思考

班会课上，我带领学生列出自己每天回家的时间、吃饭的时间、写作业的时间、洗漱的时间、睡觉的时间等，孩子们通过列举发现，自己完成当天任务的时间和上床睡觉的时间之间是有间隔的，每项任务之间连接得不紧密，有很多空余时间。就全班来看，平均每人每天浪费大约有一个小时。

表6-5 "在自律中绽放精彩人生"学生课余自由活动时间统计表

| 学生姓名 | 吃饭时间 | 写作业时间 | 洗漱时间 | 睡觉时间 | 每天浪费的时间（小时） |
|---|---|---|---|---|---|
| 王怡洁 | 18:00—18:30 | 16:30—20:00 | 20:50 | 21:30 | 1.5 |
| 姜瀚霖 | 18:30—19:00 | 17:00—20:30 | 21:00 | 21:30 | 1 |
| 马浩铭 | 18:00—18:30 | 16:30—18:00 | 21:00 | 21:30 | 1 |
| 俞馨雅 | 18:30—19:00 | 16:30—21:00 | 20:00 | 21:30 | 0.5 |
| 滕妙柯 | 18:15—19:00 | 16:40—18:00 | 20:50 | 21:30 | 2 |
| 李昊霖 | 18:00—18:30 | 17:00—20:30 | 21:00 | 21:30 | 2 |
| 江昕怡 | 18:50—19:26 | 17:00—18:20 | 21:00 | 21:30 | 2 |
| 林浩阳 | 18:00—18:30 | 16:40—20:30 | 21:00 | 21:30 | 1.5 |
| 孙浩曦 | 19:00—19:20 | 17:30—20:20 | 20:30 | 21:30 | 1 |
| 肖名媛 | 18:50—19:26 | 17:00—18:20 | 21:00 | 21:30 | 2 |
| 王湘茹 | 18:00—18:30 | 16:30—20:00 | 20:30 | 21:30 | 2 |
| 胡潇雅 | 18:50—19:20 | 19:40—20:30 | 20:50 | 21:40 | 0.5 |
| …… | …… | …… | …… | …… | …… |
| 平均浪费时间 | | | | | 1.068 |

我将表格整理好，展示给同学们，并进行了以下交流。

【课堂实录】

师：同学们，我们每天下午16:00就放学了，回家之后有4～5个小时的时间，除了吃饭、写作业、洗漱等，大家还做什么了呢？

生：我在做英语作业时忍不住玩了半个小时的手机。

生：我写完作业后就读了最近买的《吹小号的天鹅》，这本书还挺有趣的，推荐大家都看看。

师：认真阅读真棒，老师给你点赞！其他同学呢？

生：我写完作业之后我看了40分钟的动画片。

生：我用查资料的借口玩了1个小时的电脑游戏。

生：我帮助妈妈收拾碗筷了。

师：主动做家务，真是父母的好帮手，大家给他鼓鼓掌。

…………

师：同学们，通过交流我们发现，有些同学很棒，他们将空余时间用在做家务、读书、练习乐器等有意义的事情上，而大部分同学却只顾着玩手机、看电视，浪费了很多时间！“不积跬步，无以至千里；不积小流，无以成江海。”任何收获都需要我们付出努力，大家若是不能好好管理自己的时间，就会和其他同学拉开越来越大的差距。我们应该合理利用时间，做一些有意义的事情。

二、名人故事，关照自身

英国著名哲学家培根说：“用伟人的事迹激励我，远胜一切的教育。”我布置学生回家搜集了很多名人严格自律的故事。随后，班级举行了“名人自律故事”交流会，同学们分享了自己搜集的故事，囊萤映雪、凿壁偷光、许衡不食无主之梨、徐溥的黄豆与黑豆等，其中大文豪鲁迅先生和毛泽东主席的故事给孩子们留下了深刻的印象。

图6-10 “名人自律故事”交流会

通过“名人自律故事”交流会，学生有了榜样，以其为镜，反照自身，思考如何和这些名人一样，珍惜时间，用心读书。有些学生更是将自己的感受写下来与大家分享。

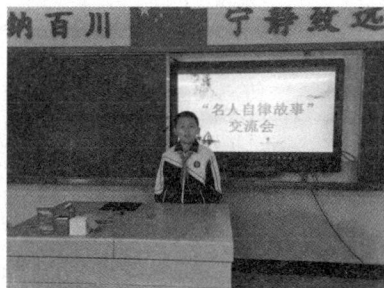

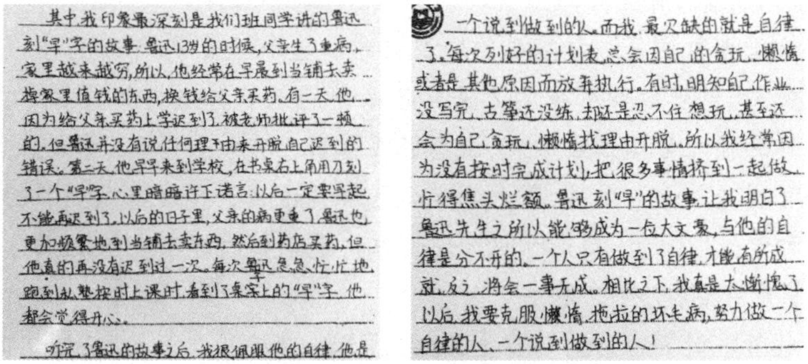

其中我印象最深刻是我们班同学讲的鲁迅刻“早”字的故事。鲁迅13岁的时候，父亲生了重病，家里越来越穷，所以，他经常在早晨到当铺去卖掉家里值钱的东西，换钱给父亲买药。有一天，他因为给父亲买药上学迟到了，被老师批评了一顿的。但鲁迅并没有说任何理由来开脱自己迟到的错误。第二天，他早早来到学校，在书桌右上角用刀刻了一个“早”字，心里暗暗许下诺言：以后一定要早起，不能再迟到了。以后的日子里，父亲的病更重了，鲁迅也更加频繁地到当铺去卖东西，然后到药店买药，但他真的再没有迟到过一次。每次鲁迅急急忙忙地跑到私塾按时上课时，看到了桌案上的“早”字，他都会觉得开心。

听完了鲁迅的故事之后，我很佩服他的自律，他是

一个说到做到的人。而我，最欠缺的就是自律了。每次列好的计划表，总会因自己的贪玩、懒惰或者是其他原因而放弃执行。有时，明知自己作业没写完、古筝还没练，却还是忍不住想玩，甚至还会为自己贪玩、懒惰找理由开脱。所以我经常因为没有按时完成计划，把很多事情挤到一起做，忙得焦头烂额。鲁迅刻“早”的故事，让我明白了鲁迅先生之所以能够成为一位大文豪，与他的自律是分不开的。一个人只有做到了自律，才能有所成就，反之，将会一事无成。相比之下，我真是太惭愧了。以后，我要克服懒惰、拖拉的坏毛病，努力做一个自律的人、一个说到做到的人！

图6-11 名人自律故事交流会感受

三、学生分组,开展活动

认识到自律的重要性之后,我将班级进行了分组。班级中能坚持每天读书30分钟及以上的同学可自愿报名组长一职,组长6～7人,由组长负责招募组员,每组组员6～7人。每位组长招募组员过程中需要考虑自己团队的人员构成是否合理,不能全是某一类学生,尽量保证团队中各类学生(包括能每天坚持读书30分钟及以上的同学、能每天坚持读书但不能保证读书时间的同学、偶尔读书的同学、几乎不读书的同学等类型)都涵盖。组成团队后,后续的项目开展中均以此团队为单位开展,一个月之后看各个小组的项目成效。

四、进行计算,获得启发

学生分好组之后,由组长带领组员进行数据统计,每天坚持阅读30分钟,一个周下来累计多长时间的阅读(210分钟),一个月呢(900分钟)? 一年呢(10 950分钟=182.5小时)? 学生看到这个计算结果感觉十分吃惊,原来日复一日的坚持累加起来,竟有这么长的时间。

表6-6　小学生速读情况统计表

| 年级 | 平均有效读速度(字/分) |
| --- | --- |
| 三年级 | 205.47 |
| 四年级 | 255.85 |
| 五年级 | 395.9 |

学生上网查阅资料,作为四年级的学生,学生通过计算发现,如果假设一本书像《草房子》这样的长篇小说25万字,读完这本书则需要大约16.3个小时,一年下来,坚持阅读的同学相当于读完了11本这样的书,更何况是其他字数较少的书籍呢? 从这样直接的数据中让学生感受到每天坚持阅读带来的效果和珍惜时间的重要性,从而养成珍惜时间的好习惯并明白坚持的重要性。

五、探寻方法,管理时间

科学地管理时间是一种重要的学习策略。这个环节中,学生自主以团队的形式去搜集资料,整理时间管理的方法。各小组的组长与组员共同商定小组分工。学生搜集到的时间管理方法形式、内容都很丰富。有学生提到"番茄工作法""四象限时间管理法"……之后,每个小组派代表说说自己搜集整理资料的感受。在交流时我和学生们发现,制定时间计划表方法是十分适合小学生操练的方法。

六、制定计划,执行计划

在了解管理时间方法的基础上,小组成员一起安排时间计划,制定时间表,将读书时间严格规定下来。依据行为心理学中的"21天效应",我利用企业微信中的"打卡功能"进行"每天阅读30分钟"的打卡计划。若能按照自己的计划严格执行则打卡一次。大部分同学都能坚持阅读,完成打卡。

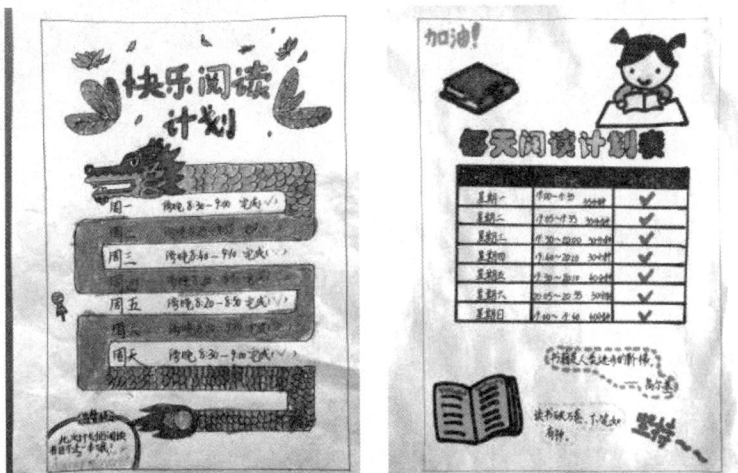

图 6-12　学生每天阅读计划表

但是每个人情况不同,项目进行到这一环节出现了反复现象,实际上部分学生制定的计划很多都坚持不了太久,因此经历了"制定计划→执行计划中断→重新修改计划→再次执行计划"的过程。在这个过程中,我注重对整个项目期间学生的表现进行评价。

【项目成效】

1.学生自律性明显增强

学生每天坚持读书30分钟,能有效管理自己的时间,从一件小事出发,规范了自己的行为,增强了自律性,在其他方面也有了很大进步。比如有的家长反映,个别学生以前写作业拖拖拉拉,但现在能够先写完作业才玩耍,不写完作业就不玩,正在一点点进步。还有的学生体型偏胖,特别懒不喜欢动,现在也能在休息时间出去跳绳、跑步了……从每天坚持阅读这样一件小事出发,学生逐渐规范了自己的行为,增强了自律性。

2.学生语文能力明显提升

在项目实施一段时间后,我举行了"每天坚持阅读30分钟"阅读成果展示会,学生通过朗读喜欢的段落、背诵经典段落、交流最喜爱的人物、交流阅读感受等环节,展示自己阅读的成果。通过活动的举行,我发现学生们的阅读速度提升了,语言表达更加流畅完整了,他们真正养成了每天阅读的习惯,不断充实着自己。平时在语文课堂上，我也能感受到学生的阅读理解能力、分析概括能力、组织语言与表达能力、口语交际能力、基础知识运用能力、写作能力都有明显的进步。

3. 存在的不足

（1）项目化学习要求对学生完成项目的过程进行规范、全面的评价。评价不仅仅是总结性评价的内容，还更加强调学生在项目学习中的过程性表现，如小组讨论的材料、学生的

图6-13 "每天阅读30分钟"阅读
成果展示

发言材料等。我的项目评价不够多元，应该设计合理的评价量表多角度对学生进行评价。

（2）个别学生还是没有很好地完成项目化学习，项目的感染力还有待加强。

4. 建议

（1）项目化学习需要很长的时间，为此对教师的过程性指导和督促就有较高的要求。教师在项目化学习过程中，要做好项目规划、提供关键指导、给予积极反馈、给学生提供展示机会等，才能保障项目化学习顺利推进。

（2）项目化学习对可以以团队的形式开展活动。比如开展项目式学习的老师组成一个实践共同体，形成研究团队，通过交流解决项目化学习开展过程中遇到的问题或困惑，也可以分享经验，促进其他老师的工作。

在项目化学习中，当学生不能很好管理自己时间的时候，我带领学生，反思平时的生活情境，感受名人的故事，进行价值追问，并进行相应的价值判断。整个过程中，学生真正参与到信息搜集、数据计算、计划制定中，经历了计算、分析、感悟、创造等过程，提升了分析问题、解决问题的能力，同时项目化学习生活化、有趣味的特点，更激发了学生的学习的主动性和实践性。在这个过程中，学生除了增长知识、提升能力，更实现了价值践行的目标。因此，紧扣项目化的目标，与大数据交织互补的学生参与的项目的规划和执行，取得了较为理想的效果。

# 第三节　项目化学习的实施效果与思考

项目化学习选取的课题往往来自与教科书知识紧密结合的或是社会热点问题，这让学生把学习从课堂内延伸到课堂外，特别是到社会这个更广阔的领域中

学习。学生在解决项目问题的过程中需要广泛查阅资料,于是对于这些社会问题的了解将更为深刻与全面。作为社会的成员,关注现实生活,关注身边的问题,关注人类的发展,关注对赖以生存的环境的保护、资源合理利用等社会问题,责任感就更加强烈,社会参与意识和决策意识在无形中加强与发展。

### 一、项目化学习带给学生的变化

#### (一)促进深度学习的发生,学科素养逐步形成

项目化学习方式突出学生的主体地位,它教给学生的是一种学习的方法。这种学习方式,可以进一步培养学生的创新精神,培养学生的个性特长。通过项目化学习,学生的学习从单纯机械地听、背、做过渡到通过对一个源于真实情境的驱动性问题进行项目设计来解决问题,能够更加深层地去理解学习内容,形成良好的研究习惯和严谨的探究精神,将知识与生活紧密联系起来,体会了学习知识的价值,同时学生的创新创造能力、问题解决能力、合作探究等多种能力得以发展,实现了核心素养的落地。

#### (二)开展跨学科主题研究,促进育人目标的实现

项目化学习与大量真实数据的有机结合,让德育摆脱了空洞的说教,变得有理有据、真实可信,促进了育人目标的实现。如"中国的饮食文化"项目化学习以中国美食为研究内容,让学生知道了在祖国的优秀传统文化中,美食是一道独特的风景,知道了要把中国的美食传承并发扬光大,其实就是把中国文化的力量和魅力传递出去,让中国人乃至全世界从美食中感受中国传统文化之美,学生的家国情怀、责任担当意识不断增强。

#### (三)学生的思维实现了由低阶思维向高阶思维转变

在日常的教学中,我们花大量的时间进行知识点的识记、练习,从最基础的知识点入手,夯实基础,往往很少涉及高阶思维。而项目化学习则不同,一开始就明确提出一个挑战性的问题,激发学生的内驱力,从而识记、理解、应用、创新,在问题解决的过程中培养了高阶思维。

### 二、项目化实践需要注意的问题

#### (一)项目化学习的主题一定是来源于学生学习或生活的真实情境

通过设计具有挑战性的驱动问题,制定科学的学习目标,引导学生开展不同子项目的研究,在每个子项目中要有明确的学习任务,使学生在自主探索与合作

交流过程中，实现跨学科知识的融合，教师在学生研究过程中只是进行适当的指导与跟进。

**（二）项目成果的评价，采取有形评价和无形评价相结合的方式**

有形评价，通过自评、生生评、师生评等方式对实践成果进行评价，评选出一、二、三等奖，并颁发奖品；无形评价，通过召开项目成果发布会，让学生将自己的成果展现出来，并组织学生观看，学生进行学习、比较、分析，体会他人项目成果上的优势与不足，以便在今后的项目化学习过程中扬长避短，取得更好的成绩。

# 第七章
# 激发潜能的"致远"评价体系

苏霍姆林斯基曾经这样说过:"没有自我教育,就没有真正的教育。"要想实现一个人的自我教育,就必须唤醒他的主体意识,从而释放他内在的潜能。一个人的潜能有多大是我们难以想象的。科学研究表明,即使是爱迪生,他的大脑细胞也只有大约 10% 被激活了,一个普通人对大脑的利用率更是超不过 5%。实践证明,评价是唤醒一个人的主体意识、激励其主动参与、发掘其内在潜能的最有效的方式。只要能想办法点燃孩子身体里的小宇宙,他们就一定能爆发出强大的自我超越的力量。

## 第一节 "致远"评价体系的整体架构

《基础教育课程改革纲要》明确提出,要建立促进学生全面发展的评价体系。强调评价既要关注学生的学业成绩,又要发现和发展学生的潜能;既要了解学生当前的实际需求,也要帮助学生认识自我的发展方向;既要依靠单纯的书面测验、考试检查学生对知识技能掌握的情况,也要运用多种方法,综合评价学生的情感、态度、价值观,尤其是创新精神与实践能力的变化与进步等。学校构建起"致远"课程体系之后,我们深刻意识到,科学有效的评价体系是推进课程深入有效实施的重要保障。于是,在推进课程实施的同时,我们创建了具有宁小特色的有形评价与无形评价相结合的"致远"评价体系,体现课程学习的延续性,注重对学生学习过程的评价,激励更多的学生积极投入课程学习。

## 一、"致远"评价体系构建的指导思想

### 1. 发掘学生内在潜能

构建"致远"评价体系的最终目的不在于评出一个所谓的等级,而在于让学生全面地了解自己、认识自己、悦纳自己,进而赏识自己,激发持久强烈的探索求知的欲望,创造热情和美好生活的憧憬,并逐步内化为一种稳定的个性化学习品质,为他们的未来发展积蓄强劲的动力,从而使每个人都实现自身最大限度的最优发展。

### 2. 多元视角进行评价

学习者的能力是多方面的,每个学习者都有各自的优势,学生在意义建构的过程中,表现出来的能力不是单一维度的数值反映,而是对多维度、综合能力的体现,因此对学生学习评价应该是多方面的,不能用一把尺子衡量学生,更不能只从学习成绩的视角评价学生,应该遵从学生的成长需求,从多方面、多角度评价学生,让每一个学生都能找到适合自己成长的空间和舞台,最大限度促进学生全面发展。

### 3. 致力培养学生的自我价值感

价值感是每个人内心深处对自己的一种认同和肯定。如果学生能拥有一定的自我价值感,那么他就会有足够的自信心,就会以积极的心态来看待自己的优点并努力改正不足。而多元视角的评价、有形和无形的评价等形式各异的评价,就能让学生在评价中找到自我价值感,并进而生发不断努力向上、挑战自我的信心和勇气。

## 二、"致远"评价体系的评价原则

### 1. 多元性原则

这里的多元性主要体现为评价维度的多元化和评价形式的多元化。强调从学生"健康的体魄、儒雅的气度、广博的学识、果敢的担当、创新的思维"五个评价维度进行多元评价。通过定期评选"各类课程学习小明星""各学科小达人""三懂少年"和"各课程小海娃"等多种评价形式激励学生参与各门课程学习的热情,促进学生的全面发展。

### 2. 过程性原则

"致远"评价体系更加注重对学生的课堂表现、课外学习、作业质量等学习过程的评价,重视教育过程的价值,注重对学生学习认知过程和情感动机的评价,评

价的内容集中于对学生的学习态度、学习体验和学习效果进行适时、恰当的评价,即注重学生在学习活动过程中的实际体验和发展程度。

### 3.发展性原则

评价以促进学生的发展为主要目的,而不是关注现状。评价时注意收集并保存可以表明学生发展状况的关键材料,并对这些材料进行深入分析,以形成对学生发展变化过程的认识。通过指向潜能激发的评价鼓励每一位学生都能实现自身最大限度的最优发展。

### 三、"致远"评价体系的整体设计

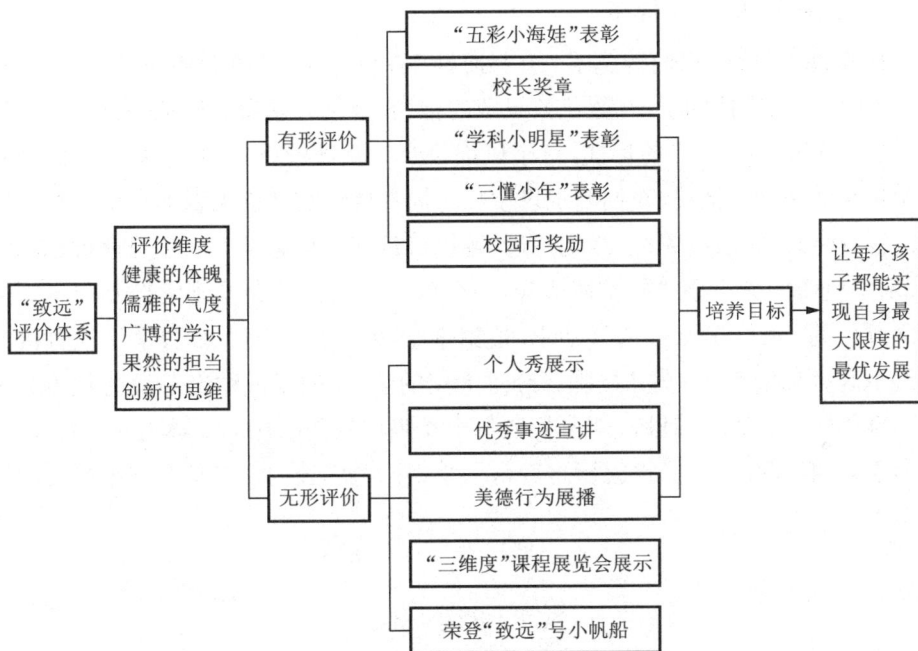

图 7-1 牟平区宁海街道中心小学"致远"评价体系结构图

# 第二节 "致远"评价体系的具体实施

"致远"评价体系是"致远"教育理念下的指向自我潜能激发与全面发展的评价体系。一套评价体系要想真正诱发出学生自我发展的内驱动力,从而在促进学生发展的过程中发挥作用,最关键的不是评价体系构建得是否科学先进,而是必须有具体的评价措施,且能坚持不懈地实施下去。

## 一、有形评价的具体实施

有形评价主要指根据学生在不同课程学习或特色活动中的学习情况,运用积分、奖状、奖章等"有形"的载体进行适机评价的评价方式。这种评价方式是在目前比较普遍的评价方式,因为奖励能"看得见,摸得着",因而,更有利于培养学生的价值感,也能有效引发学生自我发展的内驱力。近几年,依据"致远"教育学校课程的整体架构,学校先后进行了形式多样的有形评价探索。

### (一)持续性评价

#### 1."五彩海娃"评价体系

根据课程目标,我们构建了"五彩海娃"评价体系:健康的体魄(绿色)、儒雅的气度(红色)、广博的学识(蓝色)、果敢的担当(金色)、创新的思维(紫色)。评价采取"周总结,月表彰"的形式:每个班都设有一张评价表,随时记录学生们平时的学科和活动参与情况,我们要求班主任每周都要针对评价大表上学生的参与情况进行及时总结,表扬先进,激励待进,各班每月都要汇总学生的学习评价记录情况,由学校统一分类别进行奖励表彰。这样,学生每月就会得到学校专门定制的不同颜色的"海娃奖章",每学期末,根据本学期的评价汇总情况,学生就有机会获得不同颜色的"小海娃"挂牌。经过5年的学习,如果成绩汇总后能获得5个不同颜色的"小海娃"挂牌,即可换取每个系列用软陶制作的立体五彩"大海娃"作为永久的纪念。而这,也就标志着这名学生已经成长为一名具有宁小特质的优秀学生。


我是五彩小海娃

小海娃,五彩身,天高飞,海阔跃。

健体魄,爱生命。重德行,有雅量。勇实践,善创新。有毅力,敢担当。富学识,成全才。

定目标,显身手。每三分,换一画,班级榜,看谁多;每三画,得一星,评价册,展风采。

一周内,星最多,海娃章,胸前挂。一月内,星最多,小海娃,捧回家;一学期,勇争先,中海娃,抱回家;毕业季,获五彩,大海娃,永珍藏。

清晨起,紧握拳,对自己,喊一声:"小海娃,我能行!"

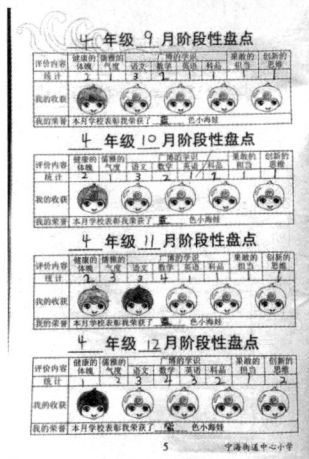

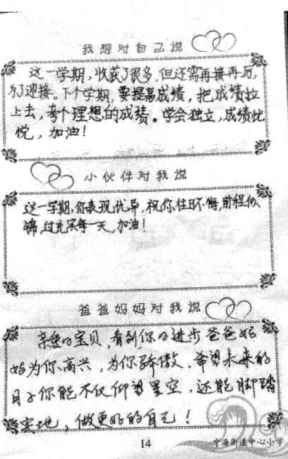

图 7-2　"我是五彩小海娃"评价手册

图 7-3　每月颁发的海娃奖牌

图 7-4　每学期颁发的海娃挂牌

图 7-5    毕业时颁发立体海娃

## （二）即时性评价

### 1.颁发校长奖章

校长奖章是专门由校长亲自颁发的奖章。校长遵循"致远"评价体系的评价维度的五个方面：健康的体魄、儒雅的气度、广博的学识、果敢的担当、创新的思维，根据平时在校园内巡查、听课中的观察和发现，对在品行、思维、"三维度"课程、学校特色活动等方面表现突出或者进步幅度较大的学生，即时颁发校长奖章，以资鼓励。获得三枚校长奖章的学生将拥有与校长共品甜点、为学校提建议的机会。校长奖章的设置与颁发，极大地调动起了学生们积极参与学校活动、自觉履行学校常规、不断创新挑战自我的主动性与热情，促进了学生自我潜能的有效发展。

图 7-6    校长奖章及获得者合影

### 2. 奖励校园币

为进一步激发学生们的课程学习积极性，学校还专门设计制作了不同面额的校园币，并根据孩子们班级评价大表的积分情况，奖励他们相应面额的校园币。有了校园币，孩子们可以在学校的"乐购吧"买到自己需要的学习用品，也可以买到自己制作手工艺品需要的原材料，还可以在每学年一次的课程成果展

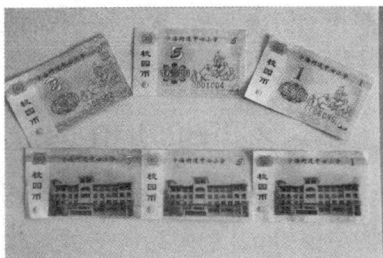

图7-7　不同面额的校园币

览会上购买其他同学制作的、自己喜欢的手工艺品或书画作品，还可以到各课程摊位体验自己感兴趣的课程。一张张小小的校园币，在激励学生不断超越自我的同时，培养了学生的财商和情商，促进了学生的全面发展。

### 3."三懂少年"表彰

每个学期末，学校都要在自我申报、班级审核、级部和全校评比选拔的基础上，举行隆重的"三懂少年"颁奖典礼。颁奖典礼上，将根据每个学生的实际情况和典型事迹，为他们撰写并宣读颁奖词，以高尚孕育高尚，以优秀引领优秀，激励所有学生向这些优秀的同学学习，进一步用自己的实际行动去践行"三懂课程三字经"，逐步学会"懂自律、懂礼仪、懂感恩"，成长为有儒雅气度和果敢担当的宁小好少年。

图7-8　"三懂少年"表彰

### 4."艺体小达人"表彰

"艺体小达人"是专门为音乐、美术和体育学科设置的评价方式。体育学科，每学期开学后，学校都要根据假期作业的内容举行各种运动项目的竞赛，并根据竞赛成绩以及学生参与大课间、学校各类体育竞赛、家校联动课程等情况，颁发各个运动项目类别的"体育小达人"证书，通过评价，有效激发学生们的假期运动热情。"艺术小达人"根据平日学生参加音乐和美术学科各课程门类的学习、参加学

校的各项竞赛等情况,定期评选各个课程类别的"艺术小达人"证书。各种评价形式采取周总结、月表彰、学期颁奖的形式层次递进,逐步点燃学生们的艺体参与热情,全力培养具有坚强毅力与艺术素养的宁小学子。

## 二、无形评价的具体实施

有形评价主要指根据学生在不同课程学习或特色活动中的学习情况,运用集会演讲、展示作品等方式对学生的学习成果进行评价,这种评价方式看似"无形",没有实实在在的拿在手里的评价凭据,但能最大限度地激发学生的自信心,学生学习的积极性被充分调动,学生的素质在愉悦的氛围中得到和谐发展。从某种程度上说,无形评价比有形评价更有利于诱发学生的内驱力,能激励学生不断超越自我,勇往直前。近几年,学校主要进行了如下形式的无形评价。

### (一)美德行为展播

充分利用设置在校园里的"我眼中的三懂好少年"和教学楼主楼的 LED 电子屏幕,对在平时校园里发现的学生主动捡拾废纸、自觉帮助需要帮助的同学、捡到校园币等物品主动上交、积极帮老师做力所能及的活儿等美德行为,及时展示,滚动播放,以此勉励有美德行为的学生继续努力,去主动做更多具有美德的事情,更激励其他同学向优秀同学学习,让美德行为成为校园的一种风尚。

### (二)优秀事迹宣讲

对在落实"致远"教育理念的过程中发现的能体现学生"懂规矩、能自律、懂感恩、善坚持"等优秀品质的典型事迹,我们会运用"国旗下的讲话""主题班会""级部优秀事迹宣讲会"等形式,引导学生总结自己的优秀事迹,宣讲自己的优秀行为,以优秀引领优秀,以高尚点燃高尚。更关键的是,这种宣讲事迹的方式能更加激发演讲者的行动自觉,让他们继续沿着"努力让自己变得更加优秀"的道路一直坚定地走下去。

### (三)"三维度"课程展览会

在每年一度的"三维度"课程展览会上,学生可以找到多种展示自己学习成果的机会:在不同内容的课程组作品展示区,本课程最优秀的孩子都会在展示区进行现场作品制作,能被选上课程组的"形象代言人",是孩子们最大的荣耀;在"三维度"课程个人秀展区,还会为那些能设计制作出 10 件以上作品的孩子设立专属摊位,展示他们各自的个性化作品,以此激励他们不断超越自我的进取心,促进他们实现自我超越和自身价值感的最大体现。

图 7-9 "三维度"课程成果展览会之"三维度课程个人秀"

### （四）致远教育"个人秀"

在宁海中心小学的校园里，到处都可以看到孩子们的作品：有的是俊逸秀美的硬笔或软笔书法，有的是笔下生花的日记或习作，有的是栩栩如生的国画或油画，有的是设计精妙的手工作品，有的是构思奇特的摄影作品……遍布校园的每一个栏目，常常让孩子们流连忘返，发表者骄傲自豪、喜不自胜，观看者暗下决心、努力超越。

5. "致远"号帆船

在学校一楼大厅的"U"形学校文化主题墙上，画有一幅巨大的风景图，图上画有山川、泉水、溪流、河流、大海、礁石等，意为"海纳百川"。在浩瀚无边的大海上，点点帆船随风远航，帆船上面承载着的都是历年来参加区级以上各类比赛的宁小优秀学子，他们为学校争得了荣誉，他们的名字和成绩也载入了宁海街道中心小学的史册中。荣登"致远"号帆船的时候，我们会举行隆重的登船仪式，进一步激发学生们的荣誉感与内驱力。

图 7-10 "致远"号帆船和学校文化主题墙

### 三、"致远"评价体系的实施效果

六年来，"致远"评价体系一直坚持有形评价与无形评价相结合的评价方式，评价形式多样，评价方法灵活，取得了较好的实施效果，主要体现在以下三个方面。

### （一）营造了"你追我赶争上游"的积极学习氛围

不管是指向学生全面发展的"五彩海娃"持续性评价，还是指向学生某方面提升的校长奖章、校园币颁发等即时性评价，抑或是彰显学生个性的优秀事迹宣讲、"致远"教育个人秀等评价，都重视对学生学习情况以及学习成果的及时评价，这充分利用了小学生争强好胜的心理特征，以评价撬动学生内驱力的发生，引领学生不断超越自我，在班级和学校形成了"你优秀，我要比你更优秀"的良性竞争氛围。

### （二）促进了学生学习潜能的有效激发

有形评价与无形评价的全面实施，让不同层次的学生在不同领域都能找到自我存在的价值，课堂学习、课后作业、"三维度"课程学习、学校大型活动、音体美特长训练、日常行为表现……只要有学生的地方，就有评价。这套全方位、全链条、全领域的评价体系，让学生的学习表现及成果能得到及时的、有针对的评价，有力促进了学生自我价值感的培养，从而最大限度地促进了学生自我学习潜能的有效激发，让他们都努力成长为最好的自己。

### （三）促进了学生综合素养的全面提升

"致远"评价体系遵从学校的学生发展核心素养内容，有形评价中的"五彩海娃"评价紧紧围绕"健康的体魄、儒雅的气度、广博的学识、果敢的担当、创新的思维"五个方面开展评价，引领学生逐步成长为具有上述五方面特质的"五有"宁小娃。

图 7-11　首届创客嘉年华

2015 年以来，学校先后开展了许多丰富多彩的特色活动，学生在活动中实践，在实践中体验，在体验中成长。一批批具有宁小特质的孩子在活动中脱颖而出，并逐渐成长为各所中学的佼佼者。其中，关政辉同学在初中、高中先后多次参加市、省乃至全国的演讲比赛，均获一等奖。在牟平一中 2021 级学生成人礼上，参与朗诵表演的四位学生代表中，有两位也曾经是学校"讲评书"课程组的骨干力量。"致远"评价体系，为孩子们的未来发展插上了腾飞的翅膀。

# 第八章
# 共生共长的学校教育生态

在社会的大生态系统中，学校是一个生态子系统。在学校的生态系统中，有着教师发展、学生成长、家长提升、班级管理、校园环境等因素相互影响、作用的"生态圈"。注重生命成长和交流分享智慧，是教育的核心策略。好的教育表现在学生、教师和家长成为命运共同体，能够共生共长。"致远"教育指向于学生的未来发展，通过整体设置的课程、形式多样的评价等途径，全面提升学生的综合素养，而要想让学生的发展顺着"致远"教育理想的方向挺进，就必须有强有力的动力做支撑，这个动力指的就是高素质的教师队伍和具有科学家庭教育理念并不断学习成长的家长队伍。

## 第一节　在阅读和写作中丰厚专业成长底蕴

没有阅读，就没有真正的教育，没有专业阅读，就无法成就真正的教师，一位教师的阅读史，不仅是他教育气质的底色，也是他教育的蓝图。阅读与写作，一直是教师成长的双翼，也事关教师的精神成长。

### 一、开展阅读和写作培训的背景

一个把阅读和写作作为自己专业成长方式的教师，将来一定会走得更远。只有进行广泛的阅读和写作，我们才能从繁杂的教育工作中找到解决问题的途径和方法，从而提升自己的教育教学水平。但在实际教学工作中，由于教师对阅读所具有的意义和作用认识不足，造成现实中的阅读存在明显的局限性：更多的教师认为阅读只是语文教师的专属任务,其他学科都以教学任务没有办法完成或者没有必要开展学科阅读为理由,很少或者根本不开展学科阅读,对于阅读和写作存在畏难情绪,没有从根本上认识到阅读在立德树人方面的重要作用。学校秉承为教师的未来发展积蓄力量的理念,结合对教师读书、写作等方面实际情况的了解,以转变教师的观念、促进教师自身成长和学校长远发展为着眼点,通过不同的方式促进教师的专业成长,引导教师学习国内外关于开展学科阅读、互联网+阅读、主题阅读的理论性书籍或者文章,培根固本。

**二、开展阅读和写作培训的路径**

目前,学校主要通过三渠道对教师进行培训:一是线下读书活动;二是学习讲座;三是线上读书活动。

**(一)线下读书活动**

学校要求各学科教师在规定的读书时间内,按要求参与读书活动,并认真阅读学校推荐的相关文章或书籍。主要从以下四个方面着手落实。

**1. 固定读书时间**

学校将周四下午确定为"教师读写日",每周四下午第二节课至晚放办公时间,为教师固定阅读写作时间。原则上教师在这段时间内只能读书或写作,不做与读书写作无关的事情。

**2. 精选读书内容**

我们要求教师结合自己的实际教育教学工作,进行整本书或相关文章的阅读,如《妙在这一问》《静悄悄的革命》。其中,教学刊物中的文章,主要采取校长推荐、分管领导推荐和教师推荐三种方式进行。校长推荐的读书内容,跟"有效对话"课堂建设的理论性、框架性知识,分管领导和教师则是从"有效对话课堂"建设如何具体操作方面进行推荐。每次读书活动之前,学校领导或相关教师都精心挑选相关阅读内容,及时推荐给教师学习阅读。

**3. 明确读书要求**

"读思结合",是学校对教师读书的核心要求。在阅读的过程中,我们要求教师不仅认真读书,更要学会思考,遵循"辨析—判断—运用"的原则,首先要对所读书中所阐述的教育教学观点认真分析,或讨论,或交流,或争辩,敢于对这些观点"质疑",明析对错;然后联系自身实际,想想如何才能落实、运用这些理论观点,真正将这些观点转化为自己的思想,从而改变自己的课堂,促进教育教学质量的提高。

### 4. 重视学以致用

学校要求教师树立学以致用的思想,将读书与写随笔结合起来,与教学实践结合起来,认真书写教育博客(每学期 10 篇以上),积极参加各级各类论文、案例等评比,并鼓励向教育教学杂志投稿发表。同时学校还定期组织开展教师读书演讲比赛,把自己的读书经验、收获进行分享。2021 年,学校用"讲教育故事"为突破口的方式,逐步点燃大家的写作热情。

教师读书活动的开展,收到了良好的"培根"效果,教师们逐步深入理解"致远教育"理念,并积极改变自己的教学行为,实现了由理论到实践的自然过渡。

图 8-1 "我的教育故事"颁奖典礼及分享会

### (二)学习讲座

学习讲座主要包括校长讲坛、专家讲座等。

### 1. 校长讲坛

结合学校不同阶段的工作重点,校长讲坛讲授不同的学习内容。结合教师们的教学录像片段,对全体教师进行"如何创建多维互动交际场"专题系列讲座,并推荐了相关书籍,组织教师阅读、交流,教研活动也都以"如何引领学生在课堂上由以往的'单向对话'向'多维对话'转变"为主题进行,有效提升了课堂教学中师生互动对话的质量。像这样着眼于"有效对话课堂"的建设,着眼于"学力课堂"的建设方面理论性、框架性知识的分享,全体老师从中体会到别样的读书乐趣,决定将理论应用到实践中去。

### 2. 专家讲座

为更好地践行"致远教育"理念,进一步加强课堂教学改革,提高教师们的教育教学理念水平和教学实践能力,学校先后邀请福山崇文中学的孙镇楷老师,开发区教研室的车言勇主任等从自己的研究领域给全体教师带来关于"教师如何阅读和写作"以及"基于课程标准的教学"等专题讲座,引领教师回归到教育的原点,充实自己的文化底蕴,提升自身素质。

图 8-2 "基于课程标准的教学"专题培训

## （三）线上读书活动

线上读书活动主要有两种形式:一是全体教师开展的线上学习,二是学校的"致远读书"会员开展的线上读书交流活动。

### 1. 全体教师的线上学习活动

学校为全体教师准备了很多心理学方面的书,如《问题学生诊疗手册》《教师不可不知的心理学》《正面管教》,教师根据爱好自主选择书籍组建微信群,然后在固定时间内将自己的读书感悟上传到各自的微信群以供同组成员阅读学习;作为"新教育种子学校"的实验学校,全体教师分批次地跟着飓风老师进行一次次头脑风暴,学习内容丰富多样,如"在线教学,如何让学习有效发生""如何建设班级文化"。全体教师学以致用,尽可能地走进学生世界,读懂学生内心,争当"智慧型"教师,而不是"呵斥型""粗暴型"教师,工作变得越来越快乐,越来越轻松。

### 2. "致远读书"会员开展的线上读书活动

从建立读书会到现在,会员们阅读了不同种类的书籍,涵盖文学类书籍,如《窗边的小豆豆》《青铜葵花》;专业性较强的书籍,如《静悄悄的革命》《教育的使命》《追求理解的教学设计》。交流形式也从最初的上交读书感悟变成在线研讨。会员们根据读书会部署在一段时间内集中读一本书,主持人根据所读章节提出两个核心问题,然后在固定时间大家相约在网络前进行思维的碰撞,这种读书交流形式极大激发了会员们读书的温情,他们力争充盈教学策略与思维,促进自身专业的全面发展。

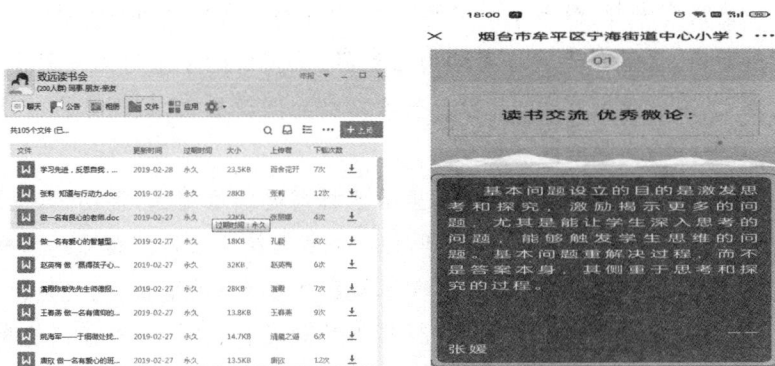

图 8-3　"致远读书"会教师阅读成果

## 教师优秀读后感

### 人生若只如初见
#### ——《青铜葵花》读后感

牟平区宁海街道中心小学　张　媛

隐约记得这样一段话:作家在写一个故事的时候,原初都是有一个完整的构思和明晰的写作方向的,可是写着写着,故事情节似乎就变得不受他控制,变得不是他要写故事,而是故事要他必须这样来写,没有回旋,只能继续。我在想,每到这样的时候,作家内心也是万分痛苦吧? 是青铜,是葵花,也是此时的我!

初次接触这本书是儿子小学四年级的时候,距今亦有四年了。四年,是一段说长不长、说短不短的时间。四年的时间,足以让一个懵懂无知的少年,经历青春期的叛逆,最后长大成人。四年的时间,足以让一个处处崭露锋芒的青年,经历岁月的洗礼,学会如何韬光养晦。四年的时间……我在想,四年的时间,青铜会经历什么? 葵花会经历什么? 四年后,当他们再次相遇,又将是一种什么样的情景呢?

今天和儿子简单聊起这本书,问道:"还记得《青铜葵花》么?""当然记得,那是我四年级的时候老师要求读的,我那时愣是没读懂。"放在以前我可能会马上说:"什么情况? 这么一本令人感动的书你都看不懂? 没认真看吧!"可是今天,我没有说这样的话,因为我相信,儿子说的应该不是假话,在今天的我看来,一个四年级的孩子读《青铜葵花》,他们确是读不懂的。而四年前的我和现在的我再来读这本书,有太多不同的感受。

作为一名语文老师，教孩子阅读的时候，总是告诉他们要和文本进行对话，要和作者进行对话，要真正走进作者的内心世界，从文章的字里行间读出作者内心的情感。今天，我就像一名学生，带着老师对我的阅读要求，试图走进故事，走近作者，和他们进行一次深刻的对话。

我们都知道，文学素材来自生活，生活素材需要作家筛选，再创造，也就是我们常说的文学作品源于现实而又高于现实。带着阅读要求再次读完这本书，我对自己说：曹文轩一定曾是下乡知青（以前看太多知青下乡的电视剧，自然而然地产生了联想）。从网络上查到，下乡知青泛指下放到农村、掌握一定知识的青年，一般指受过高等教育的年轻人，下乡知青是从 20 世纪五六十年代开始。再翻看曹文轩的简介，不对，曹文轩生于 1954 年，那时候的他还小，不可能是下乡知青。再查网络，了解曹文轩写书的背景，原来是来源于一个朋友的故事。那么，这个朋友是谁？青铜？葵花？

随着作者的笔触，再次走进故事。故事讲的是生活在两个完全不同世界里的孩子之间发生的一段刻骨铭心却又悲戚的感情故事。葵花是知青的孩子，而青铜就是一个普通农民的孩子，这样的两个孩子本该不会发生什么故事，可是他们身上有一个共同的特质，让故事有了交集。作者说："葵花很孤独，是那种一只鸟拥有万里天空而却看不见另外任何一只鸟的孤独。这只鸟在空阔的天空下飞翔着，只听见翅膀划过气流时发出的寂寞声。苍苍茫茫，无边无际。"作者又说："青铜很孤独，一只鸟独自拥有天空的孤独，一条鱼独自拥有大河的孤独，一匹马独自拥有草原的孤独。"读到此，我似乎也能隐约感到两个孩子之间一定会发生些什么。果然，两个如此孤独的人，冥冥之中定会相遇，相遇之后必将相知相惜，又同在一个屋檐下生活，就更加加深了他们对彼此的依赖。俗话说，感情都是相互的，人心都是肉长的，面对青铜一家对自己的百般好，葵花怎能无动于衷，怎能不感恩戴德呢！所以，在一起经历了几次重大的苦难之后，他们的感情也更加稳固。

然而，命运总是喜欢捉弄人。他们本该平静而安详的生活，却被突如其来的消息打乱了。我在想，这样的安排不应该是作者的篡改，而是当时社会的一种真实写照吧，一个农村孩子，一个城市孩子，他们或许会因为某些原因，在某个特定时期，产生某种交集，但最终，他们一定是要回归各自的轨道。葵花走了，虽然很不情愿，最终还是撂下青铜一个人离开了。葵花的走令青铜更加孤独了，他的内心究竟忍受着怎样的痛苦，我们似乎从青铜突然开口呼喊的"葵——花！"中，已然找到了答案。这样的一份感情，这样的一种执念，怎能不让人动容，不让人落泪呢！故事到这也结束了，我又在想，多年以后，当青铜和葵花再次相遇的时候，将会是一种怎样的情景呢？

曹文轩的朋友应该是青铜吧，一定是青铜吧。这段感情，应该是他这一生最美好的回忆了，多年以后回想起来，也会是他心底最伤的痛和最大的遗憾吧。可是，当青铜把这个故事讲给作者曹文轩听时，我在想，曹文轩是不是不能将这个凄美的故事写成一部感情类的小说，于是，他就在青铜和葵花的感情中，结合时代背景，突出了众多磨难，而正因此，《青铜葵花》也成为适合所有人群读的书。少年读，读出要有搏击困难的坚强和感恩的心；青年读，读出人在社会，很多时候身不由己的无奈和痛苦；老年读，读出对青春美好的回忆，保留那一抹纯真的感情。

故事的结局让我突然想起纳兰性德的一句话，人生若只如初见。是啊，青铜和葵花若只如初见多好，一切若只如初见多好！

## 把人当作人来看
### ——《窗边的小豆豆》读后感

牟平区宁海街道中心小学　　张　莉

"教育就是要把人当作人来看"，这是读完《窗边的小豆豆》我最真切的感受。书中没有华丽的辞藻，却用朴实无华的语言，用第三者叙述的口吻为我们呈现了小豆豆转学到巴学园后的真实情景。

一个被劝退的孩子，心灵上没有受到丝毫伤害，而在新的学校——巴学园快乐自由地成长起来，长大后有一番大的作为，这主要源于小林宗作先生的教育智慧，把学生真正当作人来看待，让一个个生命变得鲜活生动起来，这才是真正的理想教育。而我认为理想的教育就是让每个孩子从学校走出来之后，都能在社会中找到合适自己的位置，即使没有多少知识，但依然可以过得很快乐，很充实。

在孩子眼中，世界是奇特的，是需要去探索的，所以小豆豆才会不停地开关书桌，我们作为教育工作者就要站在孩子的视角上看待问题，着眼于孩子的心灵需求，孩子的发展需要来实施教育。

"教育就是要把人当作人来看"，实质是要求按照孩子的心灵需求与发展需要来进行教育，小林宗作先生做到了。面对一个被退学的孩子，到了新学校后絮絮叨叨地讲了四个小时，他竟然没有厌烦，耐心倾听；面对小豆豆把人人避之不及的厕所污物弄得跟一座小山似的，他只是简单的一句"放回原处"，没有大惊小怪，没有责骂……扪心自问，我是没有这样的耐心和克制力的，也许最本质的原因是我没有从孩子的角度看世界，甚至是没有把孩子当作真正的人来看待。此刻不由得想到我们班的一名同学，一个不能选择自己家庭的孩子，其实是可悲的，先天的遗传因素造就了自己有着缺陷的性格，刚接手这个孩子我也试着去走进他的心里，无奈自己道行太浅，被折磨得几近疯狂。读完《窗边的小豆豆》后，我心中有个美好愿望，希望他能碰到像小林宗作先生一样的好老师，那他一定也是幸福快乐的。

只有"教育就是要把人当作人来看"这样的教育，才可能教育出具有健康人格的孩子，在以后的人生道路上才会勇敢自信充满阳光。

教育是有目标、有目的、有意识的行为，其实《窗边的小豆豆》这本书还在向我们传达着一个讯息，就是教育要不露痕迹，这才是最有效的教育，最智慧的教育。很多的教育在不经意间就完成了，很多的知识在不注意时就学到了。小林宗作先生最喜欢大自然，所以时常带领同学们到校园里散步，在这样轻松温馨的时刻，巴学园的所有"小豆豆们"学到了很多，认识了"油菜花"，懂得了"雄蕊和雌蕊"；对于患有小儿麻痹症的泰明，小林宗作先生没有对着全班同学大讲特讲我们应如何对待这样的孩子，而是通过大家都光着身子游泳一事，让孩子们意识到，任何人都是一样的，没有让泰明心里有任何自卑感，随后又通过举行别样的运动会，让个子矮小的高桥君树立起自信，一种"不要忘记夺得第一名时的自信"。从消除自卑到建立自信，这个过程是复杂的，可书中却轻描淡写，一切那么顺理成章，毫无堆砌雕琢之感，我不由得敬佩小林宗作，发自心底的敬佩！

这样的教书先生是我敬佩的，没有空洞的口号，有的只是自己脚踏实地的印迹。

## 教师优秀阅读微论

《正面管教——如何不惩罚、不娇纵地有效管教孩子》中指出："一个行为不当的孩子，是一个丧失信心的孩子。"当孩子们丧失信心时，他们会为自己选择不恰当或者错误的目的，但又意识不到自己的错误观念，或者给自己找补。每个人都想得到关注，这无可厚非，作为老师，我们也有犯错的时候，但因为我们是成年人，能比较有效地控制自己的行为，所以当学生犯错的时候，我们应该先控制好自己的情绪，站在学生的角度想一想，他这种行为背后所折射的现象或原因是什么。作为年轻教师，这一点我做得还不够好，发完火之后自己还会后悔，当时为什么不能控制一下自己的情绪，所以接下来我要学习的方向就是先学会"暂停"，深思熟虑后再做出判断。

——潘霞

读了《认识自己，接纳自己》，我对自己的教学有了深入的反思。其实，我经常会因为学生在美术教室卫生习惯不好，着急上火，特别是那种屡教不改的孩子，有时候我会很生气地对着他喊："你看你，为什么每次你的桌子都会这么脏，每次都要老师给你收拾，这个教室难道是你一个人的吗？公用的桌子你想怎样就怎样？"但是如果我们利用塞里格曼的自我肯定法，我们就可以这么说："画室是我们大家的，老师希望我们能一起进行卫生管理，可是我觉得之前可能你没有认真听我说话，所以我很难过。下次老师希望美术室里再看到有垃圾或地面不整洁的情况时，你能主动收拾一下，让我们公共使用的美术教室更加整洁。表达方式不同，带来的是完全不同的结果，好的表达方式不仅不会伤害到别人，也很容易帮自己平复心情。

——吴娜

《问题学生诊疗手册》中提到了一种特殊的类型："好学生"型问题生，这种类型的学生常见问题有双重人格、自我消失、虚荣心过强、抗挫折能力弱，且以自我为中心。这种学生并非有意做假，更不是成心伪装，有时候他们是为了让家长高兴，让老师满意，不得不违心做事，戴着面具生活，久而久之便成了"两面派"。读了这一部分内容给我的启示是，在管理班级时要关注到班级中的每一位孩子，不能以成绩来判定一个孩子的心理健康，要通过孩子的行为分析其背后的心理并对症下药。我们班有一位成绩和品性都很优秀的孩子，但是由于父母对她要求过于严格，她每次交完作业或者小测后都会来问我她是否全对，面对这一情况我成功捕捉到了她内心的焦虑，平时在校多跟她聊天，对她进行你已经很棒的正面心理暗示。同时我深知面对这一类学生除了在孩子身上下功夫之外，还要从家长身上着手，一定要做好家长的工作，我也常与他的父母沟通，让他的父母在课余多带她进行体育活动，多方面地对孩子进行肯定。

——于爱辉

初看《积极心理学》这本书，我觉得理论性太强，部分内容晦涩难懂，于是便寻了哈佛大学有关积极心理学的公开课视频来看，并记了一些笔记，让我印象深刻的部分在于"我们为什么要学习积极心理学"，并以 Marva Collins 积极教育学的著名人物为例，她的学生若犯错，她会让学生们抄一百遍夸自己的词语，比如我很有勇气，我很有耐心等，后来犯错的学生说，我不再犯错了，因为我已经厌倦了跟 Marva 讨论我自己有多棒。看到这里我不禁扑哧一笑，深觉这个做法的精妙，学生在夸奖自己时其实就是在让他们认清自己的长处，发现自己的优点，从而形成一种正向引导,一种积极的暗示,而她对于学生教育可总结为—赞美与信任。

——唐欣

### 三、开展阅读与写作培训的成效

学校在教师的阅读与写作培训方面进行的扎实实践,不但提升了学校的办学品质,更重要的是教师提升了快速阅读的能力与有效写作的能力,获得了未来发展的无限动力,主要表现在以下几个方面。

#### (一)转变了教师的教育理念

全体教师通过阅读儿童文学读物、教育学、儿童心理学等书籍,能够更多地站在学生的立场去理解学生、找寻教育学生的理想方式,更加理解"致远"教育"把儿童放在学校的中央"的意义。在读书、交流、研讨的过程中,一批批青年教师正在成长为学校各学科的骨干,无论是教学成绩还是班级管理,都有显著的改变。孔颖、王春燕、唐欣等青年教师先后被评为"教坛新星",并在全区和全市优质课比赛中获奖。

#### (二)增强了教师的教学研究能力

通过《追求理解的教学设计》《积极心理学》《教师不可不知的心理学》等专业书籍的阅读,教师们丰厚了教育理论根基,提升了教育理论水平,增强了教学研究能力,很多教师由此走上了教育科研的幸福之路。孔颖、张莉、王春燕、唐欣等教师,参与了学校的多项省市课题的研究,并成为课题研究的中坚力量。孔颖撰写的《在奉献中前行》案例被收录在市教科院编写的《校本课程优秀案例》专著中,撰写的《家校合育:让儿童和家长成长为更好的自己》发表于《烟台教育》"家庭教育"专刊。

#### (三)营造了浓厚的书香校园氛围

各种丰富多彩的读书活动的扎实开展,让学校的书香氛围越来越浓厚。几年来,学校先后有多名教师在市级以上各类诵读比赛、读书活动比赛中获奖。张莉老师获得烟台市第三届"讲烟台故事"比赛一等奖。《人生若只如初见——〈青铜葵花〉读后感》《〈窗边的小豆豆〉读后感》等文章也先后在《山东教育》《山东教育报》上发表。

总之,教师进行阅读和写作是提升自身教育教学能力的有效路径。通过阅读和写作,教师的个人专业素养得到有效提升,不断增强的阅读力与反思力逐步转化为教学实践指导能力,逐步实现从"教书匠"向"研究型"教师的转变。

# 第二节  在小课题研究中体验专业研究乐趣

教育科研是衡量学校办学水平的重要标志,更是推动学校发展的助推器和教师专业成长的必由之路。只有让"教学 + 研究"成为教师的工作常态,学校的教科研工作才会显得丰富和厚实,才能实现教师个人的专业化成长,也才能有效推动学校办学品质的提升。

## 一、开展小课题研究的背景

教学活动是学校的主要活动,而课题研究则是教学的源头活水,没有科研作支撑,课堂教学就会失去灵魂。学校是教学及小课题研究的基地,教师是教学与科研的行为人,促进教研发展是教学研究的目的之一。教育学家苏霍姆林斯基所说:"如果你想让教师的劳动能够给教师带来乐趣,使天天上课不至变成一种单调乏味的义务,那就应引导每一位教师走上从事教育科研这条幸福的道路上来。"但在目前的实际教学中,学校的教师研究意识淡薄,只知道使蛮劲,只关注教学成绩,体验不到职业的幸福,无法获得未来专业发展的强劲动力。学校秉承为教师的未来发展积蓄力量的理念,在"致远教育"课程体系的引领下,结合对教师读书、课堂教学、写作等方面实际情况的了解,以转变教师的观念、促进教师自身成长和学校长远发展为着眼点,不断寻求学校小课题研究的推进思路。

## 二、小课题研究工作的具体实施

为了让每一位教师都能积极参与、主动研究,学校课题研究团队核心成员经过反复论证,最终确定了"研为中心,五环联动"的小课题研究推进思路。"五环"指的是"阅读、教学、研究、写作、讲演"五个方面。所谓"研为中心,五环联动"指的是建立起以小课题研究为统领,阅读、教学、写作、讲演协同配合的小课题研究推进体系。阅读为研究提供理论支撑,开阔教师的研究思路;教学为研究提供实践基础,扎根课堂,提升课堂;在写作中对研究点推敲琢磨,及时进行总结反思;在讲演中使研究成果落地,点燃教师参与研究的热情。"研为中心,五环联动"的研究推进体系使课题研究真正渗透在教师工作的方方面面,成为教师的一种工作常态,为教师专业成长提供平台。

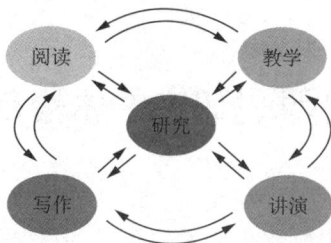

图 8-4 "研为中心，五环联动"小课题研究推进思路示意图

**（一）研——小课题研究的行为核心**

在小课题选题阶段，起初我们让老师们根据学校的研究总课题和自己的教学实际选题，结果老师们确定的小课题要么是大、空，要么是命题不规范，要么是课题没有研究价值，小课题研究又陷入了以往形式化的怪圈。在给老师们多次辅导但效果仍不明显的情况下，学校决定给老师们搭建支架。当时正是学校的"海纳·致远"课程1.0版开始实施的时候，于是，基于学校的课程体系架构，经过反复推敲，为老师们提供了一份小课题研究参考题目。

有了这份参考题目，对于小课题研究一筹莫展的老师就有了抓手，他们可以以教研组为单位选择感兴趣的内容进行研究，也可以独立开展研究。这份参考题目只是给老师们提供支架和参考，绝不限制老师们的个性发展。因此，有一定研究基础的老师，我们就鼓励他们根据自己的教学实践确定申报课题。如彭永香老师一直致力于师本课程的开发与建设研究，她在"小学语文多维诵读实践研究"的基础上，又先后申报了"'我爱学论语'师本课程的开发与实施研究""'说成语　论兴衰'师本课程的开发与实施研究"等小课题，均取得了较为理想的研究成效。

依据学校的整体课程设立小课题参考题目，既给老师们的研究提供了方向，又能够促使学校课程的目标在各个方面尽快落地。当时确定的学校课程目标有五个，即健康的体魄、儒雅的气度、广博的学识、果敢的担当、创新的思维，这些课程目标在参考题目中基本都能找到相关的研究课题。如与"儒雅的气度"相对应的是"小学'三懂少年'德育评价策略的实践研究"，与"创新的思维"相对应的是"'创意编织'课程培养学生创新能力的策略研究"等。这样的研究紧贴学校课程目标，研究结果可以直接改变教师们的教学实践，可视的显性成果极大地激发了教师参与的热情。

**（二）读——小课题研究的理论寻根**

要进行小课题研究，教师自身的理论知识必须丰富，只有在阅读中吸收需要的理论知识,才能为小课题研究提供支撑,从书中汲取小课题研究的理论营养,围绕对问题的调查、分析与解决,查找大量资料,进行大量的阅读。这里的读是一种专题性阅读,即阅读与小课题研究内容相关的文章或书籍。正因为"读"的内容是"研"所需要的,"读"能够促进"研",所以教师阅读积极性特别高。

如在科学学科的"小学科学实验教学有效性的实践研究"中,教师先后阅读了《浅谈小学科学实验教学课前准备的重要性》《小学科学课学生实验设计能力的培养探微》等文章,专业化的阅读有效促进了科学学科小课题研究的推进。参与"小学语文课堂学生多维互动能力培养的策略研究"的老师,认真阅读了佐藤学的《静悄悄的革命》一书中的《以学为中心的教学》《每个学生相互作用》《创造相互学习的教室》等相关章节的内容,对如何将课堂建设成师生多维互动的"交际场"有了深切体验。

这样的专题化阅读特别有效,教师自己到相关学科的专业刊物或者互联网上找相关的文章来阅读,直接促进了"研"的深入落实。学校除了小课题研究的专题化阅读,还有"致远读书会""固定阅读日"等其他阅读方式的安排,定期举行读书交流会、每日阅读打卡,使小课题研究植根于阅读这片沃土。

**(三)教——小课题研究的实践探索**

"教"的主要场所是课堂,这是小课题研究的主阵地。教师的课题研究一旦脱离了具体课堂教学,就失去了课题研究的根基和现实意义。学校引导教师根据自己确定的小课题,充分利用好"主题教研""说议讲评""组内常态课研讨"等教研活动,进行有目的的课堂观察,为小课题研究提供第一手研究数据,让教师带着问题意识、带着研究意识走进课堂,走进教材,走进学生中。为了便于教师们"回头看",防止宝贵的生成性研究资源转瞬即逝,我们要求教师尽量到录播教室上课,为教师研究过程中的资源调用和数据查询提供基本的条件保证。

例如,在"小学道德与法治学科学生与文本有效对话的策略研究"中,在课堂教学中教师有意识地引导学生运用不同的方式与文本进行对话,并在不断的听课与研讨过程中,提炼总结出了"利用提前查阅的资料与文本对话""画思维导图与文本对话""联系电视节目与文本对话"等多种与文本对话的方法,改变了道法课"一言堂"的传统模式,促进了学生思维能力的整体提升。

**(四)写——小课题研究的总结提炼**

"写"是记录教师小课题研究历程、促进教师梳理提炼研究成果的重要载体。学校先后请福山区崇文中学的孙贞楷老师和海阳市教科所的车言勇所长到学校现身说法,通过各种方式让老师们明白:要想从根本上提高自己的研究能力与专业水平,就必须要动笔写作,坚持写作。

我们要求教师每学期撰写的文章中,至少有 3 篇是跟自己的小课题研究相关的。为降低门槛,消除老师们的畏难心理,一开始的时候,鼓励教师先做"录音机",只要能把自己课堂教学的历程原原本本记录下来就行。慢慢再提高要求,让他们学着写较为规范的教学随笔、教学案例、教学故事,平日工作中多观察与思考,捕捉工作中的细节问题进行研讨,并将自己的点滴感悟写下来。通过写作,教师会对自己教育教学的思考更深刻、思路更开阔,在总结中收获奋斗的幸福,在反思中找寻前行的方向和力量。

### (五)讲——小课题研究的成果推介

"教学艺术的本质,不在于传授本领,而在于激励、唤醒和鼓舞",这不仅仅适用于学生教育,同样适用于课题研究的推介,学校鼓励让老师们当众宣讲自己的研究成果和研究故事,就是点燃教师专业发展热情的最佳载体。

从 2019 年下半年开始,我们每学期都要举行小课题研究成果推介会。

表 8-1　牟平区宁海街道中心小学首届小课题研究优秀成果

| 成果题目 | 参与研究者 | 获奖等次 |
| --- | --- | --- |
| 小学数学课堂利用生成性资源进行有效对话的策略研究 | 四年级数学组 | 一等奖 |
| 小学英语创设生活情境提升学生口语能力的实践研究 | 英语组 | 一等奖 |
| 小学语文"拓展式阅读"教学的策略研究 | 四年级语文组 | 二等奖 |
| 小学低年级语文绘本读写的策略研究 | 一年级语文组 | 二等奖 |
| 小学科学实验教学有效性的策略研究 | 科学组 | 三等奖 |
| 小学数学中高年级学生计算能力提高的策略研究 | 五年级数学组 | 三等奖 |

参与教师充满激情的解说给老师们带来了一场丰厚的课题研究精神盛宴,不同学科丰硕的课题研究成果,不仅让所有参与教师从中学到了很多有实效的教学策略,学到了进行小课题教学研究的方式方法,更点燃了老师们参与小课题研究的热情。同时,我们把学校的相关研究成果获得省市研究成果奖的奖金作为学校小课题研究成果的奖励基金,颁发给每次获得优胜成果奖的教研团队,以此引领教师以更规范的形式总结提炼自己的小课题研究成果,促使教师们以更高涨的热情投入小课题研究中,从而让他们获得更快的成长。

图 8-5　牟平区宁海街道中心小学首届小课题研究成果推介会

优秀小课题研究成果报告

《小学英语创设生活情境提升学生口语能力的实践研究》
小课题研究成果推介报告

牟平区宁海街道中心小学　英语组　曲立燕

一、研究背景

众所周知,培养学生的口语交际能力,让学生在生活化情境中真正张开嘴说英语,提高学生的语言运用能力,是目前小学英语教学突破的重点和难点。而在实际教学中,由于受应试教育及传统教学模式等多方面因素的制约,我们往往费心尽力,却很难真正实现让学生流利地使用英语交流的目的。《新英语课程标准》要求教师"创造性地设计贴近学生实际的教学活动,吸引和组织他们积极参与",

因此我们英语组确定了"小学英语创设生活情境提升学生口语能力的实践研究"这样一个课题。

二、理论依据

建构主义教学理论认为，人对于知识不应该是被动地接受，而是根据自己的需要，通过自己的学习和努力主动建构的。此理论强调教学要以学生为中心，学生是学习活动的主体，学生的主体地位是不可替代的。其理论核心是以学生为中心，强调学生对知识的主动探索、主动发现和对所学知识的主动建构。

三、实施阶段

1.加强理论学习，更新观念

搞好此项课题研究，不能只凭一点教学经验，需要有理论引领。所以，学习相关理论是实验的必要保障。实验教师首先做到有思想有个性，要热心课题研究，肯下功夫，有爱心，有敬业精神。从书本中学，从网络中学，同行之间互学。每学期安排理论学习交流。思想是行动的先导。教师对课题研究的认识程度直接关系到他们实践中应用的深度和广度。新的教学理念要真正深入教师的心灵，才能成为教师理念建构的基础和准绳，从而指导教师的教育教学实践。我们要求教师加强学习，更新教学观念，提高教育科研能力和理论水平。因此，我们始终把更新教学理念作为首要任务来抓。课题组要求每一位课题成员认真研读教学著作，不断充实、更新自己的教育教学理念，在交流中不断吸取"营养"，提高自己的业务水平。

2.专题培训，奠定研究基础

定期开展课题研讨活动，做到有计划、有过程、有分析、有总结。通过学习培训，课题组教师对"小学英语高效课堂教学口语能力的提高"的意义有了更深一步的认识，明确了新课程所倡导的"以学生为中心"的教育理念，让学生在听、说、玩、演、的活动中学习并运用英语知识。实验教师的认识不断提高，为深入课题研究工作打下了坚实的基础。

3.踏踏实实进行课题研究活动

在开展研究的过程中，及时进行总结交流，组织教学反思。开展本课题以来，每学期开展两次课题研究课的设计、教学实施、反思活动，促进课题实验的开展。鼓励成员积极将自己在课题研究过程中的一些心得与体会及时进行整理，并能努力撰写成文，在定期和不定期的集体活动中进行广泛的交流与研讨活动，争取有高质量的研究获奖。

积极开展课堂教学的研讨工作，突出"兴趣、情景、活动、交流"改进英语课堂教学,小学生在符合他们特点的活动中学习英语,其兴趣会更加浓厚,而浓厚的兴趣又会使他们更主动,更富有成效地参加到英语学习活动中来,这就形成了小学生英语学习的良性循环。

开展课题研究,贵在探索,重在实践。为此,实验教师在小学英语教学过程中,把小学生学习英语的天性和实际结合起来,充分发挥学生的主体作用和老师的主导作用,进一步提高学生口语交流的能力,让研究服务于课堂教学,用课堂教学展示研究成果。

4.以课例引路,上好研究课

课题组成员积极参加各种探讨及实验等活动,把握实验方向与重点。以教学、教育案例为载体,实施行动研究,使教师与研究者在制作案例时共同思索,教师在理念与经验引领之下进行行为自省、教学经验重构、扎根理论建立。研讨活动为集中研讨共三种形式,一般情况做如下安排。

(1)每两周由执行组长牵头,组织课题小组成员,开展一次研究活动,主要是学习本课题实验的理论知识与先进经验,小结本课题实验的经验与教训,确保课题研究在正确的指导下有序进行。

(2)3～5年级的每个年级每学期组织一次课题研究课,组织好教师评课。

(3)组织课题组成员观看"英语教学观摩课",写好教学小记并在课题组进行交流,以优质课促反思,以优质课来引路。通过"观看—反思—交流"这样一个过程,组员们从教学理念上有了根本的转变,从而切实指导自己的课堂教学实践。

5.加强教师间交流,实现资源共享

在老师们的交流中,有理论学习的收获,有教学困惑的剖析,有教学成功的感慨,有教学失败的倾诉。通过平等的对话、横向的交流、纵向的引领、思维的碰撞、观念的争鸣真正促进教学研究,从而进一步提高学生的口语交际能力。

四、研究方法

进行小课题研究就是要在充分借鉴别人经验的基础上提出解决问题的方法。因此我们阅读了相关书籍,上网查阅资料,向有经验的老师学习,实地调研访谈。通过整理归纳、分析综合,根据教学实际确定解决办法,为下一步研究做准备。

五、研究内容

在反复试验的基础上我们确定了三个创设情境的模式:一是模拟生活化情境,二是创编课文小短剧,三是利用多媒体创设情境。总结出有效的创设情境提高学生口语表达能力的策略,简称为"四步情境创设法"。一是模拟生活化情境:创情境—入情境—演情境—续情境;二是创编单元小短剧(适用于单元复习):汇情境——融情境——演情境——评情境；三是多媒体创设情境：设立基调——情境呈现——身临其境——有感而发。通过以上三种情境创设模式，学生的口语表达能力有了很大提高，他们在课堂上积极表达，勇于展现自我，口语表达能力的提高让他们更爱英语学习了。

通过教研活动，我们一致认为：创设真实的、生活化的情境，让学生"身临其境"，能有效提高他们的英语口语表达能力。通过研究，我们总结了三个较为有效的创设生活情境的途径。一是模拟生活情境，如五年级上册 Unit3 Health（健康），其中 Lesson1 What's wrong with you? 目标语句的语言功能是医患之间询问病情、描述症状、给出治疗方案。目标语句语言功能是亲朋探视病人的对话，如询问病情、安慰病人、给出建议等。在创设情境的设置上，我们准备了听诊器、"医生办公桌"、医生记录本等场景和实物，学生很快就能进入了角色。在模拟医患场景对话的语言运用环节，很多孩子根据自己去看医生的情景，加上了课文对话中没有的问候医生的环节，除了主句型的运用，他们在肢体语言方面配合得也很精彩。二是创编课文小短剧，如四年级下册的"Communication 沟通交流"，教材中主要提到了三种"交流和沟通"的方式：面对面交流、发电子邮件和打电话。每一种交流方式，我们创设了相应的情境：如"打电话"的这种形式，在第一课我们让学生同桌俩人模拟打电话情境；然后在第二课学到第三人称单数形式的时候，采用让学生"转述"的形式，将第一、二人称自然地过渡到第三人称的办法，学生很容易就可以掌握。在这个单元的复习课中，我们尝试提高了难度，让学生把本单元学过的句型糅合到一段对话里，而且要用"打电话"的形式。出乎意料，学生们巧妙地设置了这样的情境——出差的爸爸给孩子打电话，父女俩用了第一、二人称的现在进行时对话，然后爸爸通过女儿询问家里其他成员的情况，由"女儿"的转述自然而然地运用到了第三人称，孩子们这样的对话情境创设非常流畅自然，而且对话中也体现了亲情和关爱；三是利用多媒体创设生活情境，这种方式用于不太好创设真实情境的课文话题，利用画面或视频协助创设情境，如五年级上册"Birthday 生日"，第一课"When is your birthday？"（你的生日是什么时候？），通过多媒体创设生日情境，真实的生活化的情境激发了学生表达的欲望，从而促进了学生口语表达能力的提升。

六、研究成效

通过一系列有效的实践研究，学生的口语表达能力得到了有效提高，更重要的是教师得到了长足发展的动力，撰写的论文发表在省级重要刊物上。贾振红老师在山东教育报上发表了《创设生活化情境，提高英语对话能力》。在研究实践中,贾老师探索出开展"生活化情境表演"的路子,通过模拟表演,引导学生将新旧知识综合起来运用,课堂变得更加生动,学生的口语能力得到了较大的提高。

在贾老师的带动下,英语组教师们纷纷把自己研究过程中的经验、感悟付诸笔端,写下随笔。曲立燕老师写了《创设情境,提高三年级学生口语交际能力》《创设生活情境　提高英语口语能力》,贾振红老师写了《小情境创设,提升学生语言运用能力》,毕从青老师写了《模拟生活情境,提高学生口语水平》,贺允老师写了《合理的语境让英语学习生活化》等。

把总结的方法再次运用到教育教学实践中,这是小课题研究的根本目的,是教师最有成就感,最幸福的阶段。在这一过程中,教师的教育教学技能得到提高,教育教学效果显著改进。总之,在做小课题研究时,只要我们立足实践,面对真问题,开展真研究,就能获得发展。

## 《小学数学课堂利用生成性资源进行有效对话策略的研究》
## 小课题成果推介报告

### 宁海街道中心小学数学组　宫明霞

一、课题的提出

(一)课题提出的背景

《数学课程标准》指出:"数学教学是数学活动的教学,是师生之间、生生之间交往互动的过程。"叶澜教授在"新基础教育"探索性的研究时,就提出:一个真实的课堂教学过程是一个师生及多种因素间动态的相互作用的推进过程,由于参加教育活动有诸多复杂的因素,因此教育过程的发展有多种可能性存在,教育过程的推进就是在多种可能性中作出选择,使新的状态不断生成,并影响下一步发展的过程。

《新课程标准》指出:"数学教学是数学活动的教学,是师生之间、学生之间交往互动与共同发展的过程。"课堂教学是千变万化的,时时会生成新的教学信息。随着新课改的不断深入,越来越多的教师开始关注课堂生成。我们经常可以看到优秀的教师总能及时地捕捉、合理地利用课堂中动态生成的资源,教学高效又灵动。但立足我们的课堂,可以发现,有些教师缺乏利用生成的意识,课堂教学机械、沉闷,有些教师思想上虽有生成意识,但他们追求的动态生成存在着弊端,主要表现在:教师课前不认真备课,在课堂上随意发挥,脚踩西瓜皮滑到哪里是哪里,课堂效率低下;教师一味迎合学生,被学生牵着鼻子走,教学游离主题,耗时又低效;

教师不能正确理解学生呈现的信息，不能对"动态生成性资源"给予恰当的评价，浪费了宝贵的教学资源等。

鉴于以上分析，我们从课堂教学的有效度提出了"小学数学课堂有效利用生成性资源进行有效对话策略的研究"课题。

（二）课题提出的意义

通过课题研究，教师能更好地把握学生的生成，及时有效地做出调整，提高课堂教学效率，同时也提升教师的教学机制，在充满智慧的课堂中，学生能真正获得思维的训练、能力的提高，综合素质得到发展。

二、研究目标

1.教师部分：通过课题研究，不断地深入学习《数学课程标准》，深切领会其新教学理念，对教学内容、教学设计、教学过程、教学方法进行研究与不断改善。在这个基础上，构建小学数学"动态生成性"教学模式。将数学教学提升到生命的层次，变学生为活生生的学习主体，变数学教学为生动活泼、主动的和富有个性的生命发展的过程

2.学生部分：通过课题的研究，学生将真正成为学习的主人，拥有充分的从事数学活动的时间和空间，在自主探究、亲身实践、合作交流的氛围中，解除困惑，使得各种情感态度、知识技能、价值观在过程中"动态生成"。

三、研究内容

探索小学数学动态生成性教学的实施策略如下。

1.整合教学资源，为"生成"打好基础。

2.精心设计预案，为"生成"提供前提。

3.采取以学定教，为"生成"保驾护航：

（1）学会倾听，寻找教学资源；

（2）学会捕捉，实现学科价值；

（3）学会点化，引导自主探究；

（4）注重提升，推进高层互动。

四、研究成果

1.借助错误性资源，针对错误点展开对话，引导学生在交流梳理中理解数学知识。

错误能够反映出学生学习困难所在，能够反映出学生思维认知发展水平、行为习惯以及意志品质的状态。教师若能善于捕捉，并能把学生在课堂上出现的错误当作是一种课堂中生成性的教学资源，进行灵活处理，那么学生就能在发现错

误、纠正错误的思辨过程中,获得知识、提高能力,增进对数学知识的情感体验。

2.把握差异性资源,针对思维的碰撞展开对话,引导学生在实践感悟中形成数学技能。

由于学生之间存在着个体差异,因此在课堂互动对话中,有时会出现学生对同一问题纷纷发表自己不同意见的情况,教师适时把握时机、利用学生的争论来生成教学资源。让学生充分阐述自己的观点,把学生各种不同的声音和思考在课堂上展现。学生们的思维在思考的交锋中碰撞,在碰撞中获得对知识的深入认识、从而形成数学技能,提高数学思维的能力。

3.抓住"问题性"资源,引导学生在疑惑之处展开对话,引导学生在认知困惑中激发求知欲望。

疑点能够引发学生的积极思考。当学生勇于提出自己的疑问,对别人的见解提出自己的看法时。教师随即抓住"为什么"这个"问题性"资源,尤其把关键性的问题作为教学资源,既打破学生浅显的认知平衡,学生在相互质疑、解惑中将学习引向深度探究。学生在参与和感受"问题解决"的过程中,理解掌握知识,构建起属于自己的认知结构。

4.活用教材资源,对易混淆的概念展开对话,引导学生在知识联系中拓展数学视野。

在概念教学中,通过教师"问",引导学生动手操作,亲历知识的形成过程。在学生"议"的过程中构建知识之间的联系,从而形成客观的结论。学生的思维收中有放,有效培养学生思维的开放性、深刻性。

### 三、开展小课题研究的实效

实践表明,"研为中心,五环联动"小课题研究推进措施在学校的逐步落地,不但提升了学校的办学品质,学校课题研究方面的成果先后在《中国教育报》《教育家》《山东教育》等刊物发表,并先后五次在全市和全国现场会做经验交流。学校先后三次承办全市现场会议,被评为"烟台市综合实践教育先进单位""烟台市教育科研先进单位",更重要的是为教师未来发展积蓄了力量,主要表现为:

一是点燃了青年教师的研究热情。王春燕、唐欣确定了专项课题《小学语文项目化学习的实践研究》,她们从学科领域入手,立足教学,扎实教研,让教学研究成为教研的日常。学校从2019年开始倡导班主任们做班级文化研究,潘霞老师率先垂范,带领孩子们借助《青铜葵花》创建了以"爱"为核心的班级文化,并在全校做了经验交流。在她的引领与带动下,越来越多的老师们都行动起来,王春燕老师的《顺应孩子天性　建设班级文化》分享就让老师们更加热血沸腾,纷纷表示接下来要投入更积极的班级文化创建活动中。

二是激发了骨干教师的研究兴趣。骨干教师根据自己的专业发展需求,建构自己的研究方向。彭永香老师乘着小课题研究的东风,开发出了师本课程读本《我爱学论语》,在烟台市师本课程研讨会上做了探索成果展示,并在《烟台教育》发表了相关论文。"我爱学论语"课程同时被评为"烟台市优秀校本课程"。班主任费志丽老师,从班级工作入手,进行"不良原生家庭对学生心理将康影响的实践研究"的课题研究,被确定为烟台市"十四五"规划课题,她执教的家庭教育课例被评为烟台市家庭教育优质课。

三是夯实了教师群体的发展动力。教师们的研究意识逐步被唤醒,越来越多的老师对小课题研究产生了兴趣,能将"问题即课题,教学即研究,成长即成果"作为自己的行动指南并不懈努力。几年来,教师的教学随笔或论文先后在省级、市级以上报刊发表。张媛主任在《山东教育报》发表论文《让学生的视野从封闭走向开放》,主题讲座"让学生在大阅读中拥有大视野"在烟台电视台"名师课堂"栏目播出。张媛、孔颖、张莉、王春燕、张莉等六位教师先后被评为"烟台市教育科研先进个人"。学校也先后两次被评为"烟台市教育科研先进单位"。

# 第三节　在"三同"亲子课程中培植有责任心的家长

随着时代的发展和国家对家庭教育的日益重视,家庭教育被提到一个前所未有的高度。无数实践表明,影响家庭教育质量的关键因素不是"教育",而是"关系"。良好的亲子关系不仅可以营造温馨的家庭氛围,更能促进儿童人格的健全和身心的健康成长。近几年来,宁海街道中心小学秉承"共情陪伴　共沐成长"的家庭教育理念,积极探索,潜心研究,创建并实施了"三同"亲子课程体系,有效促进了学校家庭教育质量的整体提升。

## 一、"三同"亲子课程开发的背景

开发"三同"亲子课程,主要基于以下两方面的原因:一是基于对现实情况的剖析与发现。通过平日的观察和了解我们发现,班级里那些各方面发展不理想的孩子,一般他们的家长不外乎三种类型——控制型、冷漠型和暴躁型。这三种类型的家长有一个共同的特征,就是不尊重孩子,不关注孩子的内心想法和感受,不注重跟孩子的相互交流,亲子关系不够和谐。二是基于对儿童健康成长心理需求的了解。心理学研究表明,儿童的健康成长至少需要六个方面的心理需求,即爱的需求、归属感的需求、自尊心的需求、成就感的需求、满足好奇心的需求、活动的需求。儿童的所有心理需求,都必须有一个重要的前提——和谐的亲子关系。

基于此,我们确立了"共情陪伴 共沐成长"的家庭教育理念,确定了"建立和谐亲子关系,让儿童成长为更好的自己"的"三同"亲子课程目标。依据此目标,我们又确定了"三 X"亲子课程结构,其中的"三"指的是三个亲子课程维度,即指向自我提升的"亲子同学习"课程、指向协同发展的"亲子同玩乐"课程和指向内在激励的"亲子同成长"课程,"X"指的是各课程维度具体开设的课程内容。

## 二、"三同"亲子课程的具体实施

在亲子课程实施的过程中,我们倡导家长要时刻秉承"共情陪伴 共沐成长"的理念,努力做到"四个不",即不包办代替、不敷衍应付、不独断专行、不打击批评,要时刻以与孩子平等的身份和心态参与所有课程,全身心、全过程、全状态参与活动,让孩子们在活动中体验到父母的关爱和成长的快乐,努力成长为更好的自己。

### (一)亲子同学习

学习是家长和孩子自我成长的最重要的渠道。学校充分考虑家长们的教育程度、职业背景和社会身份的不同,为家长参与课程学习提供实质有效的帮助,促使家长积极参与到与孩子共同的学习过程中来。

#### 1. 召开主题家长会

学校先后邀请烟台市教育科学研究院的程福蒙副院长、海阳市教研室小学部的姜萍主任、深圳幸福家庭研究院的曲秀丽老师先后给家长们做了"成为更好的父母 养育更好的孩子""支持孩子爱上学习""夫妻关系是家庭关系的 NO. 1""爱,从发现孩子的需要开始"等主题讲座,帮助家长们掌握科学的家庭教育方法,提升家庭教育水平。与此同时,学校还充分利用本校骨干教师资源,先后为家长们做了"好习惯成就好未来""关注孩子心灵成长""共情陪伴 共沐成长""在大阅读中拥有大视野"等主题家长会,让家长们在一个又一个主题培训中受到了科学的引领,为有效提升家庭教育质量奠定了坚实基础。

图8-6 主题家长会专家讲座

## 家长优秀学习感悟

### "共情陪伴，共沐成长"主题家长会感悟

**宁海街道中心小学　一年级一班　陈思凝爸爸**

孩子走进宁海街道中心小学已经两个多月了，我也从王振华校长两次慷慨激昂的讲话中了解到了学校的办学理念和育人理念，从丰富多彩的活动中深刻体会到了宁小老师们一心为了孩子成长的高尚情怀。学校在我心中的形象也由紫藤掩映的红墙黑瓦变成一座有责任、有温度、有情怀的精神家园。

如果把孩子比作一棵树，那么学校教育就是这棵大树的枝叶，家庭教育则是根基。根基扎得越深，大树就越枝繁叶茂。今天王校长做的"共情陪伴　共沐成长"的主题家长学校课程让我深刻体会到家庭教育的重要性，下面谈谈我和孩子交流的几件小事与大家共勉。

陈思凝有一个布艺小兔子，在刚开学的前两个周，她把小兔子带到了小饭桌，中午睡觉的时候都抱着它，甚至有几次把兔子悄悄地塞进了书包带到了教室。作为父亲，我是不愿意孩子这样做的，因为老师不允许带玩具去学校，怕孩子分心。开始时我好言相劝，接下来就是利诱，最后是威逼但均无济于事。看着孩子泪汪汪的眼睛，我压住火气问她为什么要带着兔子去上学。她委屈地说，班里的小朋友有好些都是同一个幼儿园去的，就她自己是来自银河幼儿园的，又不好意思和别的小朋友打招呼，觉得自己很孤单，带着小兔子上学就觉得爸爸妈妈在身边了。听到孩子的话，我突然觉得之前冲她发的火是多么的不应该。作为一个成年人来说，到了一个陌生的环境都会有陌生感，更何况是孩子呢？这应该就是王校长所说的共情。

通过孩子的行为，我也认识到作为父母的当务之急不是逼着孩子将兔子放在家里,而是教会孩子如何尽快和别的孩子建立友谊,同学的陪伴就会让她远离那只天天陪她上学的忙碌兔子。于是我教她如何主动和别的孩子打招呼,如何去帮助别的小朋友收拾东西,如何课间和小朋友一起去厕所等。两天之后,孩子回家高兴地和我说她有好朋友了,那只可怜的兔子也终于不用天天和她一起上学了。

作为一名刚上一年级的小孩,她的识字量是非常有限的。但我深知阅读对孩子的价值观念的形成具有非常重要的意义,为了解决这个矛盾,我主要通过陪着孩子一起听喜马拉雅,和孩子一起探讨来提升孩子的认识水平。比通过一起听了《病毒家族》让孩子养成良好的卫生习惯;通过听《郑伯克段》的故事,与孩子一起分析亲兄弟为什么相互伤害,教育她和弟弟要和睦相处;通过与孩子一起通过EV录屏制作《月亮姐姐教你背古诗》(陈思凝的小名叫小月亮),来激发她学习古诗词的兴趣。这种陪伴应该就是王校长所说的有价值的陪伴吧。我家小月亮是一个不折不扣的小马虎,作业经常出现审题不认真、书写不认真的情况。为了改变她的这个毛病,我将她做错的题目和上面鲜红的"X"用彩印机复印下来。然后让孩子自己剪下来粘贴在小本上,并说明自己为什么写错了,通过自己制作改错本,来达到警示作用。虽然现在错误还是不断,但改错的过程就是不断反思、不断进步的过程。

我和孩子的妈妈平日都很忙,虽然我们也很想去关注的孩子的成长,但总有力不从心的感觉。比如说忘记给孩子买作业本了,比如说晚上有时候睡得晚连累孩子上课打瞌睡了等。在这个时候,潘老师和于老师总是能够给孩子温暖的关怀和善意的提醒。也正是有了这些负责任,有情怀的老师的无私帮助,才能让孩子健康成长。思凝在班级里面不是优秀的小孩,但我相信我们正在向着优秀进发。

## 听"共情陪伴、共沐成长"讲座有感

宁海街道中心小学 二年级五班 尹晟扬妈妈

常言道"陪伴是最长情的告白"。作为家长,我能做到陪伴孩子,但是共情陪伴我却做得不够理想。王校长在讲座"共情陪伴、共沐成长"中提到,共情陪伴不只是用嘴来说,更重要的是身体力行,陪在孩子左右,陪伴体会孩子的情感,陪孩子解决孩子遇到的困难,陪孩子分享孩子的喜悦与欢乐。

在听王校长讲座的时候我就在反思,生活中我一直扮演着"虎妈"的角色,自己在教育孩子的过程中出现了很多的问题。我的性格有些急躁,在对孩子的教育问题上,希望孩子教了就会,希望孩子能做到我告诉他的所有的事情。孩子做不到就批评指责。其实，静心想想，孩子被指责、批评，孩子在父母面前总会紧张压抑，总是以一种"怕"的感觉呈现在父母面前，根本不会和父母耐心交流。仔细想想，现在孩子屈于父母的威严，不敢反抗，长久下去，等孩子长大了，逆反心理严重，估计就会叛逆了。

很多时候我是以一种高姿态高高在上的姿态在俯视孩子，也许跟职业病有关系。总觉得自己经历得多，看得学生多，学生身上的毛病在自己孩子身上坚决不能有，觉得孩子什么都不懂，一直以一种说教的方式告诉孩子必须干什么，什么一定不能干。很少去听从孩子的感受，更不愿意向孩子表露自己的感受，不能心平气和地告诉孩子自己的期望，有时候看着孩子很委屈，但是又觉得坚决不能放低要求。

王校长讲的"共情陪伴，共沐成长"主题演讲让我意识到自己教育中的欠缺，同时也给自己的家庭教育指引了方向。要想孩子健康成长，首先必须要有和谐的亲子关系。我觉得作为父母，不能觉得高孩子一等，孩子必须听自己的。遇事应该给予孩子更多的细心、耐心，和孩子沟通时父母不能急于求成，更不能拥有拔苗助长的心态，要学会循序渐进，在一点一滴中看到孩子的成长。

对于孩子的学习安排，要想让孩子心甘情愿地去完成，我觉得父母可以和孩子一起制订学习计划，孩子参与的过程就是亲子交流的过程，孩子会觉得他的意见被采纳、自己制定的计划得到父母的认可，孩子的参与度以及执行力一定会比比父母制定好让孩子照着执行的要高。孩子的生活中不应该仅仅有学习的时间，还应该有亲自共运动，亲自共交流的时间。为了和谐的家庭环境，为了孩子健康的成长，我想以后的生活中每天留出 15 分钟的时间交流和孩子互换心声，交流彼此的一天的事情。给孩子一个吐露心声的机会，让孩子倾听父母的心声，增进彼此的了解，共建和谐的亲子关系。

虽然父母不需要持证上岗，但是希望自己不断学习，认真反思，每天争取都当一个合格的妈妈，让孩子健康长大。

### 2.开展亲子共读

学校精心组织了形式多样的亲子共读活动：一是开展"亲子共读金话筒"比赛。家长和孩子提前选定篇目，录制成音频并发送到指定位置，学校组评委按照"班级——级部——学校"层面进行逐级评选，评出全校的"亲子共读金话筒"奖。二是召开亲子阅读读书交流会。运用抽签朗读、问题抢答、情景剧表演、创编绘本等多种形式，引导家长和孩子们共同参与，交流读书收获，点燃读书热情。三是举行亲子阅读主题读书节。活动中，请表现突出的学生和家长一起上台主持或表演节目。学校指导家长与孩子共读,让学生和家长在书籍中拥有共同话题,在书籍中实现共同成长。

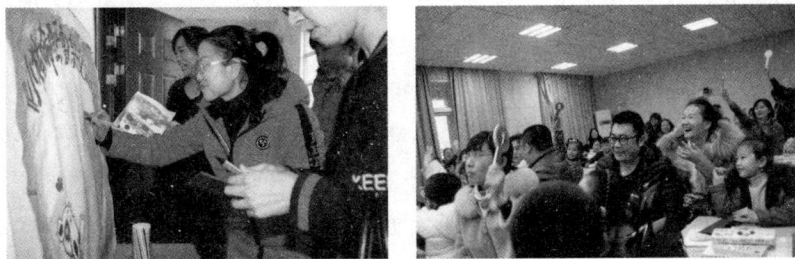

图 8-7　共同成长的亲子阅读交流会

### 3.开展家长共读

为让家长了解孩子的成长规律和心理特点,学习掌握科学的家庭教育理论性知识,我们开展了多种形式的家长共读活动。一是在学校微信公众号上,经常向家长推送优秀的家庭教育文章,倡导他们在学习的同时学以致用,改进家庭教育方式;二是及时向家长推荐共读书目,引导家长展开共读实践。如为让家长真正认识到阅读对一个人一生的重要影响作用,我们向家长推荐了吉姆·崔利斯的《朗读手册》;为促使家长与孩子的有效沟通,创建和谐亲子关系,我们向家长推荐了李中莹老师的《亲子关系全面技巧》。我们倡导家长们以接力的方式轮流在班级群分享自己的阅读收获,有的班级还为此专门创建了"小犟龟　大梦想""智慧的列那狐"等班级微信公众号,定期在上面发布家长们的阅读感悟和孩子们的朗读音频。家长们在共读培训中积极学习的状态,促进着学生的学习,收到了"家长好好学习,孩子天天向上"的效果。

**家长共读优秀阅读感悟**

#### 《亲子关系全面技巧》第九章阅读感悟

宁海街道中心小学　四年级一班　曹瑞言妈妈

规则和爱,一个都不能少,"一分用心＋一分技巧＝一片和谐"。这是李中莹亲子关系全面技巧这本书第九章的标题,很符合此时下笔写感想的自己。细想下来,真的是这样,只要在处理父母与孩子的关系中,多一分用心和技巧,那我们的小家将会更加和谐完美。

本章一共谈了十个方面的问题,对我触动最大的是第七方面:规则和爱,一个都不能少。

爱孩子和立规则,从来都不是单选题。这些观点我都赞同,如果孩子做了错事应该怎么办? 我们管不管? 难道放手也意味着不给孩子立规矩吗? 当然不是的,孩子需要关爱和信任,希望我们给予放手的空间,但是同样也需要进行行为规范,爱与规则并不冲突,并且很多时候是相辅相成的。

读了本节之后,我清晰地意识到,明确的界限意识是可以帮助孩子减少对抗,孩子不需要去不停测试父母的底线在哪里。比如当我们用积极的态度来陈述规则,告诉孩子"你只能在厨房和客厅吃东西"的时候,孩子是能感受到我们内心想要实现怎么样的家庭期望的,同样当我们强化鼓励的行为的时候,比如告诉孩子"谢谢你专心听我讲话",都会鼓励孩子更愿意去合作,让孩子获得安心。

还有,当我们制定规则的时候,一定要考虑孩子的年龄和能力。我家老二一岁多,我的内心是多么希望他能用勺子和叉子吃完所有的食物呀,但是我明白,对于一岁多孩子来说,能够主动拿起勺子和叉子吃,已经是一个很值得鼓励的事情,我不能指望孩子立刻就能够完美地做到任何的事情。

再比如收拾玩具可能是很多家长内心的期望,但是我们不能指望三岁的孩子在没有任何提醒、要求的情况下,就能完全自觉地把玩具放好,更合适的期望是我们可以引导并且提醒孩子,跟家长一起来清理和收拾东西,比如告诉孩子,"我们早点把玩具收拾好,我们就可以快点开展下一个游戏了。"每制定一个规则,多跟孩子解释一下为什么,以及可以带来怎么样的帮助,都会有利于孩子增进对规则的理解。但是对于四年级的孩子,如果还不能自主地收拾玩具,整理物品,那就要考虑我们规则的制定是否要更加严格一些、严厉一些了。

随着孩子年龄越大,其实我也越明白一个道理,教养是无统一标准的,但是可以有一些大的原则,帮助我们走得更踏实、更安心,并且更清晰。这里其实也同样需要一个平和的心态去帮助我们去观察孩子的一言一行,并且得出自己当下做妥当的决定。这些都不会有任何教科书告诉我们答案,它需要我们自己跟孩子一起摸索着前行。

## 《朗读手册》阅读感悟

**宁海街道中心小学　二年级一班　张家昊爸爸**

阅读了《朗读手册》第九章《父亲必读》这一章节后,收获颇多。文章通过一些事例和调查数据阐释了一个明确的观点:父亲的角色对于孩子的健康成长极其重要,每一个健康温馨的家庭都有一个共同的因素——就是孩子童年的陪伴与教育中有父亲的身影,因为有了父亲的陪伴,孩子会更加积极,做事会更加成功!

同样,如果父亲能坚持为孩子朗读,那么孩子的阅读成绩会更高、阅读数量也会更多。但是太多的家庭中都有一个"不愿意阅读的父亲",通过科学调查,家庭中父亲和孩子一起读书仅仅15%,母亲比例超过5倍以上。有的父亲想陪孩子读,但是不知道该为孩子读什么书,《朗读手册》推荐的朗读书目可以较好地解决这个问题。书中还告诉我们,作为父亲有义务为下一代更好地改变自己,在孩子的童年,父亲是不能缺位的,其重要性和必要性毋庸置疑。爸爸们可以坚持为孩子朗读十几分钟,或者更长时间,这同样也是获得了第二次机会去阅读和欣赏自己童年时代错过的书,或者把这种朗读当做生活中的一部分。

对于阅读这件事的态度,我进行了深刻的反思。作为父亲,我并没有做到上面所说的坚持为孩子朗读、陪孩子阅读。相反,家昊上学之前,我没有让她读过什么书,就感觉孩子还小,不用着急,但是就是因为这种想法耽误了家昊的阅读启蒙期。一上小学,家昊与其他读书多的孩子的差距明显地显现出来,识字量少、读书没有语感等等。刚上学那会,我们最让人头疼的事,就是每天读书。一到读书时间,我们家的气氛就会凝结,因为家昊连字都不认识,更不用说读了,每次读都是哭着读的,孩子上火,家长也上火。所以很后悔没有早早地给孩子培养阅读兴趣!后来,在语文老师的指引下知道了读书的重要性,慢慢地通过努力,家昊才逐渐地喜欢阅读,养成了每天阅读的好习惯,看图写话、作文写作也有了进步,而且,还时不时地用书中的知识来教育我和她妈妈。难怪古语有云"书中自有黄金屋,书中自有颜如玉"呢!读书让孩子开阔了视野,学到了课本上得不到的知识,让孩子原本是干涸小河的脑瓜,开始注入叮叮咚咚的清泉。所以,我和她妈妈都决定陪伴孩子一起阅读、阅读、再阅读!——这才是让孩子变聪明的最好方法!

《朗读手册》里面大量的资料印证从幼儿起到现在的成功,读书是最好的开始,这本书不是教孩子"如何去阅读",而是教孩子"渴望"阅读。你读得越多,理解力越好;理解力越好,就越喜欢读,就读得越多。你读得越多,你知道得越多;你知道得越多,你就越聪明。书可以直面内心,帮助自己找到自己的弱点,对于以前没有条件坚持阅读这件事,长大有条件了,还是可以继续坚持阅读,因为终身阅读这件事,什么时间都不晚。现在因为有了孩子,我又多了多读书的好机会,我要做好更多的储备。因为有了孩子,我又有了必须多读书的义务,努力做一个真正的读者,也做一个孩子阅读的引领者、点灯人,让孩子去习得和拥有阅读这一人生终身学习的习惯。当然,这个过程是漫长的,需要我们做父母的身体力行地去引导。

在通往孩子阅读之路，都会有来自家人、老师……的陪伴，相信，阅读会让孩子的未来更加美好。

## 《亲子关系全面技巧》第十一章阅读感悟

### 宁海街道中心小学三年级二班　韩昱琦

读了李中莹老师的《亲子关系全面技巧》这本书的第十一章，我感触颇深。这一章里李中莹老师提出家长在抚育孩子的过程中，往往可能会产生一些不好的心态，而这些不好的心态往往不利于良好亲子关系的建立，那如何调整呢？一是抛弃重男轻女的观念。二是望子成龙只会给孩子带来压力。三是别把希望都压在孩子身上。

这里我想着重谈一下第二个观点。望子成龙是家长普遍存在的一种心态。每个家长都希望自己的孩子是最好的，希望孩子能成为像郎朗或者马云那样的成功人士，但其实世界上是没有两个人是一样的，孩子是不可能会成为跟父母一样的人，也不会成为父母心中希望的某一个人。时代不同，每一个人的童年经历也不同，孩子将要走过的童年生活也会大相径庭，我们应从小教会孩子尊重别人的不同之处，他才会尊重我们独特的地方，只有能接受孩子的不同之处，他才会接受别人对他的看法。所以当父母希望孩子成为郎朗或者马云的时候，他已经扼杀了孩子能够成为比郎朗或者马云成功 10 倍的可能性。

由出生到 12 岁左右的孩子，他是一部不断学习、不断修正的机器，这部机器精力无限，不能安定，对很多新事物都很感兴趣，孩子的表现往往是不肯听话，不能好好坐一会儿，越叫他不要动他越会伸手去动，变化无常，其实所有这些都表明孩子很正常，他正在努力发挥和运用体内的学习机器，给自己最多的机会去吸收知识，学习和培养能力。这里需要家长做到要维持孩子有最大的好奇心，鼓励他尝试不同的事物，只要他有兴趣就要多给他鼓励，多给他肯定。

所有亲子关系的改善，必先来自家长的一些改变。一分用心＋一分技巧＝一片和谐，在处理亲子关系时，除了用心，还要有技巧，老一套的方法有很多已经不太适应现在的时代了，我们可以少用一些命令的口气，多用商量的口吻，孩子可能会更加容易接受。孩子也是一个独立的个体，他也有自己的想法、见解和主张，我们应该给孩子足够的尊重。孩子的成长过程就是一个学习的过程，我们应该帮助孩子成长，而不是代替孩子成长。

## （二）亲子同玩乐

良好的亲子关系往往来源于问题发生时相互之间的协同配合。当儿童在父母的陪伴下解决一个又一个问题,实现一个又一个跨越,他们内心的安全感与存在感定会自然生长。学校结合实际,尽可能地为家长和孩子提供共同活动的机会,努力促进儿童快乐成长。

### 1. 亲子共制作

学校聘请芝罘区黄务小学的胡海涛老师担任校外辅导员,自 2016 年 4 月至今,先后举行了"制作 VR 镜""无人机制作""制作熊猫望远镜"等多次亲子共制作活动。不仅如此,我们还将亲子共制作落实到每一个家庭。2018 年 12 月份,学校举行了首届创客嘉年华活动,倡导所有家庭都利用废旧物品进行亲子共制作。家长和孩子们遇到问题一起想办法解决,共同享受幸福的亲子时光,为彼此的生命留下了难忘的回忆。

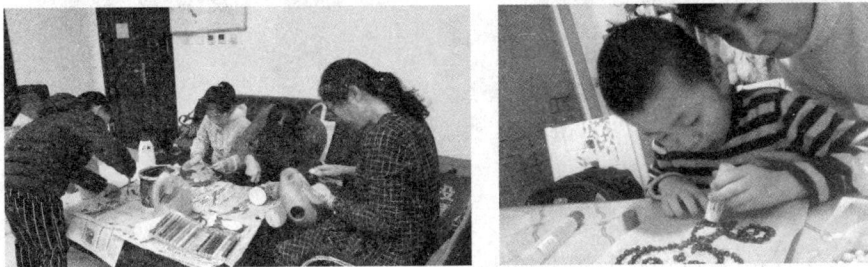

图 8-8　幸福的亲子共制作时光

### 2. 亲子同研学

在"海娃访家乡"亲子研学旅行活动中,孩子们与家长一起进行前期准备,在研学过程中与家长一起用心观察、开心体验,深入了解牟平乃至烟台的丰富地域资源和风俗文化;家长们则忙着设计活动方案使研学有序进行,制作美篇记录孩子们研学活动的点点滴滴……亲子研学活动,让家长们更深入地了解孩子们的思想动态和行为方式,更让孩子们真切感受到了父母的智慧与艰辛,为他们与父母之间实现有效沟通提供了便利条件。

### 3. 亲子共锻炼

我们主要采取两种方式引导亲子共锻炼:一是举行亲子运动会。运动会以需要家长和孩子紧密配合的"夹球走""蚂蚁过河""你投我接"等比赛项目为主要内容,促使他们共同商量对策,合力夺取成功。二是倡导进行常态的亲子居家锻炼。疫情防控期间,我们发起的"居家齐抗疫 健体同致远"活动,在全校掀起了亲子共锻炼的热潮,全家人员齐上阵,在强身健体的同时活跃了家庭气氛,促进了家庭的和谐。

图 8-9 快乐的亲子运动会

## (三)亲子同成长

所有的成长都源自事物内在的向上生长的愿望与力量。不管是家长还是学生,要想成为更好的自己,都必须有不断追求卓越的内驱力和持续付出努力的意志力。学校根据已有的致远教育体系和学生、家长的实际,努力创造条件,让家长和学生实现各自的茁壮成长。

### 1.开展志愿服务活动

为培养孩子们爱家乡的情感,学校每年都要倡导学生在家委会的组织下,以亲子参与的方式开展"爱我家乡 贡献力量"主题志愿服务活动。家长和孩子们走到沁水河广场,共同清理野广告、清扫环境卫生;来到消夏广场,举行"我是朗读者"全民阅读宣传活动;走进敬老院,帮老人整理房间,为老人送去欢乐和祝福;走进社区,进行"垃圾分类"义务宣传,为建设文明牟平、书香牟平贡献自己的热情和力量。

### 2.记录亲子成长故事

我们主要用两种方式倡导家长和孩子一起写作:一是家长自己写孩子的成长

图 8-10 亲子主题志愿服务活动

故事,在写作的过程中记录孩子成长的点滴,反思自己在家庭教育方面存在的问题和不足,寻找改进的措施。二是家长和孩子一起记录生活点滴,这样做的目的主要是倡导家长尽可能地与孩子全身心经历共同的生活,真正实现共情陪伴。实践证明,这两种写作方式有效促进了家长和孩子的共同成长。

### 优秀亲子成长故事

## 坚持的力量

牟平区宁海街道中心小学　五年级一班　王至川妈妈

"孩子,休息会儿吧,你都练了半个多小时了",为了小提琴曲《查尔达什舞曲》中一段新学的谱子,这孩子已经练了半个多小时了,我实在忍不住地劝他。"不行啊,妈妈,我得拉得流畅点,这一句怎么这么别扭",他一边吐槽一边继续练,丝毫没有懈怠。看着眼前执着的儿子,想起一直在谈的"家教"这个话题,都说父母是孩子的第一任老师,初为父母也不懂得如何教育的我们,多年来给予孩子的也就是坚持了。

清楚地记得刚上一年级的儿子有一次回家号啕大哭,原因是"云"字怎么也写不好,顿笔怎么也不会顿,铅笔怎么老是断?给他擦干眼泪后,我拿出了我记录的他从出生以来的日记本和相册,那里清楚的记录着他成长的一些点滴,80天的他,从早晨5:30就努力地想学习翻身,刚开始,他将自己拧成了麻花,身子已经转过去头却还在这边,最终,经过一天的努力,到了傍晚,终于掌握了一项"新技能";8个月的他,经过抬头、翻身、打滚、匍行,终于爬出了人生的第一步;2岁的他,感冒了还坚持去幼儿园说出的"妈妈指头都断掉了,还要去上班,我也要去,小朋友们也都会去的"的"豪言壮语"……看着看着儿子不再哭了,我笑着说"记不记得咱俩上次去爬昆嵛山的时候,那么高的山,咱们爬着爬着就上去了,再难的事,咱们做着做着都会顺手的,你看,小宝宝学爬行多难,但是学会了后你经常从客厅飕飕地爬到厨房，比妈妈跑得都快，写字也是一样，写好了很难，但只要用心去写，坚持去写，就一定会有收获"，"妈妈，你真厉害，我知道了这就是你常说的'坚持就是胜利'耶耶，我去练字喽"，他边说边笑着跑开了。

自那时开始，儿子每天读完书后就开始练字，因为写字学顿笔太用力铅笔断了削，刚写了一会儿又听见断的声音，直到慢慢地铅笔开始"听他的话"了，因为坚持他看到了希望，因为那美好的希望他一直在坚持。记得刚进入二年级的前几天，他回来告诉我，"妈妈，我们学校贴了我的个人作品秀，老师和同学们都在夸我，你觉得这是不是'天赋'？"看着他"小嘚瑟"的可爱样，我认真地注视着他说："孩子，这世上就没有天生的优秀，天赋、优秀，就是藏在别人看不到的坚持里，你前几天不是还吐槽《射雕英雄传》里的郭靖很笨嘛，跟着6位师父学了10年，还是很菜，后来碰上洪七公之后才一步步成为大英雄，殊不知，如果没有那10年风里雨里的坚持，也就不会有降龙十八掌和九阴真经的大成；再看看他的义弟杨康，拜的师父一个比一个厉害，却总是想着走捷径，最后没有得到好下场。高手，就是经过不断的努力和坚持，将看似所有人都能做到的事情做到极致，坚持才是高手们最厉害的功夫，吼吼哈嘿"，说完我还给他比画了几招。"放心吧，妈妈，我一定会坚持的，你也要坚持练哦！"他比了个"加油"的姿势。

做父母真的是一场修行，面对这个小生命的时候，我们愿意把世界上一切最好的东西给他，我们希望他聪明、帅气、乐观、坚强、勇敢，继承我们身上所有一切的优点，但随着孩子一天天地长大，我们越来越清晰地希望只要他做事情足够坚持、足够专注就好，因为每一种坚持就是一种力量，这种力量就像黑夜里的光，一定会闪闪发亮引领我们不断前进。

想起了前段时间读过万维刚的《高手》一书中提到，人有两种成长曲线，一种是对数增长，一种是指数增长，对数增长，是指初期增长非常快，效果立竿见影。指数增长，是指开始你根本看不到效果，可能很长很长时间，你感觉自己寸步难行，但是日积月累到某一个临界点，你豁然贯通，跳到了一个曾经渴望的制高点。

我们的坚持，就是经历的指数增长。


## 我的家教好故事

牟平区宁海街道中心小学　四年级二班　赵浩江家长


记得在喜欢的一部韩剧《请回答1988中》看到一句话：爸爸我，也不是一生下来就是爸爸，爸爸也是第一次当爸爸。所以，我女儿稍微体谅一下。当时被这句话一下戳中：我们都是在孩子出生的那一天才做的父母，没有做父母的经验。可偏偏如何做一名合格的父母却是我们一生都要去学习的课题。

还记得孩子呱呱坠地时初为人母的那种喜悦，随着孩子一天天长大，伴随而来的是更多的思考和责任：我不赞同孩子一出生就是一张白纸的说法，我觉得孩子更像是一颗种子，一颗独一无二的种子，带着自己独特的命运，来到这个世界。作为父母，我们的任务就是帮助孩子们成长，用自己的知识、智慧、阅历等去成就孩子，让孩子成为最好的自己。

在我家孩子的成长过程中，我发现无论是孩子的需求还是我们对孩子的教育，其实都是随着孩子年龄的增长和他阅历的增加而不断发生变化的。可是有一些根基性的东西却是随着孩子的成长历久弥新。

一、给孩子有质量的陪伴

过去好的父母就是管好孩子的吃喝拉撒，但在现代社会中，好的父母还要同时扮演好老师、朋友等角色，孩子们无时无刻不在模仿我们家长，言传身教远比单纯说教更有说服力，我们想要孩子做什么，首先我们自己就要做到。

幼儿时期，孩子的认知还不是很成熟，他所认识的这个世界大多来自父母的启蒙，这个阶段的孩子们最重要的不是学习知识，而是要形成一些终身受益的品质、态度、能力等。每晚拿出固定的时间跟孩子一起阅读，但这个阶段的阅读大多是我读孩子听，大量插画的绘本的阅读给孩子插上了想象的翅膀，让他们树立基础的三观。

我到现在还记得在读《猜猜我有多爱你》时，孩子用软糯软糯的身体紧紧把我环住，奶声奶气对自己说：妈妈，我爱你！在读《你真好》时，薄片龙微笑地闭上了双眼，霸王龙伤心地低吼时，孩子留下的感同身受的泪水……

步入小学阶段，这种陪伴的"重量"就更大了，不仅仅是时间的付出，更是一种行为的共情。我们要求孩子端坐在书桌前保质保量地完成老师布置的作业，我们可不能自己在旁边刷着手机，看着新闻，也要拿出自己的"学习成果"：我有时会练字，因为给孩子报的书法课，而我小时候没有学过，经常被孩子"嘲笑"不会顿笔、运笔，写字不会出峰，我就会让孩子给我当老师，讲解、布置作业，孩子写作业的时候我练字，孩子写完作业后让这个"小老师"给我点评，这个过程其实也是孩子对自己书法学习的一个巩固和加深的过程，一举两得；有时我会拿出自己喜欢看的书在旁边陪着孩子一起，孩子写完作业后，我会和孩子分享自己的读书收获，潜移默化告诉孩子怎样才能有效读书，让书本的知识真正变成自己的知识。

对孩子的陪伴绝对不是"熬时间"，孩子在一边奋笔疾书，我们却在"葛优躺"，刷着手机不亦乐乎,这样的行为不是"陪伴",而是"看孩子",适得其反。高质量的陪伴会在孩子心中洒下美好的种子,我相信,孩子长大后,妈妈和他面对面学习的画面一定会是他经常忆起的一种美好。

二、做孩子坚实的后盾

我经常对孩子说:无论你做了什么,爸爸妈妈都永远爱你,我们的家永远是你的港湾。孩子有时会开玩笑问我:妈妈,我做错事了也没关系吗? 我说:是呀,做错事了也没有关系,告诉妈妈,我们一起解决,下次就不会再犯同样的错误了。

去年夏天的一个中午,孩子放学一回家,就跟我说:妈妈,我跟你说个事。我说怎么了? 孩子说:今天中午放学的时候我和同学一边走一边玩,不小心把一辆车的后视镜碰掉了。我一听,心里的火"蹭"地一下就起来了:这个熊孩子,还真是能闯祸。但是转念一想,心里还有一丝丝小小的欣慰:孩子虽然做错事了,但还能跟我说,这种做法还是值得肯定的。压住自己心里的火,神色如常地问孩子:然后呢? 找到车主了吗? "没有,妈妈,同学们说我闯祸了就一哄而散,我也害怕就跑回家了。"孩子稚嫩的脸上挂着泪珠,有害怕,有担心。"你是怎么想的,你打算怎么做?""我不知道,妈妈,我害怕","儿子,妈妈陪你回去,我们一起去找找车主,好不好?"陪着孩子回到停车的地方,等到了车主,跟车主道歉,沟通了后面的问题就送孩子上学了。

晚上孩子放学回家,神采飞扬:妈妈,我今天一上学就跟那些同学说了我已经找到车主道歉,阿姨也原谅我了的事了,同学们都惊呆了,没想到我会这么快就解决好了。妈妈,你真好,谢谢你! 要不是你帮我,下午学习我都没精神,就怕同学们提起来,拿这件事情嘲笑我,这件事情解决得这么好,我心里就没负担,不过"吃一堑,长一智",以后放学再也不跟同学打闹了。

这件事情后面还有一个小彩蛋:过了几天我给车主打电话,询问修车费用等相关事宜,车主说没花多少钱不用赔偿了,权当对孩子勇于承认错误的奖励。我把这件事情的后续告诉孩子,孩子跟我说:妈妈,这是不是"好人有好报",虽然孩子的成语运用得不是很恰当,但是可以体会到孩子欣喜的心情。

每个孩子成长都不是一帆风顺的,总会遇到困难和挫折,这就需要我们家长耐心细致地去帮助,跟孩子共同面对,做孩子最坚实的后盾,让孩子无论在遇到任何问题的时候,都会内心从容、坚定:有爸爸妈妈在。

泰戈尔的诗有这样一句话:让我的爱像阳光一样包围着你,而又给你光辉灿烂的自由。"愿我们的孩子都能健康茁壮成长,成为他们心中最好的自己!

（上述两篇文章在"山东省家教好故事"评选中获一等奖）

### 2. 举行亲子项目式学习

项目式学习是提高学生探究意识与能力的重要载体。我们倡导有能力的家长根据孩子平日成长过程中发现的问题，引导孩子一起进行项目式学习，在学习中开阔视野，增长见识，提高解决问题的综合能力。如在"餐桌上的秘密"亲子项目式学习中，家长和孩子们按照"麦粒公主的旅行""花生王子的旅行""美丽的遇见"三个子项目开展各种形式的实践活动，在活动中全程经历了小麦和花生的生长过程、面粉和花生油的加工过程以及各种面点的制作过程，进行了"小麦黑穗病的防治""如何防治蚜虫"等单项研究，学习了用麦秆制作手工艺品，见识了传统与现代两种方式耕种、收获小麦，学到了许多课本上学不到的知识，实现了探究能力、实践能力和创新能力的同步发展。

图 8-11 "餐桌上的秘密"亲子项目化学习之"麦粒公主的旅行"（一）

图 8-12 "餐桌上的秘密"亲子项目化学习之"麦粒公主的旅行"（二）

图8-13 "餐桌上的秘密"亲子项目化学习之"麦粒公主的旅行"（三）

图8-14 "餐桌上的秘密"亲子项目化学习之"麦粒公主的旅行"（四）

图8-15 "餐桌上的秘密"亲子项目化学习之"花生王子的旅行"（一）

图 8-16　"餐桌上的秘密"亲子项目化学习之"花生王子的旅行"（二）

图 8-17　"餐桌上的秘密"亲子项目化学习之"美丽的遇见"（一）

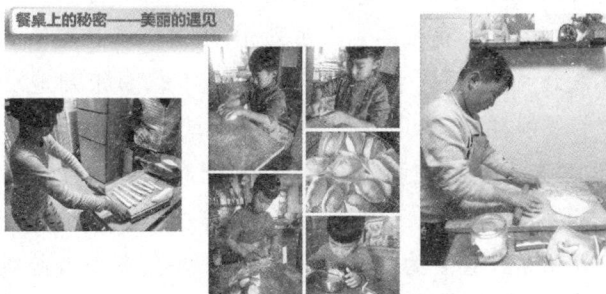

图 8-18　"餐桌上的秘密"亲子项目化学习之"美丽的遇见"（二）

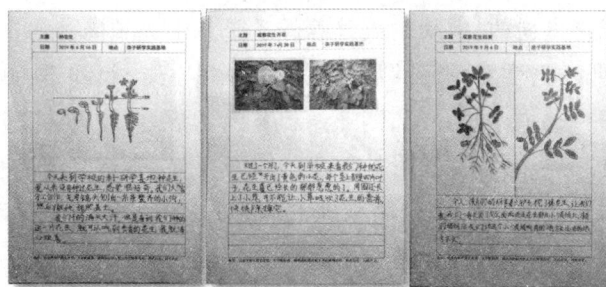

图 8-19　"餐桌上的秘密"亲子项目化学习之项目学习报告

## 种小麦 学问多

牟平区宁海街道中心小学 三年级一班 王至川

　　秋分早，霜降迟，寒露种麦正当时。国庆节之后，学校开展了"餐桌上的奥秘"之"麦粒小姐的旅行"的研学活动，播种小麦的那次活动至今还让我记忆犹新。

　　放学后，我们跟着老师和家长们一起到了学校的亲子种植园里，放眼望去，空旷的土地上零零星星地长着一些枯黄的杂草，贺爷爷拿了一个木头杆子连着一个楔形铁片一样的东西，告诉我们这叫"镢头"，是耕地用具的一种，我们要先用镢头来翻地，这样不仅能把地里的杂物翻出去，而且还能让土地更加松软，有利于种子出土。爷爷还给我们示范了一下，只见贺爷爷拿起镢头，猫着腰，两手一前一后，用力向下刨，然后抓住木杆那么一撬，"哗"的一下，就翻出了新鲜湿润的土壤，新翻的泥土的气息便扑鼻而来。我想：不就是翻个地吗？有什么难的？于是，我自告奋勇第一个翻，我使出吃奶的劲儿举起了镢头，学爷爷的样子那样往地上使劲一刨，可是地面没有丝毫变化，还差点让镢头把我给"举"起来，我不服气地又换了一个姿势，把镢头拿了起来，这次又差点割到我的脚上，吓得我赶紧扔下了这个"铁家伙"，爷爷笑着说："来，我教你怎么用劲儿，用这个工具可不能使蛮劲"，我的脸涨得比猴儿屁股还红，恨不得找个地缝钻进去。唉，看来翻地没有我想象中的那么简单啊！学爷爷的样子，我才刨了不到几下，就累得筋疲力尽了。接着，我们又开始施肥，我们抓起肥料一把把地撒了下去，肥料像一颗颗雪粒似的落到了土地里，给土地增添了许多营养。

　　紧接着我们开始了最重要的一步——播种。首先，贺爷爷给我们看了播种的神器——"耧"，然后又给我们讲了耧的使用方法，爷爷把麦种倒到耧的一个木盒子里，爷爷说这个叫作"播种仓"。开始播种了，爷爷和家长们先给我们做了示范，后面扶耧的是把持方向的，前面的人拉着绳子走就形成了一垄垄的土沟。爷爷在后面扶着耧，我和几个同学在前面共同拉一条绳子往前走，拉开了一道道沟，种子就均匀地播撒在那一道道沟里，我们刚开始都充满了活力，拉得沟又深又整齐，后来累了就深一坨浅一坨了，爷爷及时地给我们叫了暂停，告诉我们这样的话，长出来的麦苗就稠的稠稀的稀。我们赶紧认真起来，不一会儿的功夫就累得汗流浃背。终于，种子宝宝们都顺顺利利地躺在了泥土中。

　　正在我们以为大功告成要欢呼的时候，爷爷说还有一步工作没做，那就是要给露在外面的小麦种子盖上一层泥土被子,把每一颗种子埋藏好。爷爷演示后,我拿起装着土的袋子就开始走,可是拉着袋子走着走着,这袋子好像跟我作对似的,东倒西歪,我累得满头大汗,给小麦盖的"被子"也是弯弯曲曲的,同学们都哈哈大笑。唉,给小麦盖个土都这么有学问,真是看起来容易做起来难啊!

一上午的时间不知不觉地过去了,虽然我们都很累,但是看着眼前那一垄垄的麦田,脸上都笑开了花,我心里想:"种子宝宝们,你们一定要快快生根发芽,快快结出金黄的麦粒。"

在这次劳动中,我知道了任何事情都有它的学问,做任何事情都不容易,同时我深刻地体会到了农民伯伯们是多么辛苦,"谁知盘中餐,粒粒皆辛苦",我们吃的每一粒饭都是农民伯伯辛苦和汗水的结晶,在以后的生活中,我要勤俭节约,节约粮食,从我做起。

## 一次难忘的田间劳动

牟平区宁海街道中心小学　三年级一班　孙艺菲

在班级开展的"餐桌上的奥秘"项目式研学活动中,我参加过很多次田间劳动。让我最难忘的,要数去年6月份收割小麦那次了。

那天放学后,我和同学们在老师、家长的陪伴下,一起来到校园一角的亲子劳动实践基地,这片我们亲手种下的麦子已经成熟了,在斜阳的照射下泛着一层好看的金色。这是我第一次参加收割麦子,以前见都没见过,所以心里别提有多好奇、多兴奋啦!

一位家长叔叔首先拿着镰刀做起了割麦子的示范。我睁大双眼,紧盯着他的一举一动。只见他蹲在地上,左手抓着一把麦子,右手拿着镰刀在麦子根部快速一拉,麦子就割断了,只留下整齐的麦茬在地里。叔叔告诉我们,割麦子时,身体和镰刀要保持距离,而且要贴着麦子的根部割,这样才安全。

看着他割得挺轻松,我也迫不及待地跃跃欲试了。抢先拿到镰刀后,我调整好姿势,学着叔叔的样子弯下腰,一手抓住一把麦子,另一手挥着镰刀朝麦子根部割去。一下、两下、三下,"咦?为什么镰刀看上去挺锋利的,却割不断这麦秆呢?"我一边嘀咕着,一边又加大了力气,猛地割了下去,结果镰刀突然失去了控制,向上一滑,几棵麦子被拦腰斩断,差点砍到我腿上,顿时吓得我心脏怦怦乱跳,在旁边看着的同学们也不禁发出惊呼。妈妈赶紧提醒我不要用力过猛,要学会用巧劲儿。有点惊魂未定的我又试了一次,还是没有顺利地把麦子割断。在叔叔又一次手把手的示范下，我终于找到了些窍门：首先要抓紧麦子，与镰刀挥动的方向形成反作用力，然后用镰刀在麦子的根部一下一下地用力拉，麦子就可以顺利割断了。

看着自己割倒在地的麦子，我得意地指给妈妈看，妈妈高兴地朝我竖起了大拇指，让我继续加油干。可是，才不一会儿功夫，我又打起了退堂鼓。因为我的腰和胳膊已经发酸了，脚蹲麻了，就像有无数个小虫子在血管里爬来爬去，难受极了，脸上也被麦芒划得生疼。我站直了身子，一边跺着脚，一边想偷懒不干了，但看到大家还都在热火朝天地干着，我也只好硬着头皮接着干，但割麦子的速度越来越慢了……好不容易才坚持到麦子全部割完了。

虽然已是傍晚，天气凉爽了很多，但我早已是汗流浃背了，衣服湿乎乎地黏在身上，额头上的汗珠流进了眼睛里，难受得睁不开眼，裤子似乎被麦芒扎透了，两条腿都有些发痒，还有手掌，竟然被镰刀磨出了一个透明的小水泡。其实，我也就割了一垄的麦子吧！同学们的样子和我差不多，一个个满头大汗、满脸通红，不停地喊着腰酸背疼。真想象不到，在机械收割以前，农民是怎么顶着炎炎烈日收割那一望无际的麦田的。

接下来，大人们把麦子扎成一捆一捆的，我们小孩捡地里遗漏的麦穗。这也不是个轻松的活，得一直弯着腰捡啊捡啊，很累很枯燥。突然，我看到自己的一滴汗滴到了土壤里，又很快消失不见，不禁感叹道："这真是现实版的'汗滴禾下土'呀！农民伯伯真是太不容易啦！"想起自己经常剩饭、浪费粮食，把妈妈教育我要珍惜粮食的话当成耳旁风，心里一阵阵惭愧……结束劳动的时候，天已经快黑了。虽然我又累又饿，灰头土脸，十分狼狈，但看着那一堆垛得整整齐齐的麦子，心里却有了一种丰收的快乐。

感谢这一次难忘的田间劳动，让我体会到了"谁知盘中餐，粒粒皆辛苦"的真正含义，懂得了"一粥一饭当思来之不易"，以后，我一定再也不浪费粮食了。

## 家长感悟

### 实践出真知　劳动促成长
#### ——参加"餐桌上的奥秘"项目式劳动实践活动感悟

**牟平区宁海街道中心小学　三年级一班　古灏羽妈妈**

虽然灏羽不是在大城市长大，但也属于"四体不勤，五谷不分"那种类型。有一次在经过一片麦地时，竟然问我那是不是韭菜。震惊之余，我也开始反省，其实自己何尝给过孩子机会去了解农作物,亲密大自然呢? 幸运的是,我们班级的家委会组织开展了"餐桌上的奥秘"项目式劳动实践活动。我认真阅读了活动方案,当了解到孩子们可以在学校提供的校内种植园中亲自参与小麦和花生的播种、管护以及收获的全过程,并且还设置了很多与之相关的实践活动时,我动心了,这不正是我梦寐以求的机会吗? 于是赶紧给她报了名。一年多以来,灏羽在劳动中学习,在学习中反思和成长,收获了许多我意料之外的惊喜。

一、谁知盘中餐,粒粒皆辛苦

灏羽的姥姥住在农村,可她从来也没有参加过田间劳动,所以每次参加项目组的劳动时,她都觉得很新奇,什么都想试一试。在体验传统方式播种小麦时,灏羽用锄头翻地松土、扬撒化肥、拉耧播种;收获小麦的时候,她拿着小镰刀,在大人的指导下小心翼翼地割下金灿灿的麦秆;体验传统打麦子的时候,她拿着比自己还高的连杖,费力地举起,一遍一遍地敲打着麦穗;播种花生的时候,她弓着腰,边把花生撒进土里,边用一只脚埋土;摘花生的时候,她握着花生蔓,一颗一颗地摘着,不时地把脏兮兮的小手举给我看……每次干完活,她都会嚷着"哎呀,真累呀,我的手疼,腰也疼!"但说这话的时候,她的脸上洋溢着开心的笑容。我知道,是劳动给她带来了快乐。

经过一段时间的劳动锻炼,变化也悄悄地在灏羽身上发生。吃饭的时候,她会吃多少,盛多少,再也不会把不喜欢吃的菜故意掉到地上。看到姐姐碗里吃剩的饭菜,她会批评说:"你知不知道农民伯伯种地多辛苦,不能浪费。"看到农民顶着炎炎烈日在田间劳作时,她会充满感激,感谢农民伯伯给我们提供了蔬菜粮食。看着孩子的变化,我心里万分感激学校和家委会给孩子提供了这么好的学习机会,这种学习远比书本和说教入脑入心。通过劳动实践教育,孩子在不知不觉中变得更懂事,也更懂得感恩了。她经常跟我说:"妈妈,我们应该感恩大自然的馈赠,感恩农民的辛劳,感恩自己能吃饱穿暖。"

二、纸上得来终觉浅,绝知此事要躬行

项目式劳动中,孩子们除了参加播种和收获的劳动,还在家委会阿姨们的带领下定期对麦子和花生的生长情况进行观察和记录。而孩子们亲手播下的种子就像他们的孩子一样,时刻牵动着他们的心。灏羽经常在课间或者放学后结伴和同学去看一看小麦或者花生的长势,回家后就眉飞色舞地跟我叙说着它们的变化。一天放学回家后,灏羽伤心地告诉我有些麦穗变成了黑色。我也感觉纳闷,从来不知道还有黑色的麦穗。我们一起上网查阅资料,这才知道原来小麦得了黑穗病。灏羽忧心忡忡地说:"原来植物也像人一样会生病啊!"后来的几天里,就只见灏羽每天都忙忙碌碌的，写完作业还要上网查阅资料、写写画画。原来，他们这是在家委会志愿者和学校老师的指导下，正在做关于小麦黑穗病的研究报告。看着她稚嫩的笔迹，稍显幼稚的语言，我由衷地感谢这项活动带给她的改变，一个二年级的孩子竟然能像模像样地做研究并写出研究报告，这是我连想都不敢想的事儿！

一天放学我去接她，她一见到我就高兴地说："妈妈，老师今天带领我们去治理黑麦穗了！"接着她就开始绘声绘色地描述治理的过程。最后，她很认真地对我说："妈妈你知道吗？黑穗病可以传染的，我们要早早地除掉它们，才能尽可能少地传染其他的麦子，而且剪下来的麦穗必须拿到远处烧掉或扔掉，如果掉在麦地里明年还会传染新播种的小麦的。"看着她那骄傲的神情，我知道黑穗病研究之旅已经成为她童年的美好回忆。

在整个项目式劳动中，家委会不但安排孩子们参与劳动体验，而且还带领孩子们进行了很多的拓展活动。比如麦子和花生收获之后，带领孩子们实地参观了面粉加工和花生油加工。当他们亲眼看着麦子从一个铁大槽里通过一个个弯弯曲曲的管道及研磨器和筛子，最终从另一个出口变身成面粉出来，无不发出啧啧的赞叹。而花生油在变身成花生油之前竟然还需要炒熟，油是从花生里挤压出来的，这也都让他们新奇不已。之后，家委会又带领孩子们到菜根香非遗文化基地参观，一方面了解胶东的面食文化，一方面也学习传统面食的制作方法。回家后灏羽就兴致勃勃地要和我一起做面点。她自己和面，学着揉面，还告诉我，发面的时候，加点白糖和花生油，面团发酵快，做出的馒头口味更香。这家伙，懂得还不少呢！那天的晚饭，她吃得特别多，还把自己做的小面点带给爷爷奶奶分享。想一想，我是结婚以后才学着做馒头的，而我在女儿9岁时，就吃到了她自己做的面点，真是很惭愧啊。

三、千淘万漉虽辛苦，吹尽狂沙始到金

"餐桌上的奥秘"项目式劳动实践活动历时一年多，主要以花生、小麦两种北方主要农作物为研究对象，共设立"麦粒公主的旅行""花生王子的旅行"和"美丽的遇见"三个劳动实践子项目，涵盖了小麦和花生从播种、管护到收获、再到食品加工乃至麦秆和花生皮手工制作的全过程。活动中，孩子们除了参与播种、管理、收获，还要日常观察并记录小麦和花生的生长情况。一年多来，孩子们利用放学后、大课间进行集体观察或小组观察，从播种到丰收的时间里，累计集体观察20多次，并形成了详细的观察记录。每次组织主题活动后还要进行总结。说实话，这是一个需要坚持才能真正有收获的活动。令人高兴的是，灏羽全程参加了所有的活动,而且每次活动回来都兴致勃勃地和我分享她的收获。现在我经常和灏羽翻看她以前写的记录卡和活动总结,每当这个时候,她就会特别兴奋,也特别自豪,又滔滔不绝地唠起当时活动的情景。我知道,这孩子是真的尝到了坚持到底的滋味。

真的非常感激这次活动,让灏羽在各方面都得到了成长和锻炼。通过劳动锻炼,她懂得感恩自然、尊重劳动、珍惜劳动。通过活动体验,她获得了更多动脑、动手的机会和语言、文字表达的机会,学到了很多课本之外的知识,增长了见识,拓宽了视野。虽然这些知识在现在的考试中还看不到效果,但我相信,通过劳动所培养的观察力、调查研究能力、思考能力和解决问题等能力将成为她一生的宝贵财富。而我在和灏羽一起学习研究、参加活动的过程中,亲子关系更加和谐了,感觉自己再一次蹚过了童年之河,这真是一件非常幸福快乐的事。

### 三、"三同"亲子课程实施的效果

"三同"亲子课程在学校实施三年多以来,取得了较为显著的成效。一是促进了家长和学生的同步成长。在各项活动的引领下,家长们全程参与到了孩子的成长过程中,越来越多的孩子更自信了,综合素养得到了全面提升。与此同时,家长们也实现了自我的超越与蜕变,逐渐成了更好的自己。如"餐桌上的秘密"亲子项目式学习在全市综合实践活动成果展评中获得一等奖,家长的家教故事在全市比赛中获奖等,都是学生和家长共同成长的有力证明。二是促进了家庭的和谐发展。一系列亲子活动的开展让孩子的爸爸妈妈共同参与到孩子的成长过程中,促进了双方的沟通与交流,让原本存在这样那样问题的家庭在课程实施的过程中出现了各种向好转化。三是增强了家校共育合力。丰富多彩的亲子课程有效架起了家庭和学校之间相互沟通的桥梁,家校双方真正结成了同盟军,共同致力于学生的健康成长,实现了孩子、家长与家庭的同步发展。

# 后　记

## 行走在面向未来的教育之路上

2015 年 8 月,我结束了七年的牟平区小学语文教研员工作,被任命为牟平区宁海街道中心小学校长。校长是一所学校的灵魂,更是决定学校之舟驶向何方的舵手。我深知自己肩上责任的重大,从接到任命的那天开始,就不断地在心里叩问自己:"你想办一所怎样的学校?""你想五年以后从你的学校走出来的学生具有怎样的特质?""你准备以什么为突破口展开工作?"……十五年的基层学校教学与管理经验、七年的教研员视域下的基础教育思索、对宁海街道中心小学两个多月的课堂观察与管理分析,让我的办学思路愈来愈明晰,那就是:坚持以人为本的办学思想,做面向未来的教育,构建学生、教师和家长共生共长的学校教育生态。

**我们教育者最大的责任,就是为孩子的未来发展提供各种可能**

教育部 2001 年颁发的《基础教育课程改革纲要(试行)》中明确指出:"自小学至高中开设综合实践活动并作为必修课程。"但由于学科课程标准迟迟未出台以及对其在综合育人过程中的重要作用没有被充分认识等多方面因素的影响。2015 年,在相当一部分学校,综合实践活动课程仍然被作为一个可有可无的"软"任务,并没有得到切实实施。

2005 年在牟平区新牟小学工作期间带领孩子们开展"公民强身健体意识的调查研究"研究性学习的真实经历和 2015 年前后 STEM 教育在上海、北京等先进学校的成功落地,让我充分认识到,课本不应该是学生学习的唯一载体,课堂不应该是学生学习的唯一场域,分科教学不应该是学生学习的固定模式。要想适应未来社会的人才需求趋势,就必须走出课本、走出学校、跨界学习,提升综合素养! 于是,我决定以综合实践活动课程体系的构建与实施为突破口,开启宁海街道中心小学课程改革的破冰之旅。

基于学生的生命成长需求,我带领骨干教师团队构建起"关爱生命、关心生活、关注社会"三维度综合实践课程体系,努力使学生在亲近自然的过程中关爱生命,在提升生活技能的过程中热爱生活,在参与志愿服务活动的过程中增强社会责任感。学生没有种植场所,我就带领教师将学校西北角的一处空地开辟成了"小农夫"种植园;专业类课程我们的教师上不了,我就以购买服务或者争取志愿服务的方式四处洽谈、整合优质教师资源;教师对课程开发与实施有畏难情绪,我就靠上去跟教师一起开发课程,一起研究有效的实施策略;有的教师看不到课程对学生发展的重要意义,我就构建有效评价体系,运用"校长奖章""个人秀"等方式激发学生的课程学习兴趣,让那些学习无优势但在课程学习中找到自我的学生树立学科学习的信心,进而促使学科学习成绩稳步提升;发现教师的课程设置浅表化,我就引领教师建立综合设计思维,将"种植"与"果实深加工"相结合,将"单点的某企业参观"向"综合的家乡名企业参观与企业 LOGO 手工制作"拓展……

与教师并肩而行的课程开发与实施,让教师感受到了技术的支持与前行的力量,而课程给学生带来的越来越显著的变化更让教师看到了辛勤付出的意义。在每年一届的"三维度"课程成果展览会上,学生在课程海报制作与课程营销过程中所表现的非凡才能,让教师们交口称赞;有了课程学习过程中的丰富体验与开放学习方式的别样经历,学生在学科学习过程中所展现出的积极与自信状态,更是让教师们深刻认识到:"三维度"综合实践活动课程不是作秀的"虚"玩意儿,而是能够促进学生综合素养提升的"真"拳法。

"三维度"课程给学生带来的变化不仅转变了教师理念,更得到了家长的高度认同。一时间,宁海街道中心小学一跃成了区域内家长为孩子们优先选择的名校。学校的相关探索经验更是先后三十多次在区、市、省电视台及新闻媒体报道,并先后在全市和全国综合实践专题会议上做经验交流。

"三维度"综合实践活动课程的成功实施,让我看到了整体架构课程、系统实施课程对学生成长和学校发展的积极意义。于是,遵循"做面向未来的教育"的办学方向,我又带领团队创建起了"厚德、蕴能、励志、弘毅"四轮驱动的"致远课程"体系,着力培养"有德、有能、有志、有恒"的"四有少年"。在课程构建与实施的过程中,我要求教师既要有纵向思维,积极探索每一类课程的有效实施路径与策略,又要有横向思维,始终将"育人"作为课程实施的核心,各类课程之间有机融合,共同指向于培养有宁小特质的"四有"少年。

为促使每个孩子都能在宁小获得自身最大限度的最优发展,我们创建了有形评价与无形评价相结合的多元评价体系,实践证明,无形评价的方式更能点燃孩子们的学习热情。在学校一楼大厅的校园文化主题墙上,有一艘艘行驶在浩瀚大海中的小帆船,只要学生能够在各类课程中表现突出,或是代表学校参加区级以上的各级各类比赛,就有可能"登"上"致远"号小帆船,写进学校的校史中。每次"登"船,我们都会举行隆重的仪式,当学生把自己的照片悬挂于帆船之上的时候,他们挑战自我、面向未来的人生之船也开始启航。

"我们教育者最大的责任,就是为孩子的未来发展提供各种可能",这是我经常和教师们说的一句话。我认为,"致远"课程体系,就是为孩子未来的成长积蓄无限力量的丰厚粮仓。

## 教师的专业素养和工作状态决定着一所学校的发展走向

教师的发展是立校之本,没有好教师,就不会有好学生,更不会有好学校。多年的教育经验让我认识到,教师的专业成长离不开阅读这片沃土。于是,我牵头成立了青年教师的"致远读书会",读书会成员共读一本书并定期召开读书交流会相互分享读书收获,即使工作再忙我也会挤出时间参加读书交流会,和青年教师一起交流心得。平时每当读到好的文章,我也会随手推送到读书会的微信群中。在我的引领下,青年教师纷纷行动起来,从阅读中汲取营养。越来越多的教师加入了阅读的队伍中,分级部主动在学校群里定期推送精彩文章,全校掀起专业阅读的热潮。与此同时,我们把每周四作为学校的主题阅读日,教师们分学科、分教室进行专业阅读和分享交流。"喜欢读书的教师一定能够带出喜欢读书的孩子",在宁小,读书渐渐变成教师们生活的常态,全校教师且读书且成长。

教师要想实现专业素质的快速提升,就必须在进行课堂教学的同时开展教学研究。为进一步引领教师树立"学生第一"的理念,我提出并实施"发现儿童"工程,引导教师读懂儿童的心理、发现儿童的优点和个性,并定期召开交流研讨会。我跟老师们说,每个孩子都渴望被看见,教育是用心、用脑、用力去关注和唤醒生命的过程,对待学生要有充分的耐心和信心,更要采取适当的方式持续点燃学生心中的火苗,使这簇小火苗越燃越旺。在我持之以恒的努力下,在班级里吼孩子的教师越来越少了,慢慢地,教师们都能学会从心理学研究的视角去分析孩子的反常行为,并采取积极的干预措施。

为培养教师们的研究意识,我鼓励教师立足教育实践,积极开展小课题研究,定期举行小课题研究成果推介会,点燃了教师们参与小课题研究的热情;学校定期开展"我的教育故事"征文及演讲比赛,进一步引领全体教师成为有思考力的研究型教师,促使教师们在书写自己的教育故事的过程中反思自己的教学实践,叩问自己的教育初心。此外,我们还定期评选学科名师、优秀班主任、教坛新秀,表彰学校的先进典型,在全校营造创优争先的良好氛围。

我经常跟老师们说:"一个人可能会走得很快,但是一群人才能走得更远!"学校建立了教研组考核制度,结合"学力"课堂建设,引领教师在组内开展扎实教研,提升课堂教学能力。同一教研组内的教师共同听课、磨课、反思、评课,形成团队共识。在定期的团队教研中,逐步提高教师钻研教材、驾驭教材、组织课堂教学的能力,促进教师的稳步成长;为增强学校团队的凝聚力,提高团队间协作的能力,我们定期举行团建活动,不仅拉近了教师们的距离,使大家在繁忙的教学工作中放松身心,更让教师们感受到团队协作的力量。

"众志成城、勠力同心",已经成为当时宁海街道中心小学教师群体的写照,所有教职员工都各司其职,为深入推进学校的"致远教育"品牌贡献着自己的青春和力量。

### 没有高质量的陪伴就不会有高质量的家庭教育

科学研究表明,一个人在 18 岁之前,对其产生重要影响的因素主要是家庭,约占 60%,其次是学校,约占 30%。家庭教育在人一生所受的教育中占有重要的地位,其地位和作用是学校教育和社会教育无法替代的。因此,我特别重视家庭教育工作。刚开始的时候,我先后聘请区内外多位家庭教育专家进校做讲座,通过召开主题家长会的方式转变家长理念,但是经观察了解发现,很多家长"听听激动,想想感动,回去一动不动"。怎样让家长们真正把所学到的理念落实到实际行动中去呢? 在深入思考之后,我决定:通过活动、课程"逼"着家长改变! 我们遵循陶行知先生的"共学、共做、共修养"的共同体教育思想,最终确立了"共情陪伴 共沐成长"的家庭教育理念,确定了"建立和谐亲子关系,让孩子成长为更好的自己"的"三同"亲子课程目标。

"三同"亲子课程包括"亲子同学习、亲子同玩乐、亲子同成长"三大课程维度,每个维度的课程又分别包括多项具体课程内容。如"家长共读"课程,我带领教师团队一方面在学校微信公众号上经常向家长推送优秀的家庭教育文章,引导家长学以致用;另一方面,向家长推荐《李中莹亲子关系全面技巧》《朗读手册》等共读书目,引导家长展开共读实践,在共读中掌握家庭教育技巧,提升家庭教育理念,在学校形成了"家长好好学习,孩子天天向上"的良好氛围。

"亲子共制作"课程,我们聘请有经验的校外辅导员做"亲子共制作"的专职教师,每学期定期开展"亲子共制作"活动,引导孩子在与家长一起制作熊猫望远镜、VR眼镜,一起进行磁悬浮和无人机探究,在共同解决问题的过程中增进亲子感情,促进亲子和谐。不仅如此,我们还倡导将"亲子共制作"落实到每一个家庭。每年的创客嘉年华活动都会专门设置"亲子共制作"比赛项目,对获奖家庭进行隆重颁奖,促使孩子们在与家长一起创新创造的过程中感受父母的关爱,享受童年的美好,更"逼"着家长放下手机、放下应酬、放下电视剧,全身心、高质量陪伴孩子成长。

"三同"亲子课程的实施,在促进孩子成长的同时,也促进了家长的成长,促进了家庭的和谐,间接促进了和谐社会的发展。有不少原本有这样那样问题的家庭,在亲子课程实施的过程中,都变得越来越和谐,越来越幸福了,孩子的成长自然也越来越健康了。

2015—2021 年是宁海街道中心小学发生翻天覆地变化的六年。在我和学校所有教师的共同努力下,"致远教育"成了学校闪亮的品牌,一批批宁小学子们逐渐成长为有德、有能、有志、有恒的"四有"少年,一批批具有宁小特质的孩子正在脱颖而出。学生、教师和家长成长共同体的构建,增强了教师立德树人的责任感和自我提升的紧迫感,激发了家长与学生共同成长的幸福感,他们积极参与到各类课程的实施过程中,实现着各自综合素养的提升与蜕变,校园里到处呈现出向上生长的蓬勃力量,形成了共生共长的校园教育生态。

学校的办学实力与影响力显著提升,学校先后三次承办全市现场会议,先后被评为"烟台市综合实践教育先进学校""烟台市首届小学德育品牌评选十佳学校""烟台市艺术特色学校""烟台市教育科研先进单位""山东省青少年思想道德建设实践基地""全国青少年足球特色学校"等荣誉称号。学校"致远"德育课程实施方面的经验做法先后多次在市级以上会议交流或在市级以上报刊发表,先后二十多次在市级以上电视台播出。学校基于教育实践完成的《"海纳 致远"学校课程的整体构建与实施》《课程系统构建、高效多态教学、多元表现评价:小学"三维度"综合实践活动课程的构建与实施》先后获山东省基础教育教学成果二等奖,《小学"三维度"综合实践活动课程的构建与实施》被确定为 2019 年山东省教改项目,学校的相关经验材料先后在《山东教育》《基础教育论坛》《中国教育学刊》《中国体育教育》等刊物发表……

这些许成绩的取得,或许有自我的努力与坚持,但更为重要的是,遇见了一位又一位生命中的贵人,遇见了一群又一群志同道合的同行者。感谢烟台市教育科学研究院管锡基院长的厚爱、引领与扶持,让我在学校课程体系架构、教育科研培训和教学成果培育历程中快速成长。感谢牟平区教育和体育局纪风宏局长、宋强局长以及牟平区教学研究室孙世良、朱长波历任领导的信任与支持,让我有机会拥有实现教育理想的土壤,到外地考察学习,不断开阔自己的研究视野;感谢烟台市教学科学研究院赵霞副院长、王松壮副院长、于建云主任、刘作建主任、孙明芝老师以及牟平区教学研究室的曲新华老师的引领与培养,让我在"三维度"综合实践课程与全域劳动教育课程构建与实施、家庭教育实践研究、教学成果总结提炼、语文单元整体教学研究实践中拨云见日,收获成长。感谢牟平区教学研究室孔凡升副主任在课堂教学研究、教研方式创新等方面给予我的孜孜不倦的点拨与引领,让我能够不忘初心,勇往直前。感谢烟台市经济技术开发区教学研究室车言勇主任在小课题研究、基于课程标准的教学研究等方面给予我的智慧引领与无私援助,让我能够始终行进在科研兴校的探索之路上。感谢牟平区新牟小学于宝花校长 26 年来的关爱、培养和支持,让我在教师专业培训与学校人性化管理实践中茁壮成长,让我能始终保持一颗积极向上的坚强内心去面对工作与生活中的困难与挫折。

更要感谢牟平区宁海街道中心小学曾经与我并肩作战的领导班子成员和全体教职员工们,尤其是曲海兵、张媛、孔颖、于爱辉、张丽娜、张莉、唐琳、费志丽、董艳艳等老师,是你们对教育的炽热情怀和对"致远教育"的坚定信念,让你们能冲锋在前、忘我工作,紧跟我不断前进的步伐,以百折不挠的意志和开拓创新的精神成就了宁海街道中心小学一个又一个辉煌时刻,给宁海街道中心小学的孩子们留下了一次又一次美好的童年记忆,给了我迎难而上坚定推行"致远教育"的勇气和力量。这所有的一切,都将化为我人生中最难忘的记忆。还要感谢以古灏羽妈妈为代表的学校家委会的各位家长朋友们,是你们对学校办学理念的高度理解认同和"舍小家,为大家"的奉献精神成就了我们的"海娃访家乡"研学品牌,成就了"小犟龟 大梦想"等特色班级文化,成就了"三同"亲子系列课程,是你们让我们学校的家庭教育工作登上了山东省家庭教育的展示平台,是你们让我们宁小的孩子拥有了更科学优质的家庭成长环境,慢慢都成长为更好的自己!

我觉得,每个人都是带着某种使命来到人世间的。我不敢说我的使命就是让更多的孩子享受到更优质的教育,我也不敢说这本书所呈现给大家的都是可供借鉴的优秀做法,但是,当我在短暂的停歇之后再次回到火热的校园时,我内心涌动起的对生命的敬畏与感动,让我再次顿悟:"人生,就是为了突破、创造而来的,循着光奔跑,最后把自己也活成一束光。"

余生,继续循着光奔跑,朝向未来的方向。

2024 年 5 月 19 日晚